TURCO
V O C A B U L Á R I O

PORTUGUÊS TURCO

Para alargar o seu léxico e apurar
as suas competências linguísticas

9000 palavras

Vocabulário Português Brasileiro-Turco - 9000 palavras

Por Andrey Taranov

Os vocabulários da T&P Books destinam-se a ajudar a aprender, a memorizar, e a rever palavras estrangeiras. O dicionário é dividido em temas, cobrindo todas as principais esferas de atividades quotidianas, negócios, ciência, cultura, etc.

O processo de aprendizagem, utilizando os dicionários baseados em temáticas da T&P Books dá-lhe as seguintes vantagens:

- Informação de origem corretamente agrupada predetermina o sucesso em fases subsequentes da memorização de palavras
- Disponibilização de palavras derivadas da mesma raiz, o que permite a memorização de unidades de texto (em vez de palavras separadas)
- Pequenas unidades de palavras facilitam o processo de estabelecimento de vínculos associativos necessários para a consolidação do vocabulário
- O nível de conhecimento da língua pode ser estimado pelo número de palavras aprendidas

T&P Books Publishing
www.tpbooks.com

ISBN: 978-1-78767-298-7

Este livro também está disponível em formato E-book.
Por favor visite www.tpbooks.com ou as principais livrarias on-line.

VOCABULÁRIO TURCO
palavras mais úteis

Os vocabulários da T&P Books destinam-se a ajudar a aprender, a memorizar, e a rever palavras estrangeiras. O vocabulário contém mais de 9000 palavras de uso comum organizadas tematicamente.

O vocabulário contém as palavras mais comummente usadas
Recomendado como adicional para qualquer curso de línguas
Satisfaz as necessidades dos iniciados e dos alunos avançados de línguas estrangeiras
Conveniente para o uso diário, sessões de revisão e atividades de auto-teste
Permite avaliar o seu vocabulário

Características especias do vocabulário

* As palavras estão organizadas de acordo com o seu significado, e não por ordem alfabética
* As palavras são apresentadas em três colunas para facilitar os processos de revisão e auto-teste
* As palavras compostas são divididas em pequenos blocos para facilitar o processo de aprendizagem
* O vocabulário oferece uma transcrição simples e adequada de cada palavra estrangeira

O vocabulário contém 256 tópicos incluindo:

Conceitos básicos, Números, Cores, Meses, Estações do ano, Unidades de medida, Roupas & Acessórios, Alimentos & Nutrição, Restaurante, Membros da Família, Parentes, Caráter, Sentimentos, Emoções, Doenças, Cidade, Passeios, Compras, Dinheiro, Casa, Lar, Escritório, Trabalho no Escritório, Importação & Exportação, Marketing, Pesquisa de Emprego, Esportes, Educação, Computador, Internet, Ferramentas, Natureza, Países, Nacionalidades e muito mais ...

TABELA DE CONTEÚDOS

GUIA DE PRONUNCIAÇÃO

Alfabeto fonético T&P	Exemplo Turco	Exemplo Português
[a]	akşam [akʃam]	chamar
[e]	kemer [kemer]	mover
[i]	bitki [bitki]	sinônimo
[ɪ]	fırıncı [fɪrɪndʒɪ]	sinônimo
[o]	foto [foto]	lobo
[u]	kurşun [kurʃun]	bonita
[ø]	römorkör [rømorkør]	orgulhoso
[y]	cümle [dʒymle]	questionar

Consoantes

[b]	baba [baba]	barril
[d]	ahududu [ahududu]	dentista
[dʒ]	acil [adʒil]	adjetivo
[f]	felsefe [felsefe]	safári
[g]	guguk [guguk]	gosto
[ʒ]	Japon [ʒapon]	talvez
[j]	kayak [kajak]	Vietnã
[h]	merhaba [merhaba]	[h] aspirada
[k]	okumak [okumak]	aquilo
[l]	sağlıklı [saalɪklɪ]	libra
[m]	mermer [mermer]	magnólia
[n]	nadiren [nadiren]	natureza
[p]	papaz [papaz]	presente
[r]	rehber [rehber]	riscar
[s]	saksağan [saksaan]	sanita
[ʃ]	şalgam [ʃalgam]	mês
[t]	takvim [takvim]	tulipa
[tʃ]	çelik [tʃelik]	Tchau!
[v]	Varşova [varʃova]	fava
[z]	kuzey [kuzej]	sésamo

ABREVIATURAS
usadas no vocabulário

Abreviaturas do Português

adj	-	adjetivo
adv	-	advérbio
anim.	-	animado
conj.	-	conjunção
desp.	-	esporte
etc.	-	Etcetera
ex.	-	por exemplo
f	-	nome feminino
f pl	-	feminino plural
fem.	-	feminino
inanim.	-	inanimado
m	-	nome masculino
m pl	-	masculino plural
m, f	-	masculino, feminino
masc.	-	masculino
mat.	-	matemática
mil.	-	militar
pl	-	plural
prep.	-	preposição
pron.	-	pronome
sb.	-	sobre
sing.	-	singular
v aux	-	verbo auxiliar
vi	-	verbo intransitivo
vi, vt	-	verbo intransitivo, transitivo
vr	-	verbo reflexivo
vt	-	verbo transitivo

CONCEITOS BÁSICOS

Conceitos básicos. Parte 1

1. Pronomes

eu	ben	[ben]
você	sen	[sen]
ele, ela	o	[o]
nós	biz	[biz]
vocês	siz	[siz]
eles, elas	onlar	[onlar]

2. Cumprimentos. Saudações. Despedidas

Oi!	Selam!	[selam]
Olá!	Merhaba!	[merhaba]
Bom dia!	Günaydın!	[gynajdın]
Boa tarde!	İyi günler!	[iji gynler]
Boa noite!	İyi akşamlar!	[iji akʃamlar]
cumprimentar (vt)	selam vermek	[selam vermek]
Oi!	Selam!, Merhaba!	[selam], [merhaba]
saudação (f)	selam	[selam]
saudar (vt)	selamlamak	[selamlamak]
Tudo bem?	Nasılsın?	[nasılsın]
E aí, novidades?	Ne var ne yok?	[ne var ne jok]
Tchau! Até logo!	Hoşça kalın!	[hoʃdʒa kalın]
Até breve!	Görüşürüz!	[gøryʃyryz]
Adeus! (sing.)	Güle güle!	[gyle gyle]
Adeus! (pl)	Elveda!	[elveda]
despedir-se (dizer adeus)	vedalaşmak	[vedalaʃmak]
Até mais!	Hoşça kal!	[hoʧa kal]
Obrigado! -a!	Teşekkür ederim!	[teʃekkyr ederim]
Muito obrigado! -a!	Çok teşekkür ederim!	[ʧok teʃekkyr ederim]
De nada	Rica ederim	[ridʒa ederim]
Não tem de quê	Bir şey değil	[bir ʃej deil]
Não foi nada!	Estağfurullah	[estaafurulla]
Desculpa!	Affedersin!	[afedersin]
Desculpe!	Affedersiniz!	[afedersiniz]
desculpar (vt)	affetmek	[afetmek]
desculpar-se (vr)	özür dilemek	[øzyr dilemek]
Me desculpe	Özür dilerim	[øzyr dilerim]

13

Desculpe!	Affedersiniz!	[afedersiniz]
perdoar (vt)	affetmek	[afetmek]
por favor	lütfen	[lytfen]

Não se esqueça!	Unutmayın!	[unutmajın]
Com certeza!	Kesinlikle!	[kesinlikte]
Claro que não!	Tabi ki hayır!	[tabi ki hajır]
Está bem! De acordo!	Tamam!	[tamam]
Chega!	Yeter artık!	[jeter artık]

3. Como se dirigir a alguém

senhor	Beyefendi	[bejefendi]
senhora	Hanımefendi	[hanımefendi]
senhorita	Hanımefendi	[hanımefendi]
jovem	Genç, delikanlı	[gentʃ], [delikanlı]
menino	Oğlum	[oolum]
menina	Kızım	[kızım]

4. Números cardinais. Parte 1

zero	sıfır	[sıfır]
um	bir	[bir]
dois	iki	[iki]
três	üç	[ytʃ]
quatro	dört	[dørt]

cinco	beş	[beʃ]
seis	altı	[altı]
sete	yedi	[jedi]
oito	sekiz	[sekiz]
nove	dokuz	[dokuz]

dez	on	[on]
onze	on bir	[on bir]
doze	on iki	[on iki]
treze	on üç	[on ytʃ]
catorze	on dört	[on dørt]

quinze	on beş	[on beʃ]
dezesseis	on altı	[on altı]
dezessete	on yedi	[on jedi]
dezoito	on sekiz	[on sekiz]
dezenove	on dokuz	[on dokuz]

vinte	yirmi	[jirmi]
vinte e um	yirmi bir	[jirmi bir]
vinte e dois	yirmi iki	[jirmi iki]
vinte e três	yirmi üç	[jirmi ytʃ]

| trinta | otuz | [otuz] |
| trinta e um | otuz bir | [otuz bir] |

trinta e dois	otuz iki	[otuz iki]
trinta e três	otuz üç	[otuz yʧ]
quarenta	kırk	[kırk]
quarenta e um	kırk bir	[kırk bir]
quarenta e dois	kırk iki	[kırk iki]
quarenta e três	kırk üç	[kırk yʧ]
cinquenta	elli	[elli]
cinquenta e um	elli bir	[elli bir]
cinquenta e dois	elli iki	[elli iki]
cinquenta e três	elli üç	[elli yʧ]
sessenta	altmış	[altmıʃ]
sessenta e um	altmış bir	[altmıʃ bir]
sessenta e dois	altmış iki	[altmıʃ iki]
sessenta e três	altmış üç	[altmıʃ yʧ]
setenta	yetmiş	[jetmiʃ]
setenta e um	yetmiş bir	[jetmiʃ bir]
setenta e dois	yetmiş iki	[jetmiʃ iki]
setenta e três	yetmiş üç	[jetmiʃ yʧ]
oitenta	seksen	[seksen]
oitenta e um	seksen bir	[seksen bir]
oitenta e dois	seksen iki	[seksen iki]
oitenta e três	seksen üç	[seksen yʧ]
noventa	doksan	[doksan]
noventa e um	doksan bir	[doksan bir]
noventa e dois	doksan iki	[doksan iki]
noventa e três	doksan üç	[doksan yʧ]

5. Números cardinais. Parte 2

cem	yüz	[juz]
duzentos	iki yüz	[iki juz]
trezentos	üç yüz	[yʧ juz]
quatrocentos	dört yüz	[dørt juz]
quinhentos	beş yüz	[beʃ juz]
seiscentos	altı yüz	[altı juz]
setecentos	yedi yüz	[jedi juz]
oitocentos	sekiz yüz	[sekiz juz]
novecentos	dokuz yüz	[dokuz juz]
mil	bin	[bin]
dois mil	iki bin	[iki bin]
três mil	üç bin	[yʧ bin]
dez mil	on bin	[on bin]
cem mil	yüz bin	[juz bin]
um milhão	milyon	[miljon]
um bilhão	milyar	[miljar]

6. Números ordinais

primeiro (adj)	birinci	[birindʒi]
segundo (adj)	ikinci	[ikindʒi]
terceiro (adj)	üçüncü	[ytʃyndʒy]
quarto (adj)	dördüncü	[dørdyndʒy]
quinto (adj)	beşinci	[beʃindʒi]
sexto (adj)	altıncı	[altındʒı]
sétimo (adj)	yedinci	[jedindʒi]
oitavo (adj)	sekizinci	[sekizindʒi]
nono (adj)	dokuzuncu	[dokuzundʒu]
décimo (adj)	onuncu	[onundʒu]

7. Números. Frações

fração (f)	kesir	[kesir]
um meio	yarım	[jarım]
um terço	üçte bir	[ytʃte bir]
um quarto	dörtte bir	[dørtte bir]
um oitavo	sekizde bir	[sekizde bir]
um décimo	onda bir	[onda bir]
dois terços	üçte iki	[ytʃte iki]
três quartos	dörtte üç	[dørtte ytʃ]

8. Números. Operações básicas

subtração (f)	çıkarma	[tʃıkarma]
subtrair (vi, vt)	çıkarmak	[tʃıkarmak]
divisão (f)	bölme	[bølme]
dividir (vt)	bölmek	[bølmek]
adição (f)	toplama	[toplama]
somar (vt)	toplamak	[toplamak]
adicionar (vt)	katmak	[katmak]
multiplicação (f)	çarpma	[tʃarpma]
multiplicar (vt)	çarpmak	[tʃarpmak]

9. Números. Diversos

algarismo, dígito (m)	rakam	[rakam]
número (m)	sayı	[sajı]
numeral (m)	sayı, rakam	[sajı], [rakam]
menos (m)	eksi	[eksi]
mais (m)	artı	[artı]
fórmula (f)	formül	[formyl]
cálculo (m)	hesaplama	[hesaplama]
contar (vt)	saymak	[sajmak]

| calcular (vt) | hesaplamak | [hesaplamak] |
| comparar (vt) | karşılaştırmak | [karʃılaʃtırmak] |

| Quanto? | Kaç? | [katʃ] |
| Quantos? -as? | Ne kadar? | [ne kadar] |

soma (f)	toplam	[toplam]
resultado (m)	sonuç	[sonutʃ]
resto (m)	kalan	[kalan]

alguns, algumas ...	birkaç	[birkatʃ]
pouco (~ tempo)	biraz	[biraz]
resto (m)	geri kalan	[geri kalan]
um e meio	bir buçuk	[bir butʃuk]
dúzia (f)	düzine	[dyzine]

ao meio	yarı yarıya	[jarı jarıja]
em partes iguais	eşit olarak	[eʃit olarak]
metade (f)	yarım	[jarım]
vez (f)	kere	[kere]

10. Os verbos mais importantes. Parte 1

abrir (vt)	açmak	[atʃmak]
acabar, terminar (vt)	bitirmek	[bitirmek]
aconselhar (vt)	tavsiye etmek	[tavsije etmek]
adivinhar (vt)	doğru tahmin etmek	[dooru tahmin etmek]
advertir (vt)	uyarmak	[ujarmak]

ajudar (vt)	yardım etmek	[jardım etmek]
almoçar (vi)	öğle yemeği yemek	[ø:le jemei jemek]
alugar (~ um apartamento)	kiralamak	[kiralamak]
amar (pessoa)	sevmek	[sevmek]
ameaçar (vt)	tehdit etmek	[tehdit etmek]

anotar (escrever)	not almak	[not almak]
apressar-se (vr)	acele etmek	[adʒele etmek]
arrepender-se (vr)	üzülmek	[yzylmek]
assinar (vt)	imzalamak	[imzalamak]
brincar (vi)	şaka yapmak	[ʃaka japmak]

brincar, jogar (vi, vt)	oynamak	[ojnamak]
buscar (vt)	aramak	[aramak]
caçar (vi)	avlamak	[avlamak]
cair (vi)	düşmek	[dyʃmek]
cavar (vt)	kazmak	[kazmak]
chamar (~ por socorro)	çağırmak	[tʃaırmak]

chegar (vi)	gelmek	[gelmek]
chorar (vi)	ağlamak	[aalamak]
começar (vt)	başlamak	[baʃlamak]
comparar (vt)	karşılaştırmak	[karʃılaʃtırmak]
concordar (dizer "sim")	razı olmak	[razı olmak]
confiar (vt)	güvenmek	[gyvenmek]

17

confundir (equivocar-se)	ayırt edememek	[ajırt edememek]
conhecer (vt)	tanımak	[tanımak]
contar (fazer contas)	saymak	[sajmak]
contar com ...	... güvenmek	[gyvenmek]
continuar (vt)	devam etmek	[devam etmek]

controlar (vt)	kontrol etmek	[kontrol etmek]
convidar (vt)	davet etmek	[davet etmek]
correr (vi)	koşmak	[koʃmak]
criar (vt)	oluşturmak	[oluʃturmak]
custar (vt)	değerinde olmak	[deerinde olmak]

11. Os verbos mais importantes. Parte 2

dar (vt)	vermek	[vermek]
dar uma dica	ipucu vermek	[ipudʒu vermek]
decorar (enfeitar)	süslemek	[syslemek]
defender (vt)	savunmak	[savunmak]
deixar cair (vt)	düşürmek	[dyʃyrmek]

descer (para baixo)	aşağı inmek	[aʃaı inmek]
desculpar (vt)	affetmek	[afetmek]
desculpar-se (vr)	özür dilemek	[øzyr dilemek]
dirigir (~ uma empresa)	yönetmek	[jønetmek]
discutir (notícias, etc.)	görüşmek	[gøryʃmek]

disparar, atirar (vi)	ateş etmek	[ateʃ etmek]
dizer (vt)	söylemek	[søjlemek]
duvidar (vt)	tereddüt etmek	[tereddyt etmek]
encontrar (achar)	bulmak	[bulmak]
enganar (vt)	aldatmak	[aldatmak]

entender (vt)	anlamak	[anlamak]
entrar (na sala, etc.)	girmek	[girmek]
enviar (uma carta)	göndermek	[gøndermek]
errar (enganar-se)	hata yapmak	[hata japmak]
escolher (vt)	seçmek	[setʃmek]

esconder (vt)	saklamak	[saklamak]
escrever (vt)	yazmak	[jazmak]
esperar (aguardar)	beklemek	[beklemek]
esperar (ter esperança)	ummak	[ummak]
esquecer (vt)	unutmak	[unutmak]

estudar (vt)	öğrenmek	[ø:renmek]
exigir (vt)	talep etmek	[talep etmek]
existir (vi)	var olmak	[var olmak]
explicar (vt)	izah etmek	[izah etmek]

falar (vi)	konuşmak	[konuʃmak]
faltar (a la escuela, etc.)	gelmemek	[gelmemek]
fazer (vt)	yapmak, etmek	[japmak], [etmek]
ficar em silêncio	susmak	[susmak]
gabar-se (vr)	övünmek	[øvynmek]

gostar (apreciar)	hoşlanmak	[hoʃlanmak]
gritar (vi)	bağırmak	[baırmak]
guardar (fotos, etc.)	saklamak	[saklamak]
informar (vt)	bilgi vermek	[bilgi vermek]
insistir (vi)	ısrar etmek	[ısrar etmek]

insultar (vt)	hakaret etmek	[hakaret etmek]
interessar-se (vr)	ilgilenmek	[ilgilenmek]
ir (a pé)	yürümek, gitmek	[jurymek], [gitmek]
ir nadar	suya girmek	[suja girmek]
jantar (vi)	akşam yemeği yemek	[akʃam jemei jemek]

12. Os verbos mais importantes. Parte 3

ler (vt)	okumak	[okumak]
libertar, liberar (vt)	serbest bırakmak	[serbest bırakmak]
matar (vt)	öldürmek	[øldyrmek]
mencionar (vt)	anmak	[anmak]
mostrar (vt)	göstermek	[gøstermek]

mudar (modificar)	değiştirmek	[deiʃtirmek]
nadar (vi)	yüzmek	[juzmek]
negar-se a ... (vr)	reddetmek	[reddetmek]
objetar (vt)	itiraz etmek	[itiraz etmek]

observar (vt)	gözlemlemek	[gøzlemlemek]
ordenar (mil.)	emretmek	[emretmek]
ouvir (vt)	duymak	[dujmak]
pagar (vt)	ödemek	[ødemek]
parar (vi)	durmak	[durmak]

parar, cessar (vt)	durdurmak	[durdurmak]
participar (vi)	katılmak	[katılmak]
pedir (comida, etc.)	sipariş etmek	[sipariʃ etmek]
pedir (um favor, etc.)	rica etmek	[ridʒa etmek]
pegar (tomar)	almak	[almak]

pegar (uma bola)	tutmak	[tutmak]
pensar (vi, vt)	düşünmek	[dyʃynmek]
perceber (ver)	farketmek	[farketmek]
perdoar (vt)	affetmek	[afetmek]
perguntar (vt)	sormak	[sormak]

permitir (vt)	izin vermek	[izin vermek]
pertencer a ... (vi)	... ait olmak	[ait olmak]
planejar (vt)	planlamak	[planlamak]
poder (~ fazer algo)	yapabilmek	[japabilmek]
possuir (uma casa, etc.)	sahip olmak	[sahip olmak]

preferir (vt)	tercih etmek	[terdʒih etmek]
preparar (vt)	pişirmek	[piʃirmek]
prever (vt)	önceden görmek	[øndʒeden gørmek]
prometer (vt)	vaat etmek	[vaat etmek]
pronunciar (vt)	telâffuz etmek	[telafuz etmek]

propor (vt)	önermek	[ønermek]
punir (castigar)	cezalandırmak	[dʒezalandırmak]
quebrar (vt)	kırmak	[kırmak]
queixar-se de ...	şikayet etmek	[ʃikajet etmek]
querer (desejar)	istemek	[istemek]

13. Os verbos mais importantes. Parte 4

ralhar, repreender (vt)	sövmek	[søvmek]
recomendar (vt)	tavsiye etmek	[tavsije etmek]
repetir (dizer outra vez)	tekrar etmek	[tekrar etmek]
reservar (~ um quarto)	rezerve etmek	[rezerve etmek]
responder (vt)	cevap vermek	[dʒevap vermek]

rezar, orar (vi)	dua etmek	[dua etmek]
rir (vi)	gülmek	[gylmek]
roubar (vt)	çalmak	[tʃalmak]
saber (vt)	bilmek	[bilmek]
sair (~ de casa)	çıkmak	[tʃıkmak]

salvar (resgatar)	kurtarmak	[kurtarmak]
seguir (~ alguém)	... takip etmek	[takip etmek]
sentar-se (vr)	oturmak	[oturmak]
ser necessário	gerekmek	[gerekmek]

ser, estar	olmak	[olmak]
significar (vt)	anlamına gelmek	[anlamına gelmek]
sorrir (vi)	gülümsemek	[gylymsemek]
subestimar (vt)	değerini bilmemek	[deerini bilmemek]
surpreender-se (vr)	şaşırmak	[ʃaʃırmak]

tentar (~ fazer)	denemek	[denemek]
ter (vt)	sahip olmak	[sahip olmak]
ter fome	yemek istemek	[jemek istemek]

ter medo	korkmak	[korkmak]
ter sede	içmek istemek	[itʃmek istemek]
tocar (com as mãos)	ellemek	[ellemek]
tomar café da manhã	kahvaltı yapmak	[kahvaltı japmak]
trabalhar (vi)	çalışmak	[tʃalıʃmak]
traduzir (vt)	çevirmek	[tʃevirmek]

unir (vt)	birleştirmek	[birleʃtirmek]
vender (vt)	satmak	[satmak]
ver (vt)	görmek	[gørmek]
virar (~ para a direita)	dönmek	[dønmek]
voar (vi)	uçmak	[utʃmak]

14. Cores

| cor (f) | renk | [renk] |
| tom (m) | renk tonu | [renk tonu] |

| tonalidade (m) | renk tonu | [renk tonu] |
| arco-íris (m) | gökkuşağı | [gøkkuʃaı] |

branco (adj)	beyaz	[bejaz]
preto (adj)	siyah	[sijah]
cinza (adj)	gri	[gri]

verde (adj)	yeşil	[jeʃil]
amarelo (adj)	sarı	[sarı]
vermelho (adj)	kırmızı	[kırmızı]

azul (adj)	mavi	[mavi]
azul claro (adj)	açık mavi	[atʃık mavi]
rosa (adj)	pembe	[pembe]
laranja (adj)	turuncu	[turundʒu]
violeta (adj)	mor	[mor]
marrom (adj)	kahve rengi	[kahve rengi]

| dourado (adj) | altın | [altın] |
| prateado (adj) | gümüşü | [gymyʃy] |

bege (adj)	bej rengi	[beʒ rengi]
creme (adj)	krem rengi	[krem rengi]
turquesa (adj)	turkuaz	[turkuaz]
vermelho cereja (adj)	vişne rengi	[viʃne rengi]
lilás (adj)	leylak rengi	[lejlak rengi]
carmim (adj)	koyu kırmızı	[koju kırmızı]

claro (adj)	açık	[atʃık]
escuro (adj)	koyu	[koju]
vivo (adj)	parlak	[parlak]

de cor	renkli	[renkli]
a cores	renkli	[renkli]
preto e branco (adj)	siyah-beyaz	[sijah bejaz]
unicolor (de uma só cor)	tek renkli	[tek renkli]
multicolor (adj)	rengârenk	[rengjarenk]

15. Questões

Quem?	Kim?	[kim]
O que?	Ne?	[ne]
Onde?	Nerede?	[nerede]
Para onde?	Nereye?	[nereje]
De onde?	Nereden?	[nereden]
Quando?	Ne zaman?	[ne zaman]
Para quê?	Neden?	[neden]
Por quê?	Neden?	[neden]

Para quê?	Ne için?	[ne itʃin]
Como?	Nasıl?	[nasıl]
Qual (~ é o problema?)	Hangi?	[hangi]
Qual (~ deles?)	Kaçıncı?	[katʃındʒı]
A quem?	Kime?	[kime]

De quem?	Kim hakkında?	[kim hakında]
Do quê?	Ne hakkında?	[ne hakkında]
Com quem?	Kimle?	[kimle]

Quantos? -as?	Ne kadar?	[ne kadar]
Quanto?	Kaç?	[katʃ]
De quem? (masc.)	Kimin?	[kimin]

16. Preposições

com (prep.)	... -ile, ... -le, ... -la	[ile], [le], [la]
sem (prep.)	... -sız, ... -suz	[sız], [suz]
a, para (exprime lugar)	... -e, ... -a	[e], [a]
sobre (ex. falar ~)	hakkında	[hakkında]
antes de ...	önce	[øndʒe]
em frente de ...	önünde	[ønynde]

debaixo de ...	altında	[altında]
sobre (em cima de)	üstünde	[ystynde]
em ..., sobre ...	üstüne	[ystyne]
de, do (sou ~ Rio de Janeiro)	... -den, ... -dan	[den], [dan]
de (feito ~ pedra)	... -den, ... -dan	[den], [dan]

em (~ 3 dias)	sonra	[sonra]
por cima de ...	üstünden	[ystynden]

17. Palavras funcionais. Advérbios. Parte 1

Onde?	Nerede?	[nerede]
aqui	burada	[burada]
lá, ali	orada	[orada]

em algum lugar	bir yerde	[bir jerde]
em lugar nenhum	hiç bir yerde	[hitʃ birj jerde]

perto de ...	... yanında	[janında]
perto da janela	pencerenin yanında	[pendʒerenin janında]

Para onde?	Nereye?	[nereje]
aqui	buraya	[buraja]
para lá	oraya	[oraja]
daqui	buradan	[buradan]
de lá, dali	oradan	[oradan]

perto	yakında	[jakında]
longe	uzağa	[uzaa]

perto de ...	yakında	[jakında]
à mão, perto	yakınında	[jakınında]
não fica longe	civarında	[dʒivarında]
esquerdo (adj)	sol	[sol]
à esquerda	solda	[solda]

para a esquerda	sola	[sola]
direito (adj)	sağ	[saa]
à direita	sağda	[saada]
para a direita	sağa	[saa]

em frente	önde	[ønde]
da frente	ön	[øn]
adiante (para a frente)	ileri	[ileri]

atrás de ...	arkada	[arkada]
de trás	arkadan	[arkadan]
para trás	geriye	[gerije]

| meio (m), metade (f) | orta | [orta] |
| no meio | ortasında | [ortasında] |

do lado	kenarda	[kenarda]
em todo lugar	her yerde	[her jerde]
por todos os lados	çevrede	[tʃevrede]

de dentro	içeriden	[itʃeriden]
para algum lugar	bir yere	[bir jere]
diretamente	dosdoğru	[dosdooru]
de volta	geri	[geri]

| de algum lugar | bir yerden | [bir jerden] |
| de algum lugar | bir yerden | [bir jerden] |

em primeiro lugar	ilk olarak	[ilk olarak]
em segundo lugar	ikinci olarak	[ikindʒi olarak]
em terceiro lugar	üçüncü olarak	[ytʃundʒy olarak]

de repente	birdenbire	[birdenbire]
no início	başlangıçta	[baʃlangıtʃta]
pela primeira vez	ilk kez	[ilk kez]
muito antes de ...	çok daha önce ...	[tʃok daa øndʒe]
de novo	yeniden	[jeniden]
para sempre	sonsuza kadar	[sonsuza kadar]

nunca	hiçbir zaman	[hitʃbir zaman]
de novo	tekrar	[tekrar]
agora	şimdi	[ʃimdi]
frequentemente	sık	[sık]
então	o zaman	[o zaman]
urgentemente	acele	[adʒele]
normalmente	genellikle	[genellikle]

a propósito, ...	aklıma gelmişken, ...	[aklıma gelmiʃken]
é possível	mümkündür	[mymkyndyr]
provavelmente	muhtemelen	[muhtemelen]
talvez	olabilir	[olabilir]
além disso, ...	ayrıca ...	[ajrıdʒa]
por isso ...	onun için	[onun itʃin]
apesar de ...	rağmen ...	[raamen]
graças a ...	... sayesinde	[sajesinde]
que (pron.)	ne	[ne]

23

que (conj.)	... -ki, ... -dığı, ... -diği	[ki], [dı:ı], [di:i]
algo	bir şey	[bir ʃej]
alguma coisa	bir şey	[bir ʃej]
nada	hiçbir şey	[hitʃbir ʃej]

quem	kim	[kim]
alguém (~ que ...)	birisi	[birisı]
alguém (com ~)	birisi	[birisı]

ninguém	hiç kimse	[hitʃ kimse]
para lugar nenhum	hiçbir yere	[hitʃbir jere]
de ninguém	kimsesiz	[kimsesiz]
de alguém	birinin	[birinin]

tão	öylesine	[øjlesine]
também (gostaria ~ de ...)	dahi, ayrıca	[dahi], [ajrıdʒa]
também (~ eu)	da	[da]

18. Palavras funcionais. Advérbios. Parte 2

Por quê?	Neden?	[neden]
por alguma razão	nedense	[nedense]
porque ...	çünkü	[tʃynky]
por qualquer razão	her nedense	[her nedense]

e (tu ~ eu)	ve	[ve]
ou (ser ~ não ser)	veya	[veja]
mas (porém)	fakat	[fakat]
para (~ a minha mãe)	için	[itʃin]

muito, demais	fazla	[fazla]
só, somente	ancak	[andʒak]
exatamente	tam	[tam]
cerca de (~ 10 kg)	yaklaşık	[jaklaʃık]

aproximadamente	yaklaşık olarak	[jaklaʃık olarak]
aproximado (adj)	yaklaşık	[jaklaʃık]
quase	hemen	[hemen]
resto (m)	geri kalan	[geri kalan]

cada (adj)	her biri	[her biri]
qualquer (adj)	herhangi biri	[herhangi biri]
muito, muitos, muitas	çok	[tʃok]
muitas pessoas	birçokları	[birtʃokları]
todos	hepsi, herkes	[hepsi], [herkez]

em troca de ...	... karşılık olarak	[karʃılık olarak]
em troca	yerine	[jerine]
à mão	elle, el ile	[elle], [el ile]
pouco provável	şüpheli	[ʃypheli]

provavelmente	galiba	[galiba]
de propósito	mahsus	[mahsus]
por acidente	tesadüfen	[tesadyfen]

muito	pek	[pek]
por exemplo	mesela	[mesela]
entre	arasında	[arasında]
entre (no meio de)	ortasında	[ortasında]
tanto	kadar	[kadar]
especialmente	özellikle	[øzelikle]

Conceitos básicos. Parte 2

19. Opostos

rico (adj)	zengin	[zengin]
pobre (adj)	fakir	[fakir]
doente (adj)	hasta	[hasta]
bem (adj)	sağlıklı	[saalıklı]
grande (adj)	büyük	[byjuk]
pequeno (adj)	küçük	[kytʃuk]
rapidamente	çabuk	[tʃabuk]
lentamente	yavaş	[javaʃ]
rápido (adj)	hızlı	[hızlı]
lento (adj)	yavaş	[javaʃ]
alegre (adj)	neşeli	[neʃeli]
triste (adj)	üzgün	[yzgyn]
juntos (ir ~)	beraber	[beraber]
separadamente	ayrı	[ajrı]
em voz alta (ler ~)	sesli	[sesli]
para si (em silêncio)	içinden	[itʃinden]
alto (adj)	yüksek	[juksek]
baixo (adj)	alçak	[altʃak]
profundo (adj)	derin	[derin]
raso (adj)	sığ	[sı:ı]
sim	evet	[evet]
não	yok	[jok]
distante (adj)	uzak	[uzak]
próximo (adj)	yakın	[jakın]
longe	uzağa	[uzaa]
à mão, perto	yakında	[jakında]
longo (adj)	uzun	[uzun]
curto (adj)	kısa	[kısa]
bom (bondoso)	iyi kalpli	[iji kalpli]
mal (adj)	kötü kalpli	[køty kalpli]
casado (adj)	evli	[evli]

solteiro (adj)	bekâr	[bekjar]

proibir (vt)	yasaklamak	[jasaklamak]
permitir (vt)	izin vermek	[izin vermek]

fim (m)	son	[son]
início (m)	başlangıç	[baʃlangɪtʃ]

esquerdo (adj)	sol	[sol]
direito (adj)	sağ	[saa]

primeiro (adj)	birinci	[birindʒi]
último (adj)	en son	[en son]

crime (m)	suç	[sutʃ]
castigo (m)	ceza	[dʒeza]

ordenar (vt)	emretmek	[emretmek]
obedecer (vt)	itaat etmek	[itaat etmek]

reto (adj)	düz	[dyz]
curvo (adj)	eğri	[eeri]

paraíso (m)	cennet	[dʒennet]
inferno (m)	cehennem	[dʒehennem]

nascer (vi)	doğmak	[doomak]
morrer (vi)	ölmek	[ølmek]

forte (adj)	güçlü	[gytʃly]
fraco, débil (adj)	zayıf	[zajɪf]

velho, idoso (adj)	yaşlı	[jaʃlɪ]
jovem (adj)	genç	[gentʃ]

velho (adj)	eski	[eski]
novo (adj)	yeni	[jeni]

duro (adj)	sert	[sert]
macio (adj)	yumuşak	[jumuʃak]

quente (adj)	sıcak	[sɪdʒak]
frio (adj)	soğuk	[souk]

gordo (adj)	kalın	[kalɪn]
magro (adj)	zayıf	[zajɪf]

estreito (adj)	dar	[dar]
largo (adj)	geniş	[geniʃ]

bom (adj)	iyi	[iji]
mau (adj)	kötü	[køty]

valente, corajoso (adj)	cesur	[dʒesur]
covarde (adj)	korkak	[korkak]

20. Dias da semana

segunda-feira (f)	Pazartesi	[pazartesi]
terça-feira (f)	Salı	[salı]
quarta-feira (f)	Çarşamba	[tʃarʃamba]
quinta-feira (f)	Perşembe	[perʃembe]
sexta-feira (f)	Cuma	[dʒuma]
sábado (m)	Cumartesi	[dʒumartesi]
domingo (m)	Pazar	[pazar]
hoje	bugün	[bugyn]
amanhã	yarın	[jarın]
depois de amanhã	öbür gün	[øbyr gyn]
ontem	dün	[dyn]
anteontem	evvelki gün	[evvelki gyn]
dia (m)	gün	[gyn]
dia (m) de trabalho	iş günü	[iʃ gyny]
feriado (m)	bayram günü	[bajram gyny]
dia (m) de folga	tatil günü	[tatil gyny]
fim (m) de semana	hafta sonu	[hafta sonu]
o dia todo	bütün gün	[bytyn gyn]
no dia seguinte	ertesi gün	[ertesi gyn]
há dois dias	iki gün önce	[iki gyn øndʒe]
na véspera	bir gün önce	[bir gyn øndʒe]
diário (adj)	günlük	[gynlyk]
todos os dias	her gün	[her gyn]
semana (f)	hafta	[hafta]
na semana passada	geçen hafta	[getʃen hafta]
semana que vem	gelecek hafta	[geldʒek hafta]
semanal (adj)	haftalık	[haftalık]
toda semana	her hafta	[her hafta]
duas vezes por semana	haftada iki kez	[haftada iki kez]
toda terça-feira	her Salı	[her salı]

21. Horas. Dia e noite

manhã (f)	sabah	[sabah]
de manhã	sabahleyin	[sabahlejin]
meio-dia (m)	öğle, gün ortası	[ø:le], [gyn ortası]
à tarde	öğleden sonra	[ø:leden sonra]
tardinha (f)	akşam	[akʃam]
à tardinha	akşamleyin	[akʃamlejin]
noite (f)	gece	[gedʒe]
à noite	geceleyin	[gedʒelejin]
meia-noite (f)	gece yarısı	[gedʒe jarısı]
segundo (m)	saniye	[sanije]
minuto (m)	dakika	[dakika]
hora (f)	saat	[saat]

meia hora (f)	yarım saat	[jarım saat]
quarto (m) de hora	çeyrek saat	[ʧejrek saat]
quinze minutos	on beş dakika	[on beʃ dakika]
vinte e quatro horas	yirmi dört saat	[jirmi dørt saat]
nascer (m) do sol	güneşin doğuşu	[gyneʃin douʃu]
amanhecer (m)	şafak	[ʃafak]
madrugada (f)	sabah erken	[sabah erken]
pôr-do-sol (m)	güneş batışı	[gyneʃ batıʃı]
de madrugada	sabahın köründe	[sabahın kørynde]
esta manhã	bu sabah	[bu sabah]
amanhã de manhã	yarın sabah	[jarın sabah]
esta tarde	bu ikindi	[bu ikindi]
à tarde	öğleden sonra	[øːleden sonra]
amanhã à tarde	yarın öğleden sonra	[jarın øːleden sonra]
esta noite, hoje à noite	bu akşam	[bu akʃam]
amanhã à noite	yarın akşam	[jarın akʃam]
às três horas em ponto	tam saat üçte	[tam saat yʧte]
por volta das quatro	saat dört civarında	[saat dørt ʤivarında]
às doze	saat on ikiye doğru	[saat on ikije dooru]
em vinte minutos	yirmi dakika içinde	[jirmi dakika iʧinde]
em uma hora	bir saat sonra	[bir saat sonra]
a tempo	zamanında	[zamanında]
… um quarto para	çeyrek kala	[ʧejrek kala]
dentro de uma hora	bir saat içinde	[bir saat iʧinde]
a cada quinze minutos	her on beş dakika	[her on beʃ dakika]
as vinte e quatro horas	gece gündüz	[geʤe gyndyz]

22. Meses. Estações

janeiro (m)	ocak	[odʒak]
fevereiro (m)	şubat	[ʃubat]
março (m)	mart	[mart]
abril (m)	nisan	[nisan]
maio (m)	mayıs	[majıs]
junho (m)	haziran	[haziran]
julho (m)	temmuz	[temmuz]
agosto (m)	ağustos	[austos]
setembro (m)	eylül	[ejlyl]
outubro (m)	ekim	[ekim]
novembro (m)	kasım	[kasım]
dezembro (m)	aralık	[aralık]
primavera (f)	ilkbahar	[ilkbahar]
na primavera	ilkbaharda	[ilkbaharda]
primaveril (adj)	ilkbahar	[ilkbahar]
verão (m)	yaz	[jaz]

29

no verão	yazın	[jazın]
de verão	yaz	[jaz]

outono (m)	sonbahar	[sonbahar]
no outono	sonbaharda	[sonbaharda]
outonal (adj)	sonbahar	[sonbahar]

inverno (m)	kış	[kıʃ]
no inverno	kışın	[kıʃin]
de inverno	kış, kışlık	[kıʃ], [kıʃlık]
mês (m)	ay	[aj]
este mês	bu ay	[bu aj]
mês que vem	gelecek ay	[geledʒek aj]
no mês passado	geçen ay	[getʃen aj]

um mês atrás	bir ay önce	[bir aj øndʒe]
em um mês	bir ay sonra	[bir aj sonra]
em dois meses	iki ay sonra	[iki aj sonra]
todo o mês	tüm ay	[tym aj]
um mês inteiro	bütün ay	[bytyn aj]

mensal (adj)	aylık	[ajlık]
mensalmente	her ay	[her aj]
todo mês	her ay	[her aj]
duas vezes por mês	ayda iki kez	[ajda iki kez]

ano (m)	yıl, sene	[jıl], [sene]
este ano	bu sene, bu yıl	[bu sene], [bu jıl]
ano que vem	gelecek sene	[geledʒek sene]
no ano passado	geçen sene	[getʃen sene]
há um ano	bir yıl önce	[bir jıl øndʒe]
em um ano	bir yıl sonra	[bir jıl sonra]
dentro de dois anos	iki yıl sonra	[iki jıl sonra]
todo o ano	tüm yıl	[tym jıl]
um ano inteiro	bütün yıl	[bytyn jıl]

cada ano	her sene	[her sene]
anual (adj)	yıllık	[jıllık]
anualmente	her yıl	[her jıl]
quatro vezes por ano	yılda dört kere	[jılda dørt kere]

data (~ de hoje)	tarih	[tarih]
data (ex. ~ de nascimento)	tarih	[tarih]
calendário (m)	takvim	[takvim]

meio ano	yarım yıl	[jarım jıl]
seis meses	altı ay	[altı aj]
estação (f)	mevsim	[mevsim]
século (m)	yüzyıl	[juzjıl]

23. Tempo. Diversos

tempo (m)	zaman, vakit	[zaman], [vakit]
momento (m)	an, ani	[an], [ani]

instante (m)	an	[an]
instantâneo (adj)	ani	[ani]
lapso (m) de tempo	süre	[syre]
vida (f)	hayat	[hajat]
eternidade (f)	ebedilik	[ebedilik]

época (f)	devir, çağ	[devir], [ʧaa]
era (f)	çağ	[ʧaa]
ciclo (m)	devir	[devir]
período (m)	süre	[syre]
prazo (m)	süre	[syre]

futuro (m)	gelecek	[geledʒek]
futuro (adj)	gelecek	[geledʒek]
da próxima vez	gelecek sefer	[geledʒek sefer]
passado (m)	geçmiş	[geʧmiʃ]
passado (adj)	geçen	[geʧen]
na última vez	geçen sefer	[geʧen sefer]
mais tarde	sonradan	[sonradan]
depois de ...	sonra	[sonra]
atualmente	bu günlerde	[bu gynlerde]
agora	şimdi	[ʃimdi]
imediatamente	hemen	[hemen]
em breve	yakında	[jakında]
de antemão	önceden	[øndʒeden]

há muito tempo	çoktan	[ʧoktan]
recentemente	geçenlerde	[geʧenlerde]
destino (m)	kader	[kader]
recordações (f pl)	anılar	[anılar]
arquivo (m)	arşiv	[arʃiv]
durante ...	... esnasında	[esnasında]
durante muito tempo	uzun zaman	[uzun zaman]
pouco tempo	kısa bir zaman	[kısa bir zaman]
cedo (levantar-se ~)	erken	[erken]
tarde (deitar-se ~)	geç	[geʧ]

para sempre	ebediyen	[ebedijen]
começar (vt)	başlamak	[baʃlamak]
adiar (vt)	ertelemek	[ertelemek]

ao mesmo tempo	aynı zamanda	[ajnı zamanda]
permanentemente	sürekli olarak	[syrekli olarak]
constante (~ ruído, etc.)	sürekli	[syrekli]
temporário (adj)	geçici	[geʧidʒi]

às vezes	bazen	[bazen]
raras vezes, raramente	nadiren	[nadiren]
frequentemente	sık	[sık]

24. Linhas e formas

quadrado (m)	kare	[kare]
quadrado (adj)	kare	[kare]

círculo (m)	daire	[daire]
redondo (adj)	yuvarlak	[juvarlak]
triângulo (m)	üçgen	[ytʃgen]
triangular (adj)	üç köşeli	[ytʃ køʃeli]

oval (f)	oval	[oval]
oval (adj)	oval	[oval]
retângulo (m)	dikdörtgen	[dikdørtgen]
retangular (adj)	dikdörtgen	[dikdørtgen]

pirâmide (f)	piramit	[piramit]
losango (m)	eşkenar dörtgen	[eʃkenar dørtgen]
trapézio (m)	yamuk	[jamuk]
cubo (m)	küp	[kyp]
prisma (m)	prizma	[prizma]

circunferência (f)	çember	[tʃember]
esfera (f)	küre	[kyre]
globo (m)	küre	[kyre]
diâmetro (m)	çap	[tʃap]
raio (m)	yarıçap	[jarɪtʃap]
perímetro (m)	perimetre	[perimetre]
centro (m)	merkez	[merkez]

horizontal (adj)	yatay	[jataj]
vertical (adj)	dikey	[dikej]
paralela (f)	paralel	[paralel]
paralelo (adj)	paralel	[paralel]

linha (f)	çizgi	[tʃizgi]
traço (m)	hat	[hat]
reta (f)	doğru	[dooru]
curva (f)	eğri	[eeri]
fino (linha ~a)	ince	[indʒe]
contorno (m)	çevre çizgisi	[tʃevre tʃizgisi]

interseção (f)	kesişme	[kesiʃme]
ângulo (m) reto	dik açı	[dik atʃɪ]
segmento (m)	daire parçası	[daire partʃasɪ]
setor (m)	daire dilimi	[daire dilimi]
lado (de um triângulo, etc.)	kenar	[kenar]
ângulo (m)	açı	[atʃɪ]

25. Unidades de medida

peso (m)	ağırlık	[aɪrlɪk]
comprimento (m)	uzunluk	[uzunluk]
largura (f)	en, genişlik	[en], [geniʃlik]
altura (f)	yükseklik	[jukseklik]
profundidade (f)	derinlik	[derinlik]
volume (m)	hacim	[hadʒim]
área (f)	alan	[alan]
grama (m)	gram	[gram]
miligrama (m)	miligram	[miligram]

quilograma (m)	kilogram	[kilogram]
tonelada (f)	ton	[ton]
libra (453,6 gramas)	libre	[libre]
onça (f)	ons	[ons]

metro (m)	metre	[metre]
milímetro (m)	milimetre	[milimetre]
centímetro (m)	santimetre	[santimetre]
quilômetro (m)	kilometre	[kilometre]
milha (f)	mil	[mil]

polegada (f)	inç	[intʃ]
pé (304,74 mm)	kadem	[kadem]
jarda (914,383 mm)	yarda	[jarda]

metro (m) quadrado	metre kare	[metre kare]
hectare (m)	hektar	[hektar]

litro (m)	litre	[litre]
grau (m)	derece	[deredʒe]
volt (m)	volt	[volt]
ampère (m)	amper	[amper]
cavalo (m) de potência	beygir gücü	[bejgir gydʒy]

quantidade (f)	miktar	[miktar]
um pouco de ...	biraz ...	[biraz]
metade (f)	yarım	[jarım]
dúzia (f)	düzine	[dyzine]
peça (f)	adet, tane	[adet], [tane]

tamanho (m), dimensão (f)	boyut	[bojut]
escala (f)	ölçek	[øltʃek]

mínimo (adj)	minimum	[minimum]
menor, mais pequeno	en küçük	[en kytʃuk]
médio (adj)	orta	[orta]
máximo (adj)	maksimum	[maksimum]
maior, mais grande	en büyük	[en byjuk]

26. Recipientes

pote (m) de vidro	kavanoz	[kavanoz]
lata (~ de cerveja)	teneke	[teneke]
balde (m)	kova	[kova]
barril (m)	fıçı, varil	[fıtʃı], [varil]

bacia (~ de plástico)	leğen	[leen]
tanque (m)	tank	[tank]
cantil (m) de bolso	matara	[matara]
galão (m) de gasolina	benzin bidonu	[benzin bidonu]
cisterna (f)	sarnıç	[sarnıtʃ]

caneca (f)	kupa	[kupa]
xícara (f)	fincan	[findʒan]

pires (m)	fincan tabağı	[findʒan tabaı]
copo (m)	bardak	[bardak]
taça (f) de vinho	kadeh	[kade]
panela (f)	tencere	[tendʒere]

garrafa (f)	şişe	[ʃiʃe]
gargalo (m)	boğaz	[boaz]

jarra (f)	sürahi	[syrahi]
jarro (m)	testi	[testi]
recipiente (m)	kap	[kap]
pote (m)	çömlek	[tʃømlek]
vaso (m)	vazo	[vazo]

frasco (~ de perfume)	şişe	[ʃiʃe]
frasquinho (m)	küçük şişe	[kytʃuk ʃiʃe]
tubo (m)	tüp	[typ]

saco (ex. ~ de açúcar)	poşet, torba	[poʃet], [torba]
sacola (~ plastica)	çuval	[tʃuval]
maço (de cigarros, etc.)	paket	[paket]

caixa (~ de sapatos, etc.)	kutu	[kutu]
caixote (~ de madeira)	sandık	[sandık]
cesto (m)	sepet	[sepet]

27. Materiais

material (m)	malzeme	[malzeme]
madeira (f)	ağaç	[aatʃ]
de madeira	ahşap	[ahʃap]

vidro (m)	cam	[dʒam]
de vidro	cam	[dʒam]

pedra (f)	taş	[taʃ]
de pedra	taş	[taʃ]

plástico (m)	plastik	[plastik]
plástico (adj)	plastik	[plastik]

borracha (f)	lastik	[lastik]
de borracha	lastik	[lastik]

tecido, pano (m)	kumaş	[kumaʃ]
de tecido	kumaştan	[kumaʃtan]

papel (m)	kağıt	[kaıt]
de papel	kağıt	[kaıt]

papelão (m)	karton	[karton]
de papelão	karton	[karton]
polietileno (m)	polietilen	[polietilen]
celofane (m)	selofan	[selofan]

madeira (f) compensada	kontrplak	[kontraplak]
porcelana (f)	porselen	[porselen]
de porcelana	porselen	[porselen]
argila (f), barro (m)	kil	[kil]
de barro	balçık, kil	[baltʃık], [kil]
cerâmica (f)	seramik	[seramik]
de cerâmica	seramik	[seramik]

28. Metais

metal (m)	maden	[maden]
metálico (adj)	madeni, metal	[madeni], [metal]
liga (f)	alaşım	[alaʃım]

ouro (m)	altın	[altın]
de ouro	altın	[altın]
prata (f)	gümüş	[gymyʃ]
de prata	gümüş	[gymyʃ]

ferro (m)	demir	[demir]
de ferro	demir	[demir]
aço (m)	çelik	[tʃelik]
de aço (adj)	çelik	[tʃelik]
cobre (m)	bakır	[bakır]
de cobre	bakır	[bakır]

alumínio (m)	alüminyum	[alyminjum]
de alumínio	alüminyum	[alyminjum]
bronze (m)	bronz	[bronz]
de bronze	bronz	[bronz]

latão (m)	pirinç	[pirintʃ]
níquel (m)	nikel	[nikel]
platina (f)	platin	[platin]
mercúrio (m)	cıva	[dʒıva]
estanho (m)	kalay	[kalaj]
chumbo (m)	kurşun	[kurʃun]
zinco (m)	çinko	[tʃinko]

O SER HUMANO

O ser humano. O corpo

29. Humanos. Conceitos básicos

ser (m) humano	insan	[insan]
homem (m)	erkek	[erkek]
mulher (f)	kadın	[kadın]
criança (f)	çocuk	[tʃodʒuk]
menina (f)	kız	[kız]
menino (m)	erkek çocuk	[erkek tʃodʒuk]
adolescente (m)	ergen	[ergen]
velho (m)	ihtiyar	[ihtijar]
velha (f)	yaşlı kadın	[jaʃlı kadın]

30. Anatomia humana

organismo (m)	organizma	[organizma]
coração (m)	kalp	[kalp]
sangue (m)	kan	[kan]
artéria (f)	atardamar	[atardamar]
veia (f)	toplardamar	[toplardamar]
cérebro (m)	beyin	[bejin]
nervo (m)	sinir	[sinir]
nervos (m pl)	sinirler	[sinirler]
vértebra (f)	omur	[omur]
coluna (f) vertebral	omurga	[omurga]
estômago (m)	mide	[mide]
intestinos (m pl)	bağırsaklar	[baırsaklar]
intestino (m)	bağırsak	[baırsak]
fígado (m)	karaciğer	[karadʒier]
rim (m)	böbrek	[bøbrek]
osso (m)	kemik	[kemik]
esqueleto (m)	iskelet	[iskelet]
costela (f)	kaburga	[kaburga]
crânio (m)	kafatası	[kafatası]
músculo (m)	kas	[kas]
bíceps (m)	pazı	[pazı]
tríceps (m)	kol kası	[kol kası]
tendão (m)	kiriş	[kiriʃ]
articulação (f)	eklem	[eklem]

pulmões (m pl)	akciğer	[akdʒier]
órgãos (m pl) genitais	cinsel organlar	[dʒinsel organlar]
pele (f)	cilt	[dʒilt]

31. Cabeça

cabeça (f)	baş	[baʃ]
rosto, cara (f)	yüz	[juz]
nariz (m)	burun	[burun]
boca (f)	ağız	[aız]

olho (m)	göz	[gøz]
olhos (m pl)	gözler	[gøzler]
pupila (f)	göz bebeği	[gøz bebeı]
sobrancelha (f)	kaş	[kaʃ]
cílio (f)	kirpik	[kirpik]
pálpebra (f)	göz kapağı	[gøz kapaı]

língua (f)	dil	[dil]
dente (m)	diş	[diʃ]
lábios (m pl)	dudaklar	[dudaklar]
maçãs (f pl) do rosto	elmacık kemiği	[elmadʒık kemi:i]
gengiva (f)	dişeti	[diʃeti]
palato (m)	damak	[damak]

narinas (f pl)	burun deliği	[burun deli:i]
queixo (m)	çene	[tʃene]
mandíbula (f)	çene	[tʃene]
bochecha (f)	yanak	[janak]

testa (f)	alın	[alın]
têmpora (f)	şakak	[ʃakak]
orelha (f)	kulak	[kulak]
costas (f pl) da cabeça	ense	[ense]
pescoço (m)	boyun	[bojun]
garganta (f)	boğaz	[boaz]

cabelo (m)	saçlar	[satʃlar]
penteado (m)	saç	[satʃ]
corte (m) de cabelo	saç biçimi	[satʃ bitʃimi]
peruca (f)	peruk	[peryk]

bigode (m)	bıyık	[bıjık]
barba (f)	sakal	[sakal]
ter (~ barba, etc.)	uzatmak, bırakmak	[uzatmak], [bırakmak]
trança (f)	saç örgüsü	[satʃ ørgysy]
suíças (f pl)	favori	[favori]

ruivo (adj)	kızıl saçlı	[kızıl satʃlı]
grisalho (adj)	kır	[kır]
careca (adj)	kel	[kel]
calva (f)	dazlak yer	[dazlak jer]
rabo-de-cavalo (m)	kuyruk	[kujruk]
franja (f)	kakül	[kakyl]

32. Corpo humano

mão (f)	el	[el]
braço (m)	kol	[kol]

dedo (m)	parmak	[parmak]
dedo (m) do pé	ayak parmağı	[ajak parmaı]
polegar (m)	başparmak	[baʃ parmak]
dedo (m) mindinho	küçük parmak	[kyʧuk parmak]
unha (f)	tırnak	[tırnak]

punho (m)	yumruk	[jumruk]
palma (f)	avuç	[avuʧ]
pulso (m)	bilek	[bilek]
antebraço (m)	önkol	[ønkol]
cotovelo (m)	dirsek	[dirsek]
ombro (m)	omuz	[omuz]

perna (f)	bacak	[badʒak]
pé (m)	ayak	[ajak]
joelho (m)	diz	[diz]
panturrilha (f)	baldır	[baldır]
quadril (m)	kalça	[kalʧa]
calcanhar (m)	topuk	[topuk]

corpo (m)	vücut	[vyʤut]
barriga (f), ventre (m)	karın	[karın]
peito (m)	göğüs	[gøjus]
seio (m)	göğüs	[gøjus]
lado (m)	yan	[jan]
costas (dorso)	sırt	[sırt]
região (f) lombar	alt bel	[alt bel]
cintura (f)	bel	[bel]

umbigo (m)	göbek	[gøbek]
nádegas (f pl)	kaba et	[kaba et]
traseiro (m)	kıç	[kıʧ]

sinal (m), pinta (f)	ben	[ben]
sinal (m) de nascença	doğum lekesi	[doum lekesi]
tatuagem (f)	dövme	[døvme]
cicatriz (f)	yara izi	[jara izi]

Vestuário & Acessórios

33. Roupa exterior. Casacos

roupa (f)	elbise, kıyafet	[elbise], [kıjafet]
roupa (f) exterior	üst kıyafet	[yst kıjafet]
roupa (f) de inverno	kışlık kıyafet	[kıʃlık kıjafet]
sobretudo (m)	palto	[palto]
casaco (m) de pele	kürk manto	[kyrk manto]
jaqueta (f) de pele	kürk ceket	[kyrk dʒeket]
casaco (m) acolchoado	ceket aşağı	[dʒeket aʃaı]
casaco (m), jaqueta (f)	ceket	[dʒeket]
impermeável (m)	trençkot	[trentʃkot]
a prova d'água	su geçirmez	[su getʃirmez]

34. Vestuário de homem & mulher

camisa (f)	gömlek	[gømlek]
calça (f)	pantolon	[pantolon]
jeans (m)	kot pantolon	[kot pantolon]
paletó, terno (m)	ceket	[dʒeket]
terno (m)	takım elbise	[takım elbise]
vestido (ex. ~ de noiva)	elbise, kıyafet	[elbise], [kıjafet]
saia (f)	etek	[etek]
blusa (f)	gömlek, bluz	[gømlek], [bluz]
casaco (m) de malha	hırka	[hırka]
casaco, blazer (m)	ceket	[dʒeket]
camiseta (f)	tişört	[tiʃørt]
short (m)	şort	[ʃort]
training (m)	eşofman	[eʃofman]
roupão (m) de banho	bornoz	[bornoz]
pijama (m)	pijama	[piʒama]
suéter (m)	süveter	[syveter]
pulôver (m)	pulover	[pulover]
colete (m)	yelek	[jelek]
fraque (m)	frak	[frak]
smoking (m)	smokin	[smokin]
uniforme (m)	üniforma	[yniforma]
roupa (f) de trabalho	iş elbisesi	[iʃ elbisesi]
macacão (m)	tulum	[tulum]
jaleco (m), bata (f)	önlük	[ønlyk]

35. Vestuário. Roupa interior

roupa (f) íntima	iç çamaşırı	[itʃ tʃamaʃırı]
cueca boxer (f)	şort külot	[ʃort kylot]
calcinha (f)	bayan külot	[bajan kylot]
camiseta (f)	atlet	[atlet]
meias (f pl)	kısa çorap	[kısa tʃorap]
camisola (f)	gecelik	[gedʒelik]
sutiã (m)	sutyen	[sutjen]
meias longas (f pl)	diz hizası çorap	[diz hizası tʃorap]
meias-calças (f pl)	külotlu çorap	[kyløtly tʃorap]
meias (~ de nylon)	çorap	[tʃorap]
maiô (m)	mayo	[majo]

36. Adereços de cabeça

chapéu (m), touca (f)	şapka	[ʃapka]
chapéu (m) de feltro	fötr şapka	[føtr ʃapka]
boné (m) de beisebol	beyzbol şapkası	[bejzbol ʃapkası]
boina (~ italiana)	kasket	[kasket]
boina (ex. ~ basca)	bere	[bere]
capuz (m)	kapüşon	[kapyʃon]
chapéu panamá (m)	panama	[panama]
touca (f)	örgü şapka	[ørgy ʃapka]
lenço (m)	başörtüsü	[baʃ ørtysy]
chapéu (m) feminino	kadın şapkası	[kadın ʃapkası]
capacete (m) de proteção	baret, kask	[baret], [kask]
bibico (m)	kayık kep	[kajık kep]
capacete (m)	kask	[kask]
chapéu-coco (m)	melon şapka	[melon ʃapka]
cartola (f)	silindir şapka	[silindir ʃapka]

37. Calçado

calçado (m)	ayakkabı	[ajakkabı]
botinas (f pl), sapatos (m pl)	potinler	[potinler]
sapatos (de salto alto, etc.)	ayakkabılar	[ajakkabılar]
botas (f pl)	çizmeler	[tʃizmeler]
pantufas (f pl)	terlik	[terlik]
tênis (~ Nike, etc.)	tenis ayakkabısı	[tenis ajakkabısı]
tênis (~ Converse)	spor ayakkabısı	[spor ajakkabısı]
sandálias (f pl)	sandalet	[sandalet]
sapateiro (m)	ayakkabıcı	[ajakkabıdʒı]
salto (m)	topuk	[topuk]

par (m)	bir çift ayakkabı	[bir ʧift ajakkabı]
cadarço (m)	bağ	[baa]
amarrar os cadarços	bağlamak	[baalamak]
calçadeira (f)	kaşık	[kaʃik]
graxa (f) para calçado	ayakkabı boyası	[ajakkabı bojası]

38. Têxtil. Tecidos

algodão (m)	pamuk	[pamuk]
de algodão	pamuklu	[pamuklu]
linho (m)	keten	[keten]
de linho	ketenden	[ketenden]

seda (f)	ipek	[ipek]
de seda	ipekli	[ipekli]
lã (f)	yün	[jun]
de lã	yünlü	[junly]

veludo (m)	kadife	[kadife]
camurça (f)	süet	[syet]
veludo (m) cotelê	fitilli kadife kumaş	[fitilli kadife kumaʃ]

nylon (m)	naylon	[najlon]
de nylon	naylondan	[najlondan]
poliéster (m)	polyester	[poljester]
de poliéster	polyester	[poljester]

couro (m)	deri	[deri]
de couro	deri, deriden yapılmış	[deri], [deriden japılmıʃ]
pele (f)	kürk	[kyrk]
de pele	kürk	[kyrk]

39. Acessórios pessoais

luva (f)	eldiven	[eldiven]
mitenes (f pl)	tek parmaklı eldiven	[tek parmaklı eldiven]
cachecol (m)	atkı	[atkı]

óculos (m pl)	gözlük	[gøzlyk]
armação (f)	çerçeve	[ʧerʧeve]
guarda-chuva (m)	şemsiye	[ʃemsije]
bengala (f)	baston	[baston]
escova (f) para o cabelo	saç fırçası	[saʧ firʧası]
leque (m)	yelpaze	[jelpaze]

gravata (f)	kravat	[kravat]
gravata-borboleta (f)	papyon	[papjon]
suspensórios (m pl)	pantolon askısı	[pantolon askısı]
lenço (m)	mendil	[mendil]

pente (m)	tarak	[tarak]
fivela (f) para cabelo	toka	[toka]

| grampo (m) | firkete | [firkete] |
| fivela (f) | kemer tokası | [kemer tokası] |

| cinto (m) | kemer | [kemer] |
| alça (f) de ombro | kayış | [kajıʃ] |

bolsa (f)	çanta	[ʧanta]
bolsa (feminina)	bayan çantası	[bajan ʧantası]
mochila (f)	arka çantası	[arka ʧantası]

40. Vestuário. Diversos

moda (f)	moda	[moda]
na moda (adj)	modaya uygun	[modaja ujgun]
estilista (m)	modelci	[modeldʒi]

colarinho (m)	yaka	[jaka]
bolso (m)	cep	[dʒep]
de bolso	cep	[dʒep]
manga (f)	kol	[kol]
ganchinho (m)	askı	[askı]
bragueta (f)	pantolon fermuarı	[pantolon fermuarı]

zíper (m)	fermuar	[fermuar]
colchete (m)	kopça	[kopʧa]
botão (m)	düğme	[dyjme]
botoeira (casa de botão)	düğme iliği	[dyjme ili:i]
soltar-se (vr)	kopmak	[kopmak]

costurar (vi)	dikmek	[dikmek]
bordar (vt)	nakış işlemek	[nakıʃ iʃlemek]
bordado (m)	nakış	[nakıʃ]
agulha (f)	iğne	[i:ine]
fio, linha (f)	iplik	[iplik]
costura (f)	dikiş	[dikiʃ]

sujar-se (vr)	kirlenmek	[kirlenmek]
mancha (f)	leke	[leke]
amarrotar-se (vr)	buruşmak	[buruʃmak]
rasgar (vt)	yırtmak	[jırtmak]
traça (f)	güve	[gyve]

41. Cuidados pessoais. Cosméticos

pasta (f) de dente	diş macunu	[diʃ madʒunu]
escova (f) de dente	diş fırçası	[diʃ fırʧası]
escovar os dentes	dişlerini fırçalamak	[diʃlerini fırʧalamak]

gilete (f)	jilet	[ʒilet]
creme (m) de barbear	tıraş kremi	[tıraʃ kremi]
barbear-se (vr)	tıraş olmak	[tıraʃ olmak]
sabonete (m)	sabun	[sabun]

xampu (m)	şampuan	[ʃampuan]
tesoura (f)	makas	[makas]
lixa (f) de unhas	tırnak törpüsü	[tırnak tørpysy]
corta-unhas (m)	tırnak makası	[tırnak makası]
pinça (f)	cımbız	[dʒımbız]

cosméticos (m pl)	kozmetik	[kozmetik]
máscara (f)	yüz maskesi	[juz maskesi]
manicure (f)	manikür	[manikyr]
fazer as unhas	manikür yapmak	[manikyr japmak]
pedicure (f)	pedikür	[pedikyr]

bolsa (f) de maquiagem	makyaj çantası	[makjaʒ tʃantası]
pó (de arroz)	pudra	[pudra]
pó (m) compacto	pudralık	[pudralık]
blush (m)	allık	[allık]

perfume (m)	parfüm	[parfym]
água-de-colônia (f)	parfüm suyu	[parfym suju]
loção (f)	losyon	[losjon]
colônia (f)	kolonya	[kolonja]

sombra (f) de olhos	far	[far]
delineador (m)	göz kalemi	[gøz kalemi]
máscara (f), rímel (m)	rimel	[rimel]

batom (m)	ruj	[ruʒ]
esmalte (m)	oje	[oʒe]
laquê (m), spray fixador (m)	saç spreyi	[satʃ spreji]
desodorante (m)	deodorant	[deodorant]

creme (m)	krem	[krem]
creme (m) de rosto	yüz kremi	[juz kremi]
creme (m) de mãos	el kremi	[el kremi]
creme (m) antirrugas	kırışıklık giderici krem	[kırıʃıklık gideridʒi krem]
creme (m) de dia	gündüz kremi	[gyndyz krem]
creme (m) de noite	gece kremi	[gedʒe kremi]
de dia	gündüz	[gyndyz]
da noite	gece	[gedʒe]

absorvente (m) interno	tampon	[tampon]
papel (m) higiênico	tuvalet kağıdı	[tuvalet kaıdı]
secador (m) de cabelo	saç kurutma makinesi	[satʃ kurutma makinesi]

42. Joalheria

joias (f pl)	mücevher	[mydʒevher]
precioso (adj)	değerli	[deerli]
marca (f) de contraste	ayar damgası	[ajar damgası]

anel (m)	yüzük	[juzyk]
aliança (f)	nişan yüzüğü	[niʃan juzyy]
pulseira (f)	bilezik	[bilezik]
brincos (m pl)	küpeler	[kypeler]

colar (m)	gerdanlık	[gerdanlık]
coroa (f)	taç	[tatʃ]
colar (m) de contas	boncuk kolye	[bondʒuk kolje]

diamante (m)	pırlanta	[pırlanta]
esmeralda (f)	zümrüt	[zymryt]
rubi (m)	yakut	[jakut]
safira (f)	safir	[safir]
pérola (f)	inci	[indʒi]
âmbar (m)	kehribar	[kehribar]

43. Relógios de pulso. Relógios

relógio (m) de pulso	el saati	[el saati]
mostrador (m)	kadran	[kadran]
ponteiro (m)	akrep, yelkovan	[akrep], [jelkovan]
bracelete (em aço)	metal kordon	[metal kordon]
bracelete (em couro)	kayış	[kajıʃ]

pilha (f)	pil	[pil]
acabar (vi)	bitmek	[bitmek]
trocar a pilha	pil değiştirmek	[pil deiʃtirmek]
estar adiantado	ileri gitmek	[ileri gitmek]
estar atrasado	geride kalmak	[geride kalmak]

relógio (m) de parede	duvar saati	[duvar saati]
ampulheta (f)	kum saati	[kum saati]
relógio (m) de sol	güneş saati	[gyneʃ saati]
despertador (m)	çalar saat	[tʃalar saat]
relojoeiro (m)	saatçi	[saatʃi]
reparar (vt)	tamir etmek	[tamir etmek]

Alimentação. Nutrição

44. Comida

carne (f)	et	[et]
galinha (f)	tavuk eti	[tavuk eti]
frango (m)	civciv	[dʒiv dʒiv]
pato (m)	ördek	[ørdek]
ganso (m)	kaz	[kaz]
caça (f)	av hayvanları	[av hajvanları]
peru (m)	hindi	[hindi]
carne (f) de porco	domuz eti	[domuz eti]
carne (f) de vitela	dana eti	[dana eti]
carne (f) de carneiro	koyun eti	[kojun eti]
carne (f) de vaca	sığır eti	[sɪːɪr eti]
carne (f) de coelho	tavşan eti	[tavʃan eti]
linguiça (f), salsichão (m)	sucuk, sosis	[sudʒuk], [sosis]
salsicha (f)	sosis	[sosis]
bacon (m)	domuz pastırması	[domuz pastırması]
presunto (m)	jambon	[ʒambon]
pernil (m) de porco	tütsülenmiş jambon	[tytsylenmiʃ ʒambon]
patê (m)	ezme	[ezme]
fígado (m)	karaciğer	[karadʒier]
guisado (m)	kıyma	[kɪjma]
língua (f)	dil	[dil]
ovo (m)	yumurta	[jumurta]
ovos (m pl)	yumurtalar	[jumurtalar]
clara (f) de ovo	yumurta akı	[jumurta akı]
gema (f) de ovo	yumurta sarısı	[jumurta sarısı]
peixe (m)	balık	[balık]
mariscos (m pl)	deniz ürünleri	[deniz yrynleri]
caviar (m)	havyar	[havjar]
caranguejo (m)	yengeç	[jengetʃ]
camarão (m)	karides	[karides]
ostra (f)	istiridye	[istiridje]
lagosta (f)	langust	[langust]
polvo (m)	ahtapot	[ahtapot]
lula (f)	kalamar	[kalamar]
esturjão (m)	mersin balığı	[mersin balıːı]
salmão (m)	som balığı	[som balıːı]
halibute (m)	pisi balığı	[pisi balıːı]
bacalhau (m)	morina balığı	[morina balıːı]
cavala, sarda (f)	uskumru	[uskumru]

atum (m)	ton balığı	[ton balı:ı]
enguia (f)	yılan balığı	[jılan balı:ı]
truta (f)	alabalık	[alabalık]
sardinha (f)	sardalye	[sardalje]
lúcio (m)	turna balığı	[turna balı:ı]
arenque (m)	ringa	[ringa]
pão (m)	ekmek	[ekmek]
queijo (m)	peynir	[pejnir]
açúcar (m)	şeker	[ʃeker]
sal (m)	tuz	[tuz]
arroz (m)	pirinç	[pirintʃ]
massas (f pl)	makarna	[makarna]
talharim, miojo (m)	erişte	[eriʃte]
manteiga (f)	tereyağı	[terejaı]
óleo (m) vegetal	bitkisel yağ	[bitkisel jaa]
óleo (m) de girassol	ayçiçeği yağı	[ajtʃitʃeı jaı]
margarina (f)	margarin	[margarin]
azeitonas (f pl)	zeytin	[zejtin]
azeite (m)	zeytin yağı	[zejtin jaı]
leite (m)	süt	[syt]
leite (m) condensado	yoğunlaştırılmış süt	[jounlaʃtırılmıʃ syt]
iogurte (m)	yoğurt	[jourt]
creme (m) azedo	ekşi krema	[ekʃi krema]
creme (m) de leite	süt kaymağı	[syt kajmaı]
maionese (f)	mayonez	[majonez]
creme (m)	krema	[krema]
grãos (m pl) de cereais	tane	[tane]
farinha (f)	un	[un]
enlatados (m pl)	konserve	[konserve]
flocos (m pl) de milho	mısır gevreği	[mısır gevrei]
mel (m)	bal	[bal]
geleia (m)	reçel, marmelat	[retʃel], [marmelat]
chiclete (m)	sakız, çiklet	[sakız], [tʃiklet]

45. Bebidas

água (f)	su	[su]
água (f) potável	içme suyu	[itʃme suju]
água (f) mineral	maden suyu	[maden suju]
sem gás (adj)	gazsız	[gazsız]
gaseificada (adj)	gazlı	[gazlı]
com gás	maden	[maden]
gelo (m)	buz	[buz]
com gelo	buzlu	[buzlu]

não alcoólico (adj)	alkolsüz	[alkolsyz]
refrigerante (m)	alkolsüz içki	[alkolsyz itʃki]
refresco (m)	soğuk meşrubat	[souk meʃrubat]
limonada (f)	limonata	[limonata]
bebidas (f pl) alcoólicas	alkollü içkiler	[alkolly itʃkiler]
vinho (m)	şarap	[ʃarap]
vinho (m) branco	beyaz şarap	[bejaz ʃarap]
vinho (m) tinto	kırmızı şarap	[kırmızı ʃarap]
licor (m)	likör	[likør]
champanhe (m)	şampanya	[ʃampanja]
vermute (m)	vermut	[vermut]
uísque (m)	viski	[viski]
vodca (f)	votka	[votka]
gim (m)	cin	[dʒin]
conhaque (m)	konyak	[konjak]
rum (m)	rom	[rom]
café (m)	kahve	[kahve]
café (m) preto	siyah kahve	[sijah kahve]
café (m) com leite	sütlü kahve	[sytly kahve]
cappuccino (m)	kaymaklı kahve	[kajmaklı kahve]
café (m) solúvel	hazır kahve	[hazır kahve]
leite (m)	süt	[syt]
coquetel (m)	kokteyl	[koktejl]
batida (f), milkshake (m)	sütlü kokteyl	[sytly koktejl]
suco (m)	meyve suyu	[mejve suju]
suco (m) de tomate	domates suyu	[domates suju]
suco (m) de laranja	portakal suyu	[portakal suju]
suco (m) fresco	taze meyve suyu	[taze mejve suju]
cerveja (f)	bira	[bira]
cerveja (f) clara	hafif bira	[hafif bira]
cerveja (f) preta	siyah bira	[sijah bira]
chá (m)	çay	[tʃaj]
chá (m) preto	siyah çay	[sijah tʃaj]
chá (m) verde	yeşil çay	[jeʃil tʃaj]

46. Vegetais

vegetais (m pl)	sebze	[sebze]
verdura (f)	yeşillik	[jeʃilik]
tomate (m)	domates	[domates]
pepino (m)	salatalık	[salatalık]
cenoura (f)	havuç	[havutʃ]
batata (f)	patates	[patates]
cebola (f)	soğan	[soan]
alho (m)	sarımsak	[sarımsak]

couve (f)	lahana	[lahana]
couve-flor (f)	karnabahar	[karnabahar]
couve-de-bruxelas (f)	Brüksel lâhanası	[bryksel lahanası]
brócolis (m pl)	brokoli	[brokoli]

beterraba (f)	pancar	[pandʒar]
berinjela (f)	patlıcan	[patlıdʒan]
abobrinha (f)	sakız kabağı	[sakız kabaı]
abóbora (f)	kabak	[kabak]
nabo (m)	şalgam	[ʃalgam]

salsa (f)	maydanoz	[majdanoz]
endro, aneto (m)	dereotu	[dereotu]
alface (f)	yeşil salata	[jeʃil salata]
aipo (m)	kereviz	[kereviz]
aspargo (m)	kuşkonmaz	[kuʃkonmaz]
espinafre (m)	ıspanak	[ıspanak]

ervilha (f)	bezelye	[bezelje]
feijão (~ soja, etc.)	bakla	[bakla]
milho (m)	mısır	[mısır]
feijão (m) roxo	fasulye	[fasulje]

pimentão (m)	dolma biber	[dolma biber]
rabanete (m)	turp	[turp]
alcachofra (f)	enginar	[enginar]

47. Frutos. Nozes

fruta (f)	meyve	[mejve]
maçã (f)	elma	[elma]
pera (f)	armut	[armut]
limão (m)	limon	[limon]
laranja (f)	portakal	[portakal]
morango (m)	çilek	[tʃilek]

tangerina (f)	mandalina	[mandalina]
ameixa (f)	erik	[erik]
pêssego (m)	şeftali	[ʃeftali]
damasco (m)	kayısı	[kajısı]
framboesa (f)	ahududu	[ahududu]
abacaxi (m)	ananas	[ananas]

banana (f)	muz	[muz]
melancia (f)	karpuz	[karpuz]
uva (f)	üzüm	[yzym]
ginja (f)	vişne	[viʃne]
cereja (f)	kiraz	[kiraz]
melão (m)	kavun	[kavun]

toranja (f)	greypfrut	[grejpfrut]
abacate (m)	avokado	[avokado]
mamão (m)	papaya	[papaja]
manga (f)	mango	[mango]

romã (f)	nar	[nar]
groselha (f) vermelha	kırmızı frenk üzümü	[kırmızı frenk yzymy]
groselha (f) negra	siyah frenk üzümü	[sijah frenk yzymy]
groselha (f) espinhosa	bektaşı üzümü	[bektaʃı yzymy]
mirtilo (m)	yaban mersini	[jaban mersini]
amora (f) silvestre	böğürtlen	[bøjurtlen]

passa (f)	kuru üzüm	[kuru yzym]
figo (m)	incir	[indʒir]
tâmara (f)	hurma	[hurma]

amendoim (m)	yerfıstığı	[jerfıstı:ı]
amêndoa (f)	badem	[badem]
noz (f)	ceviz	[dʒeviz]
avelã (f)	fındık	[fındık]
coco (m)	Hindistan cevizi	[hindistan dʒevizi]
pistaches (m pl)	çam fıstığı	[tʃam fıstı:ı]

48. Pão. Bolaria

pastelaria (f)	şekerleme	[ʃekerleme]
pão (m)	ekmek	[ekmek]
biscoito (m), bolacha (f)	bisküvi	[biskyvi]

chocolate (m)	çikolata	[tʃikolata]
de chocolate	çikolatalı	[tʃikolatalı]
bala (f)	şeker	[ʃeker]
doce (bolo pequeno)	ufak kek	[ufak kek]
bolo (m) de aniversário	kek, pasta	[kek], [pasta]

| torta (f) | börek | [børek] |
| recheio (m) | iç | [itʃ] |

geleia (m)	reçel	[retʃel]
marmelada (f)	marmelat	[marmelat]
wafers (m pl)	gofret	[gofret]
sorvete (m)	dondurma	[dondurma]

49. Pratos cozinhados

prato (m)	yemek	[jemek]
cozinha (~ portuguesa)	mutfak	[mutfak]
receita (f)	yemek tarifi	[jemek tarifı]
porção (f)	porsiyon	[porsijon]

| salada (f) | salata | [salata] |
| sopa (f) | çorba | [tʃorba] |

caldo (m)	et suyu	[et suju]
sanduíche (m)	sandviç	[sandvitʃ]
ovos (m pl) fritos	sahanda yumurta	[sahanda jumurta]
hambúrguer (m)	hamburger	[hamburger]

bife (m)	**biftek**	[biftek]
acompanhamento (m)	**garnitür**	[garnityr]
espaguete (m)	**spagetti**	[spagetti]
purê (m) de batata	**patates püresi**	[patates pyresi]
pizza (f)	**pizza**	[pizza]
mingau (m)	**lâpa**	[lapa]
omelete (f)	**omlet**	[omlet]

fervido (adj)	**pişmiş**	[piʃmiʃ]
defumado (adj)	**tütsülenmiş, füme**	[tytsylenmiʃ], [fyme]
frito (adj)	**kızartılmış**	[kızartılmıʃ]
seco (adj)	**kuru**	[kuru]
congelado (adj)	**dondurulmuş**	[dondurulmuʃ]
em conserva (adj)	**turşu**	[turʃu]

doce (adj)	**tatlı**	[tatlı]
salgado (adj)	**tuzlu**	[tuzlu]
frio (adj)	**soğuk**	[souk]
quente (adj)	**sıcak**	[sıdʒak]
amargo (adj)	**acı**	[adʒı]
gostoso (adj)	**tatlı, lezzetli**	[tatlı], [lezzetlı]

cozinhar em água fervente	**kaynatmak**	[kajnatmak]
preparar (vt)	**pişirmek**	[piʃirmek]
fritar (vt)	**kızartmak**	[kızartmak]
aquecer (vt)	**ısıtmak**	[ısıtmak]

salgar (vt)	**tuzlamak**	[tuzlamak]
apimentar (vt)	**biberlemek**	[biberlemek]
ralar (vt)	**rendelemek**	[rendelemek]
casca (f)	**kabuk**	[kabuk]
descascar (vt)	**soymak**	[sojmak]

50. Especiarias

sal (m)	**tuz**	[tuz]
salgado (adj)	**tuzlu**	[tuzlu]
salgar (vt)	**tuzlamak**	[tuzlamak]

pimenta-do-reino (f)	**siyah biber**	[sijah biber]
pimenta (f) vermelha	**kırmızı biber**	[kırmızı biber]
mostarda (f)	**hardal**	[hardal]
raiz-forte (f)	**bayırturpu**	[bajırturpu]

condimento (m)	**çeşni**	[ʧeʃni]
especiaria (f)	**baharat**	[baharat]
molho (~ inglês)	**salça, sos**	[salʧa], [sos]
vinagre (m)	**sirke**	[sirke]

anis estrelado (m)	**anason**	[anason]
manjericão (m)	**fesleğen**	[fesleen]
cravo (m)	**karanfil**	[karanfil]
gengibre (m)	**zencefil**	[zendʒefil]
coentro (m)	**kişniş**	[kiʃniʃ]

canela (f)	tarçın	[tartʃɯn]
gergelim (m)	susam	[susam]
folha (f) de louro	defne yaprağı	[defne japraɪ]
páprica (f)	kırmızı biber	[kɯrmɯzɯ biber]
cominho (m)	çörek otu	[tʃørek otu]
açafrão (m)	safran	[safran]

51. Refeições

| comida (f) | yemek | [jemek] |
| comer (vt) | yemek | [jemek] |

café (m) da manhã	kahvaltı	[kahvaltɯ]
tomar café da manhã	kahvaltı yapmak	[kahvaltɯ japmak]
almoço (m)	öğle yemeği	[ø:le jemei]
almoçar (vi)	öğle yemeği yemek	[ø:le jemei jemek]
jantar (m)	akşam yemeği	[akʃam jemei]
jantar (vi)	akşam yemeği yemek	[akʃam jemei jemek]

| apetite (m) | iştah | [iʃtah] |
| Bom apetite! | Afiyet olsun! | [afijet olsun] |

abrir (~ uma lata, etc.)	açmak	[atʃmak]
derramar (~ líquido)	dökmek	[døkmek]
derramar-se (vr)	dökülmek	[døkylmek]
ferver (vi)	kaynamak	[kajnamak]
ferver (vt)	kaynatmak	[kajnatmak]
fervido (adj)	kaynamış	[kajnamɯʃ]
esfriar (vt)	serinletmek	[serinletmek]
esfriar-se (vr)	serinleşmek	[serinleʃmek]

| sabor, gosto (m) | tat | [tat] |
| fim (m) de boca | ağızda kalan tat | [aɯzda kalan tat] |

emagrecer (vi)	zayıflamak	[zajɯflamak]
dieta (f)	rejim, diyet	[reʒim], [dijet]
vitamina (f)	vitamin	[vitamin]
caloria (f)	kalori	[kalori]
vegetariano (m)	vejetaryen kimse	[vedʒetarien kimse]
vegetariano (adj)	vejetaryen	[vedʒetarien]

gorduras (f pl)	yağlar	[jaalar]
proteínas (f pl)	proteinler	[proteinler]
carboidratos (m pl)	karbonhidratlar	[karbonhidratlar]
fatia (~ de limão, etc.)	dilim	[dilim]
pedaço (~ de bolo)	parça	[partʃa]
migalha (f), farelo (m)	kırıntı	[kɯrɯntɯ]

52. Por a mesa

| colher (f) | kaşık | [kaʃık] |
| faca (f) | bıçak | [bɯtʃak] |

garfo (m)	çatal	[ʧatal]
xícara (f)	fincan	[findʒan]
prato (m)	tabak	[tabak]
pires (m)	fincan tabağı	[findʒan tabaɪ]
guardanapo (m)	peçete	[peʧete]
palito (m)	kürdan	[kyrdan]

53. Restaurante

restaurante (m)	restoran	[restoran]
cafeteria (f)	kahvehane	[kahvehane]
bar (m), cervejaria (f)	bar	[bar]
salão (m) de chá	çay salonu	[ʧaj salonu]

garçom (m)	garson	[garson]
garçonete (f)	kadın garson	[kadın garson]
barman (m)	barmen	[barmen]

cardápio (m)	menü	[meny]
lista (f) de vinhos	şarap listesi	[ʃarap listesi]
reservar uma mesa	masa ayırtmak	[masa ajırtmak]

prato (m)	yemek	[jemek]
pedir (vt)	sipariş etmek	[sipariʃ etmek]
fazer o pedido	sipariş vermek	[sipariʃ vermek]

aperitivo (m)	aperatif	[aperatif]
entrada (f)	çerez	[ʧerez]
sobremesa (f)	tatlı	[tatlı]

conta (f)	hesap	[hesap]
pagar a conta	hesabı ödemek	[hesabı ødemek]
dar o troco	para üstü vermek	[para justy vermek]
gorjeta (f)	bahşiş	[bahʃiʃ]

Família, parentes e amigos

54. Informação pessoal. Formulários

nome (m)	ad, isim	[ad], [isim]
sobrenome (m)	soyadı	[sojadı]
data (f) de nascimento	doğum tarihi	[doum tarihi]
local (m) de nascimento	doğum yeri	[doum jeri]
nacionalidade (f)	milliyet	[millijet]
lugar (m) de residência	ikamet yeri	[ikamet jeri]
país (m)	ülke	[ylke]
profissão (f)	meslek	[meslek]
sexo (m)	cinsiyet	[dʒinsijet]
estatura (f)	boy	[boj]
peso (m)	ağırlık	[aırlık]

55. Membros da família. Parentes

mãe (f)	anne	[anne]
pai (m)	baba	[baba]
filho (m)	oğul	[ø:ul]
filha (f)	kız	[kız]
caçula (f)	küçük kız	[kytʃuk kız]
caçula (m)	küçük oğul	[kytʃuk oul]
filha (f) mais velha	büyük kız	[byjuk kız]
filho (m) mais velho	büyük oğul	[byjuk oul]
irmão (m)	kardeş	[kardeʃ]
irmão (m) mais velho	ağabey, büyük kardeş	[aabej], [byjuk kardeʃ]
irmão (m) mais novo	küçük kardeş	[kytʃuk kardeʃ]
irmã (f)	kardeş, bacı	[kardeʃ], [badʒı]
irmã (f) mais velha	abla, büyük bacı	[abla], [byjuk badʒı]
irmã (f) mais nova	kız kardeş	[kız kardeʃ]
primo (m)	erkek kuzen	[erkek kuzen]
prima (f)	kız kuzen	[kız kuzen]
mamãe (f)	anne	[anne]
papai (m)	baba	[baba]
pais (pl)	ana baba	[ana baba]
criança (f)	çocuk	[tʃodʒuk]
crianças (f pl)	çocuklar	[tʃodʒuklar]
avó (f)	büyük anne	[byjuk anne]
avô (m)	büyük baba	[byjuk baba]
neto (m)	erkek torun	[erkek torun]

| neta (f) | kız torun | [kız torun] |
| netos (pl) | torunlar | [torunlar] |

tio (m)	amca, dayı	[amdʒa], [dajı]
tia (f)	teyze, hala	[tejze], [hala]
sobrinho (m)	erkek yeğen	[erkek jeen]
sobrinha (f)	kız yeğen	[kız jeen]

sogra (f)	kaynana	[kajnana]
sogro (m)	kaynata	[kajnata]
genro (m)	güvey	[gyvej]
madrasta (f)	üvey anne	[yvej anne]
padrasto (m)	üvey baba	[yvej baba]

criança (f) de colo	süt çocuğu	[syt ʧodʒuu]
bebê (m)	bebek	[bebek]
menino (m)	erkek çocuk	[erkek ʧodʒuk]

mulher (f)	hanım, eş	[hanım], [eʃ]
marido (m)	eş, koca	[eʃ], [kodʒa]
esposo (m)	koca	[kodʒa]
esposa (f)	karı	[karı]

casado (adj)	evli	[evli]
casada (adj)	evli	[evli]
solteiro (adj)	bekâr	[bekjar]
solteirão (m)	bekâr	[bekjar]
divorciado (adj)	boşanmış	[boʃanmıʃ]
viúva (f)	dul kadın	[dul kadın]
viúvo (m)	dul erkek	[dul erkek]

parente (m)	akraba	[akraba]
parente (m) próximo	yakın akraba	[jakın akraba]
parente (m) distante	uzak akraba	[uzak akraba]
parentes (m pl)	akrabalar	[akrabalar]

órfão (m), órfã (f)	yetim	[jetim]
tutor (m)	vasi	[vasi]
adotar (um filho)	evlatlık almak	[evlatlık almak]
adotar (uma filha)	evlatlık almak	[evlatlık almak]

56. Amigos. Colegas de trabalho

amigo (m)	dost, arkadaş	[dost], [arkadaʃ]
amiga (f)	kız arkadaş	[kız arkadaʃ]
amizade (f)	dostluk	[dostluk]
ser amigos	arkadaş olmak	[arkadaʃ olmak]

amigo (m)	arkadaş	[arkadaʃ]
amiga (f)	kız arkadaş	[kız arkadaʃ]
parceiro (m)	ortak	[ortak]

| chefe (m) | şef | [ʃef] |
| superior (m) | amir | [amir] |

subordinado (m)	ast	[ast]
colega (m, f)	meslektaş	[meslektaʃ]

conhecido (m)	tanıdık	[tanıdık]
companheiro (m) de viagem	yol arkadaşı	[jol arkadaʃı]
colega (m) de classe	sınıf arkadaşı	[sınıf arkadaʃı]

vizinho (m)	komşu	[komʃu]
vizinha (f)	komşu	[komʃu]
vizinhos (pl)	komşular	[komʃular]

57. Homem. Mulher

mulher (f)	kadın, bayan	[kadın], [bajan]
menina (f)	kız	[kız]
noiva (f)	gelin	[gelin]

bonita, bela (adj)	güzel	[gyzel]
alta (adj)	uzun	[uzun]
esbelta (adj)	ince	[indʒe]
baixa (adj)	kısa boylu	[kısa bojlu]

loira (f)	sarışın	[sarıʃın]
morena (f)	esmer	[esmer]

de senhora	bayan	[bajan]
virgem (f)	bakire	[bakire]
grávida (adj)	hamile	[hamile]

homem (m)	erkek	[erkek]
loiro (m)	sarışın	[sarıʃın]
moreno (m)	esmer	[esmer]
alto (adj)	uzun boylu	[uzun bojlu]
baixo (adj)	kısa boylu	[kısa bojlu]

rude (adj)	kaba	[kaba]
atarracado (adj)	kalın yapılı	[kalın japılı]
robusto (adj)	kuvvetli	[kuvvetli]
forte (adj)	güçlü	[gytʃly]
força (f)	güç	[gytʃ]

gordo (adj)	iri	[iri]
moreno (adj)	esmer	[esmer]
esbelto (adj)	kaslı, yapılı	[kaslı], [japılı]
elegante (adj)	zarif	[zarif]

58. Idade

idade (f)	yaş	[jaʃ]
juventude (f)	gençlik	[gentʃlik]
jovem (adj)	genç	[gentʃ]
mais novo (adj)	yaşı daha küçük	[jaʃı daha kytʃuk]

mais velho (adj)	yaşı daha büyük	[jaʃı daha byjuk]
jovem (m)	delikanlı	[delikanlı]
adolescente (m)	ergen	[ergen]
rapaz (m)	bir kimse	[bir kimse]

velho (m)	ihtiyar	[ihtijar]
velha (f)	yaşlı kadın	[jaʃlı kadın]

adulto	yetişkin	[jetiʃkin]
de meia-idade	orta yaşlı	[orta jaʃlı]
idoso, de idade (adj)	yaşlı	[jaʃlı]
velho (adj)	ihtiyar, yaşlı	[ihtijar], [jaʃlı]

aposentadoria (f)	emekli maaşı	[emekli maaʃı]
aposentar-se (vr)	emekli olmak	[emekli olmak]
aposentado (m)	emekli	[emekli]

59. Crianças

criança (f)	çocuk	[ʧoʤuk]
crianças (f pl)	çocuklar	[ʧoʤuklar]
gêmeos (m pl), gêmeas (f pl)	ikizler	[ikizler]

berço (m)	beşik	[beʃik]
chocalho (m)	bebek çıngırağı	[bebek ʧıngıraı]
fralda (f)	çocuk bezi	[ʧoʤuk bezi]

chupeta (f), bico (m)	emzik	[emzik]
carrinho (m) de bebê	çocuk arabası	[ʧoʤuk arabası]
jardim (m) de infância	anaokulu	[anaokulu]
babysitter, babá (f)	çocuk bakıcısı	[ʧoʤuk bakıʤısı]

infância (f)	çocukluk	[ʧoʤukluk]
boneca (f)	kukla	[kukla]

brinquedo (m)	oyuncak	[ojunʤak]
jogo (m) de montar	meccano	[mekano]

bem-educado (adj)	terbiyeli	[terbijeli]
malcriado (adj)	terbiyesiz	[terbijesiz]
mimado (adj)	şımarık	[ʃımarık]

ser travesso	yaramazlık etmek	[jaramazlık etmek]
travesso, traquinas (adj)	yaramaz	[jaramaz]

travessura (f)	yaramazlık	[jaramazlık]
criança (f) travessa	yaramaz çocuk	[jaramaz ʧoʤuk]

obediente (adj)	itaatli	[itaatli]
desobediente (adj)	itaatsiz	[itaatsiz]

dócil (adj)	uslu	[uslu]
inteligente (adj)	zeki	[zeki]
prodígio (m)	harika çocuk	[harika ʧoʤuk]

60. Casais. Vida de família

beijar (vt)	öpmek	[øpmek]
beijar-se (vr)	öpüşmek	[øpyʃmek]
família (f)	aile	[aile]
familiar (vida ~)	aile, ailevi	[aile], [ailevi]
casal (m)	çift	[tʃift]
matrimônio (m)	evlilik	[evlilik]
lar (m)	aile ocağı	[aile oʤaɪ]
dinastia (f)	sülale	[sylale]
encontro (m)	randevu	[randevu]
beijo (m)	öpücük	[øpyʤyk]
amor (m)	sevgi	[sevgi]
amar (pessoa)	sevmek	[sevmek]
amado, querido (adj)	sevgili	[sevgili]
ternura (f)	şefkat	[ʃefkat]
afetuoso (adj)	şefkatli	[ʃefkatlɪ]
fidelidade (f)	sadakat	[sadakat]
fiel (adj)	sadık	[sadɪk]
cuidado (m)	ihtimam	[ihtimam]
carinhoso (adj)	dikkatli	[dikkatli]
recém-casados (pl)	yeni evliler	[jeni evliler]
lua (f) de mel	balayı	[balajɪ]
casar-se (com um homem)	evlenmek	[evlenmek]
casar-se (com uma mulher)	evlenmek	[evlenmek]
casamento (m)	düğün	[dyjun]
bodas (f pl) de ouro	ellinci evlilik yıldönümü	[ellinʤi evlilik jɪldønymy]
aniversário (m)	yıldönümü	[jɪldønymy]
amante (m)	aşık	[aʃɪk]
amante (f)	metres	[metres]
adultério (m), traição (f)	sadakatsizlik	[sadakatsɪzlɪk]
cometer adultério	sadakatsiz olmak	[sadakatsɪz olmak]
ciumento (adj)	kıskanç	[kɪskantʃ]
ser ciumento, -a	kıskanmak	[kɪskanmak]
divórcio (m)	boşanma	[boʃanma]
divorciar-se (vr)	boşanmak	[boʃanmak]
brigar (discutir)	kavga etmek	[kavga etmek]
fazer as pazes	barışmak	[barɪʃmak]
juntos (ir ~)	beraber	[beraber]
sexo (m)	seks	[seks]
felicidade (f)	mutluluk	[mutluluk]
feliz (adj)	mutlu	[mutlu]
infelicidade (f)	belâ	[bela]
infeliz (adj)	zavallı	[zavallɪ]

57

Caráter. Sentimentos. Emoções

61. Sentimentos. Emoções

sentimento (m)	duygu	[dujgu]
sentimentos (m pl)	duygular	[dujgular]
sentir (vt)	hissetmek	[hissetmek]

fome (f)	açlık	[atʃlık]
ter fome	yemek istemek	[jemek istemek]
sede (f)	susuzluk	[susuzluk]
ter sede	içmek istemek	[itʃmek istemek]
sonolência (f)	uykulu olma	[ujkulu olma]
estar sonolento	uyumak istemek	[ujumak istemek]

cansaço (m)	yorgunluk	[jorgunluk]
cansado (adj)	yorgun	[jorgun]
ficar cansado	yorulmak	[jorulmak]

humor (m)	keyif	[kejif]
tédio (m)	can sıkıntısı	[dʒan sıkıntısı]
entediar-se (vr)	sıkılmak	[sıkılmak]
reclusão (isolamento)	yalnızlık	[jalnızlık]
isolar-se (vr)	inzivaya çekilmek	[inzivaja tʃekilmek]

preocupar (vt)	üzmek	[yzmek]
estar preocupado	endişelenmek	[endiʃelenmek]
preocupação (f)	endişe	[endiʃe]
ansiedade (f)	rahatsızlık	[rahatsızlık]
preocupado (adj)	kaygılı	[kajgılı]
estar nervoso	sinirlenmek	[sinirlenmek]
entrar em pânico	panik yapmak	[panik japmak]

esperança (f)	ümit	[ymit]
esperar (vt)	ummak	[ummak]

certeza (f)	kesinlik	[kesinlik]
certo, seguro de ...	kararlı	[kararlı]
indecisão (f)	belirsizlik	[belirsizlik]
indeciso (adj)	belirsiz	[belirsiz]

bêbado (adj)	sarhoş	[sarhoʃ]
sóbrio (adj)	ayık	[ajık]
fraco (adj)	zayıf	[zajıf]
feliz (adj)	mutlu	[mutlu]
assustar (vt)	korkutmak	[korkutmak]
fúria (f)	kızgınlık	[kızgınlık]
ira, raiva (f)	öfke	[øfke]
depressão (f)	depresyon	[depresjon]
desconforto (m)	rahatsızlık	[rahatsızlık]

conforto (m)	konfor	[konfor]
arrepender-se (vr)	üzülmek	[yzylmek]
arrependimento (m)	pişmanlık	[piʃmanlık]
azar (m), má sorte (f)	talihsizlik	[talihsizlik]
tristeza (f)	üzüntü	[yzynty]

vergonha (f)	utanma	[utanma]
alegria (f)	neşe	[neʃe]
entusiasmo (m)	coşku	[dʒoʃku]
entusiasta (m)	coşkun kimse	[dʒoʃkun kimse]
mostrar entusiasmo	coşkulu davranmak	[dʒoʃkulu davranmak]

62. Caráter. Personalidade

caráter (m)	karakter	[karakter]
falha (f) de caráter	karakter kusur	[karakter kusur]
mente (f)	zekâ	[zekja]
razão (f)	akıl	[akıl]

consciência (f)	vicdan	[vidʒdan]
hábito, costume (m)	alışkanlık	[alıʃkanlık]
habilidade (f)	kabiliyet	[kabilijet]
saber (~ nadar, etc.)	... -abilir, ... -ebilir	[abilir], [ebilir]

paciente (adj)	sabırlı	[sabırlı]
impaciente (adj)	sabırsız	[sabırsız]
curioso (adj)	meraklı	[meraklı]
curiosidade (f)	merak	[merak]

modéstia (f)	mütevazilik	[mytevazilik]
modesto (adj)	mütevazi	[mytevazi]
imodesto (adj)	küstah	[kystah]

preguiça (f)	tembellik	[tembelik]
preguiçoso (adj)	tembel	[tembel]
preguiçoso (m)	tembel kimse	[tembel kimse]

astúcia (f)	kurnazlık	[kurnazlık]
astuto (adj)	kurnaz	[kurnaz]
desconfiança (f)	güvensizlik	[gyvensizlik]
desconfiado (adj)	güvensiz	[gyvensiz]

generosidade (f)	cömertlik	[dʒømertlik]
generoso (adj)	cömert	[dʒømert]
talentoso (adj)	yetenekli	[jetenekli]
talento (m)	yetenek	[jetenek]

corajoso (adj)	cesur	[dʒesur]
coragem (f)	cesaret	[dʒesaret]
honesto (adj)	dürüst	[dyryst]
honestidade (f)	dürüstlük	[dyrystlyk]

prudente, cuidadoso (adj)	ihtiyatlı	[ihtijatlı]
valoroso (adj)	cesaretli	[dʒesaretli]

sério (adj)	ciddi	[dʒiddi]
severo (adj)	sert	[sert]
decidido (adj)	kararlı	[kararlı]
indeciso (adj)	kararsız	[kararsız]
tímido (adj)	çekingen	[tʃekingen]
timidez (f)	çekingenlik	[tʃekingenlik]
confiança (f)	güven	[gyven]
confiar (vt)	güvenmek	[gyvenmek]
crédulo (adj)	güvenen	[gyvenen]
sinceramente	samimi olarak	[samimi olarak]
sincero (adj)	samimi	[samimi]
sinceridade (f)	samimiyet	[samimijet]
aberto (adj)	açık	[atʃık]
calmo (adj)	sakin	[sakin]
franco (adj)	içten	[itʃten]
ingênuo (adj)	saf	[saf]
distraído (adj)	dalgın	[dalgın]
engraçado (adj)	komik	[komik]
ganância (f)	cimrilik	[dʒimrilik]
ganancioso (adj)	cimri	[dʒimri]
avarento, sovina (adj)	pinti	[pinti]
mal (adj)	kötü kalpli	[køty kalpli]
teimoso (adj)	inatçı	[inatʃı]
desagradável (adj)	sevimsiz	[sevimsiz]
egoísta (m)	bencil	[bendʒil]
egoísta (adj)	bencil	[bendʒil]
covarde (m)	korkak kimse	[korkak kimse]
covarde (adj)	korkak	[korkak]

63. O sono. Sonhos

dormir (vi)	uyumak	[ujumak]
sono (m)	uyku	[ujku]
sonho (m)	düş, rüya	[dyʃ], [ruja]
sonhar (ver sonhos)	rüya görmek	[ryja gørmek]
sonolento (adj)	uykulu	[ujkulu]
cama (f)	yatak	[jatak]
colchão (m)	şilte	[ʃilte]
cobertor (m)	battaniye	[battanije]
travesseiro (m)	yastık	[jastık]
lençol (m)	çarşaf	[tʃarʃaf]
insônia (f)	uykusuzluk	[ujkusuzluk]
sem sono (adj)	uykusuz	[ujkusuz]
sonífero (m)	uyku hapı	[ujku hapı]
tomar um sonífero	uyku hapı almak	[ujku hapı almak]
estar sonolento	uyumak istemek	[ujumak istemek]

bocejar (vi)	esnemek	[esnemek]
ir para a cama	uyumaya gitmek	[ujumaja gitmek]
fazer a cama	yatağı hazırlamak	[jataı hazırlamak]
adormecer (vi)	uykuya dalmak	[ujkuja dalmak]

pesadelo (m)	kabus	[kabus]
ronco (m)	horultu	[horultu]
roncar (vi)	horlamak	[horlamak]

despertador (m)	çalar saat	[tʃalar saat]
acordar, despertar (vt)	uyandırmak	[ujandırmak]
acordar (vi)	uyanmak	[ujanmak]
levantar-se (vr)	kalkmak	[kalkmak]
lavar-se (vr)	yıkanmak	[jıkanmak]

64. Humor. Riso. Alegria

humor (m)	mizah	[mizah]
senso (m) de humor	mizah anlayışı	[mizah anlajıʃı]
divertir-se (vr)	eğlenmek	[eelenmek]
alegre (adj)	neşeli	[neʃeli]
diversão (f)	neşe	[neʃe]

sorriso (m)	gülümseme	[gylymseme]
sorrir (vi)	gülümsemek	[gylymsemek]
começar a rir	gülmeye başlamak	[gylmeje baʃlamak]
rir (vi)	gülmek	[gylmek]
riso (m)	gülme	[gylme]

anedota (f)	fıkra	[fıkra]
engraçado (adj)	gülünçlü	[gylyntʃly]
ridículo, cômico (adj)	komik	[komik]

brincar (vi)	şaka yapmak	[ʃaka japmak]
piada (f)	şaka	[ʃaka]
alegria (f)	neşe, sevinç	[neʃe], [sevintʃ]
regozijar-se (vr)	sevinmek	[sevinmek]
alegre (adj)	sevinçli	[sevintʃli]

65. Discussão, conversação. Parte 1

comunicação (f)	iletişim	[iletiʃim]
comunicar-se (vr)	iletişim kurmak	[iletiʃim kurmak]

conversa (f)	konuşma	[konuʃma]
diálogo (m)	diyalog	[dialog]
discussão (f)	müzakere	[myzakere]
debate (m)	tartışma	[tartıʃma]
debater (vt)	tartışmak	[tartıʃmak]

interlocutor (m)	muhatap	[muhatap]
tema (m)	konu	[konu]

ponto (m) de vista	bakış açısı	[bakıʃ atʃisı]
opinião (f)	fikir, görüş	[fikir], [gøryʃ]
discurso (m)	demeç	[demetʃ]

discussão (f)	görüşme	[gøryʃme]
discutir (vt)	görüşmek	[gøryʃmek]
conversa (f)	sohbet	[sohbet]
conversar (vi)	sohbet etmek	[sohbet etmek]
reunião (f)	karşılaşma	[karʃılaʃma]
encontrar-se (vr)	karşılaşmak	[karʃılaʃmak]

provérbio (m)	atasözü	[atasøzy]
ditado, provérbio (m)	deyim	[dejim]
adivinha (f)	bilmece	[bilmedʒe]
dizer uma adivinha	bilmece sormak	[bilmedʒe sormak]
senha (f)	parola	[parola]
segredo (m)	sır	[sır]

juramento (m)	yemin	[jemin]
jurar (vi)	yemin etmek	[jemin etmek]
promessa (f)	vaat	[vaat]
prometer (vt)	vaat etmek	[vaat etmek]

conselho (m)	tavsiye	[tavsije]
aconselhar (vt)	tavsiye etmek	[tavsije etmek]
escutar (~ os conselhos)	söz dinlemek	[søz dinlemek]

novidade, notícia (f)	haber	[haber]
sensação (f)	sansasyon	[sansasjon]
informação (f)	bilgi	[bilgi]
conclusão (f)	sonuç	[sonutʃ]
voz (f)	ses	[ses]
elogio (m)	kompliman	[kompliman]
amável, querido (adj)	nazik	[nazik]

palavra (f)	söz	[søz]
frase (f)	cümle	[dʒymle]
resposta (f)	cevap	[dʒevap]

| verdade (f) | doğru, gerçek | [dooru], [gertʃek] |
| mentira (f) | yalan | [jalan] |

pensamento (m)	düşünce	[dyʃyndʒe]
ideia (f)	fikir	[fikir]
fantasia (f)	uydurma	[ujdurma]

66. Discussão, conversação. Parte 2

estimado, respeitado (adj)	sayın	[sajın]
respeitar (vt)	saygı göstermek	[sajgı gøstermek]
respeito (m)	saygı	[sajgı]
Estimado ..., Caro ...	Sevgili ..., Sayın ...	[sevgili], [sajın]
apresentar (alguém a alguém)	tanıştırmak	[tanıʃtırmak]

conhecer (vt)	biriyle tanışmak	[birijle tanıʃmak]
intenção (f)	niyet	[nijet]
tencionar (~ fazer algo)	niyetlenmek	[nijetlenmek]
desejo (de boa sorte)	dilek	[dilek]
desejar (ex. ~ boa sorte)	dilemek	[dilemek]

surpresa (f)	hayret	[hajret]
surpreender (vt)	şaşırtmak	[ʃaʃırtmak]
surpreender-se (vr)	şaşırmak	[ʃaʃırmak]

dar (vt)	vermek	[vermek]
pegar (tomar)	almak	[almak]
devolver (vt)	iade etmek	[iade etmek]
retornar (vt)	geri vermek	[geri vermek]

desculpar-se (vr)	özür dilemek	[øzyr dilemek]
desculpa (f)	özür	[øzyr]
perdoar (vt)	affetmek	[afetmek]

falar (vi)	konuşmak	[konuʃmak]
escutar (vt)	dinlemek	[dinlemek]
ouvir até o fim	sonuna kadar dinlemek	[sonuna kadar dinlemek]
entender (compreender)	anlamak	[anlamak]

mostrar (vt)	göstermek	[gøstermek]
olhar para ...	... bakmak	[bakmak]
chamar (alguém para ...)	çağırmak	[tʃaırmak]
perturbar, distrair (vt)	canını sıkmak	[dʒanını sıkmak]
perturbar (vt)	rahatsız etmek	[rahatsız etmek]
entregar (~ em mãos)	iletmek	[iletmek]

pedido (m)	rica, istek	[ridʒa], [istek]
pedir (ex. ~ ajuda)	rica etmek, istemek	[ridʒa etmek], [istemek]
exigência (f)	talep	[talep]
exigir (vt)	talep etmek	[talep etmek]

insultar (chamar nomes)	takılmak	[takılmak]
zombar (vt)	alay etmek	[alaj etmek]
zombaria (f)	alay	[alaj]
alcunha (f), apelido (m)	lakap, takma ad	[lakap], [takma ad]

insinuação (f)	ima	[ima]
insinuar (vt)	ima etmek	[ima etmek]
querer dizer	kastetmek	[kastetmek]

descrição (f)	tanım	[tanım]
descrever (vt)	betimlemek	[betimlemek]
elogio (m)	övgü	[øvgy]
elogiar (vt)	övmek	[øvmek]

desapontamento (m)	hayal kırıklığı	[hajal kırıklı:ı]
desapontar (vt)	hayal kırıklığına uğratmak	[hajal kırıklı:ına uratmak]
desapontar-se (vr)	hayal kırıklığına uğramak	[hajal kırıklı:ına uramak]

| suposição (f) | tahmin | [tahmin] |
| supor (vt) | tahmin etmek | [tahmin etmek] |

advertência (f)	uyarı	[ujarı]
advertir (vt)	uyarmak	[ujarmak]

67. Discussão, conversação. Parte 3

convencer (vt)	ikna etmek	[ikna etmek]
acalmar (vt)	yatıştırmak	[jatıʃtırmak]

silêncio (o ~ é de ouro)	susma	[susma]
ficar em silêncio	susmak	[susmak]
sussurrar (vt)	fısıldamak	[fısıldamak]
sussurro (m)	fısıltı	[fısıltı]

francamente	açıkça	[atʃıktʃa]
na minha opinião ...	bence ...	[bendʒe]

detalhe (~ da história)	ayrıntı	[ajrıntı]
detalhado (adj)	ayrıntılı, detaylı	[ajrıntlı], [detajlı]
detalhadamente	ayrıntılı olarak	[ajrıntlı olarak]

dica (f)	ipucu	[ipudʒu]
dar uma dica	ipucu vermek	[ipudʒu vermek]

olhar (m)	bakış	[bakıʃ]
dar uma olhada	bakmak	[bakmak]
fixo (olhada ~a)	sabit	[sabit]
piscar (vi)	kırpıştırmak	[kırpıʃtırmak]
piscar (vt)	göz kırpmak	[gøz kırpmak]
acenar com a cabeça	başını sallamak	[baʃını sallamak]

suspiro (m)	nefes	[nefes]
suspirar (vi)	nefes almak	[nefes almak]
estremecer (vi)	irkilmek	[irkilmek]
gesto (m)	jest	[ʒest]
tocar (com as mãos)	dokunmak	[dokunmak]
agarrar (~ pelo braço)	yapışmak	[japıʃmak]
bater de leve	hafifçe vurmak	[hafiftʃe vurmak]

Cuidado!	Dikkat et!	[dikkat et]
Sério?	Acaba?	[adʒaba]
Boa sorte!	İyi şanslar!	[iji ʃanslar]
Entendi!	Anlaşıldı!	[anlaʃıldı]
Que pena!	Maalesef!	[maalesef]

68. Acordo. Recusa

consentimento (~ mútuo)	rıza	[rıza]
consentir (vi)	razı olmak	[razı olmak]
aprovação (f)	onay	[onaj]
aprovar (vt)	onaylamak	[onajlamak]
recusa (f)	ret	[ret]
negar-se a ...	reddetmek	[reddetmek]

Ótimo!	Pek iyi!	[pek iji]
Tudo bem!	İyi!	[iji]
Está bem! De acordo!	Tamam!	[tamam]

proibido (adj)	yasaklanmış	[jasaklanmıʃ]
é proibido	yasaktır	[jasaktır]
é impossível	imkânsız	[imkansıs]
incorreto (adj)	yanlış	[janlıʃ]

rejeitar (~ um pedido)	geri çevirmek	[geri tʃevirmek]
apoiar (vt)	desteklemek	[desteklemek]
aceitar (desculpas, etc.)	kabul etmek	[kabul etmek]

confirmar (vt)	tasdik etmek	[tasdik etmek]
confirmação (f)	tasdik	[tasdik]
permissão (f)	izin	[izin]
permitir (vt)	izin vermek	[izin vermek]
decisão (f)	karar	[karar]
não dizer nada	susmak	[susmak]

condição (com uma ~)	şart	[ʃart]
pretexto (m)	bahane	[bahane]
elogio (m)	övgü	[øvgy]
elogiar (vt)	övmek	[øvmek]

69. Sucesso. Boa sorte. Insucesso

êxito, sucesso (m)	başarı	[baʃarı]
com êxito	başarıyla	[baʃarıjla]
bem sucedido (adj)	başarılı	[baʃarılı]

sorte (fortuna)	şans	[ʃans]
Boa sorte!	İyi şanslar!	[iji ʃanslar]

de sorte	başarılı	[baʃarılı]
sortudo, felizardo (adj)	şanslı	[ʃanslı]

fracasso (m)	başarısızlık	[baʃarısızlık]
pouca sorte (f)	şanssızlık	[ʃansızlık]
azar (m), má sorte (f)	talihsizlik	[talihsizlik]

mal sucedido (adj)	başarısız	[baʃarısız]
catástrofe (f)	felâket	[felaket]

orgulho (m)	gurur	[gurur]
orgulhoso (adj)	gururlu	[gururlu]
estar orgulhoso, -a	gurur duymak	[gurur dujmak]

vencedor (m)	galip, kazanan	[galip], [kazanan]
vencer (vi, vt)	yenmek	[jenmek]
perder (vt)	kaybetmek	[kajbetmek]
tentativa (f)	deneme	[deneme]
tentar (vt)	denemek	[denemek]
chance (m)	şans	[ʃans]

65

70. Conflitos. Emoções negativas

grito (m)	bağırtı	[baɪrtɪ]
gritar (vi)	bağırmak	[baɪrmak]
começar a gritar	bağırmaya başlamak	[baɪrmaja baʃlamak]
discussão (f)	kavga	[kavga]
brigar (discutir)	kavga etmek	[kavga etmek]
escândalo (m)	rezalet	[rezalet]
criar escândalo	rezalet çıkarmak	[rezalet tʃɪkarmak]
conflito (m)	anlaşmazlık	[anlaʃmazlɪk]
mal-entendido (m)	yanlış anlama	[janlɪʃ anlama]
insulto (m)	hakaret	[hakaret]
insultar (vt)	hakaret etmek	[hakaret etmek]
insultado (adj)	aşağılanan	[aʃaɪlanan]
ofensa (f)	gücenme	[gydʒenme]
ofender (vt)	gücendirmek	[gydʒendirmek]
ofender-se (vr)	gücenmek	[gydʒenmek]
indignação (f)	dargınlık	[dargɪnlɪk]
indignar-se (vr)	öfkelenmek	[øfkelenmek]
queixa (f)	şikayet	[ʃikajet]
queixar-se (vr)	şikayet etmek	[ʃikajet etmek]
desculpa (f)	özür	[øzyr]
desculpar-se (vr)	özür dilemek	[øzyr dilemek]
pedir perdão	af dilemek	[af dilemek]
crítica (f)	eleştiri	[eleʃtiri]
criticar (vt)	eleştirmek	[eleʃtirmek]
acusação (f)	suçlama	[sutʃlama]
acusar (vt)	suçlamak	[sutʃlamak]
vingança (f)	intikam	[intikam]
vingar (vt)	intikam almak	[intikam almak]
vingar-se de	geri ödemek	[geri ødemek]
desprezo (m)	kibir	[kibir]
desprezar (vt)	hor görmek	[hor gørmek]
ódio (m)	nefret	[nefret]
odiar (vt)	nefret etmek	[nefret etmek]
nervoso (adj)	sinirli	[sinirli]
estar nervoso	sinirlenmek	[sinirlenmek]
zangado (adj)	kızgın	[kɪzgɪn]
zangar (vt)	kızdırmak	[kɪzdɪrmak]
humilhação (f)	aşağılama	[aʃaɪlama]
humilhar (vt)	aşağılamak	[aʃaɪlamak]
humilhar-se (vr)	küçük düşürmek	[kytʃuk dyʃyrmek]
choque (m)	şok	[ʃok]
chocar (vt)	şoke etmek	[ʃoke etmek]
aborrecimento (m)	bela	[bela]

desagradável (adj)	tatsız	[tatsız]
medo (m)	korku	[korku]
terrível (tempestade, etc.)	müthiş	[mythiʃ]
assustador (ex. história ~a)	korkunç	[korkuntʃ]
horror (m)	dehşet	[dehʃet]
horrível (crime, etc.)	dehşetli	[dehʃetli]
chorar (vi)	ağlamak	[aalamak]
começar a chorar	ağlamaya başlamak	[aalamaja baʃlamak]
lágrima (f)	yaş	[jaʃ]
falta (f)	kabahat	[kabahat]
culpa (f)	suç	[sutʃ]
desonra (f)	rezalet	[rezalet]
protesto (m)	protesto	[protesto]
estresse (m)	stres	[stres]
perturbar (vt)	rahatsız etmek	[rahatsız etmek]
zangar-se com ...	kızmak	[kızmak]
zangado (irritado)	dargın	[dargın]
terminar (vt)	kesmek	[kesmek]
praguejar	sövmek	[søvmek]
assustar-se	korkmak	[korkmak]
golpear (vt)	vurmak	[vurmak]
brigar (na rua, etc.)	dövüşmek	[døvyʃmek]
resolver (o conflito)	çözmek	[tʃøzmek]
descontente (adj)	memnun olmayan	[memnun olmajan]
furioso (adj)	öfkeli	[øfkeli]
Não está bem!	O iyi değil!	[o iji deil]
É ruim!	Bu kötü!	[bu køty]

Medicina

71. Doenças

doença (f)	hastalık	[hastalık]
estar doente	hasta olmak	[hasta olmak]
saúde (f)	sağlık	[saalık]
nariz (m) escorrendo	nezle	[nezle]
amigdalite (f)	anjin	[anʒin]
resfriado (m)	soğuk algınlığı	[souk algınlı:ı]
ficar resfriado	soğuk almak	[souk almak]
bronquite (f)	bronşit	[bronʃit]
pneumonia (f)	zatürree	[zatyrree]
gripe (f)	grip	[grip]
míope (adj)	miyop	[mijop]
presbita (adj)	hipermetrop	[hipermetrop]
estrabismo (m)	şaşılık	[ʃaʃılık]
estrábico, vesgo (adj)	şaşı	[ʃaʃı]
catarata (f)	katarakt	[katarakt]
glaucoma (m)	glokoma	[glokoma]
AVC (m), apoplexia (f)	felç	[feltʃ]
ataque (m) cardíaco	enfarktüs	[enfarktys]
enfarte (m) do miocárdio	kalp krizi	[kalp krizi]
paralisia (f)	felç	[feltʃ]
paralisar (vt)	felç olmak	[feltʃ olmak]
alergia (f)	alerji	[alerʒi]
asma (f)	astım	[astım]
diabetes (f)	diyabet	[diabet]
dor (f) de dente	diş ağrısı	[diʃ aarısı]
cárie (f)	diş çürümesi	[diʃ tʃurymesi]
diarreia (f)	ishal	[ishal]
prisão (f) de ventre	kabız	[kabız]
desarranjo (m) intestinal	mide bozukluğu	[mide bozukluu]
intoxicação (f) alimentar	zehirlenme	[zehirlenme]
intoxicar-se	zehirlenmek	[zehirlenmek]
artrite (f)	artrit, arterit	[artrit]
raquitismo (m)	raşitizm	[raʃitizm]
reumatismo (m)	romatizma	[romatizma]
arteriosclerose (f)	damar sertliği	[damar sertli:i]
gastrite (f)	gastrit	[gastrit]
apendicite (f)	apandisit	[apandisit]

colecistite (f)	kolesistit	[kolesistit]
úlcera (f)	ülser	[ylser]

sarampo (m)	kızamık	[kızamık]
rubéola (f)	kızamıkçık	[kızamıktʃik]
icterícia (f)	sarılık	[sarılık]
hepatite (f)	hepatit	[hepatit]

esquizofrenia (f)	şizofreni	[ʃizofreni]
raiva (f)	kuduz hastalığı	[kuduz hastalı:ı]
neurose (f)	nevroz	[nevroz]
contusão (f) cerebral	beyin kanaması	[bejin kanaması]

câncer (m)	kanser	[kanser]
esclerose (f)	skleroz	[skleroz]
esclerose (f) múltipla	multipl skleroz	[multipl skleroz]

alcoolismo (m)	alkoliklik	[alkoliklik]
alcoólico (m)	alkolik	[alkolik]
sífilis (f)	frengi	[frengi]
AIDS (f)	AİDS	[eids]

tumor (m)	tümör, ur	[tymør], [jur]
maligno (adj)	kötü huylu	[køty hujlu]
benigno (adj)	iyi huylu	[iji hujlu]

febre (f)	sıtma	[sıtma]
malária (f)	malarya	[malarja]
gangrena (f)	kangren	[kangren]
enjoo (m)	deniz tutması	[deniz tutması]
epilepsia (f)	epilepsi	[epilepsi]

epidemia (f)	salgın	[salgın]
tifo (m)	tifüs	[tifys]
tuberculose (f)	verem	[verem]
cólera (f)	kolera	[kolera]
peste (f) bubônica	veba	[veba]

72. Sintomas. Tratamentos. Parte 1

sintoma (m)	belirti	[belirti]
temperatura (f)	ateş	[ateʃ]
febre (f)	yüksek ateş	[juksek ateʃ]
pulso (m)	nabız	[nabız]

vertigem (f)	baş dönmesi	[baʃ dønmesi]
quente (testa, etc.)	ateşli	[ateʃli]
calafrio (m)	üşüme	[yʃyme]
pálido (adj)	solgun	[solgun]

tosse (f)	öksürük	[øksyryk]
tossir (vi)	öksürmek	[øksyrmek]
espirrar (vi)	hapşırmak	[hapʃırmak]
desmaio (m)	baygınlık	[bajgınlık]

desmaiar (vi)	bayılmak	[bajılmak]
mancha (f) preta	çürük	[ʧuryk]
galo (m)	şişlik	[ʃiʃlik]
machucar-se (vr)	çarpmak	[ʧarpmak]
contusão (f)	yara	[jara]
machucar-se (vr)	yaralamak	[jaralamak]

mancar (vi)	topallamak	[topallamak]
deslocamento (f)	çıkık	[ʧıkık]
deslocar (vt)	çıkmak	[ʧıkmak]
fratura (f)	kırık, fraktür	[kırık], [fraktyr]
fraturar (vt)	kırılmak	[kırılmak]

corte (m)	kesik	[kesik]
cortar-se (vr)	bir yerini kesmek	[bir jerini kesmek]
hemorragia (f)	kanama	[kanama]

queimadura (f)	yanık	[janık]
queimar-se (vr)	yanmak	[janmak]

picar (vt)	batırmak	[batırmak]
picar-se (vr)	batırmak	[batırmak]
lesionar (vt)	yaralamak	[jaralamak]
lesão (m)	yara, zarar	[jara], [zarar]
ferida (f), ferimento (m)	yara	[jara]
trauma (m)	sarsıntı	[sarsıntı]

delirar (vi)	sayıklamak	[sajıklamak]
gaguejar (vi)	kekelemek	[kekelemek]
insolação (f)	güneş çarpması	[gyneʃ ʧarpması]

73. Sintomas. Tratamentos. Parte 2

dor (f)	acı	[adʒı]
farpa (no dedo, etc.)	kıymık	[kıjmık]

suor (m)	ter	[ter]
suar (vi)	terlemek	[terlemek]
vômito (m)	kusma	[kusma]
convulsões (f pl)	kramp	[kramp]

grávida (adj)	hamile	[hamile]
nascer (vi)	doğmak	[doomak]
parto (m)	doğum	[doum]
dar à luz	doğurmak	[dourmak]
aborto (m)	çocuk düşürme	[ʧodʒuk dyʃyrme]

respiração (f)	respirasyon	[respirasjon]
inspiração (f)	soluk alma	[soluk alma]
expiração (f)	soluk verme	[soluk verme]
expirar (vi)	soluk vermek	[soluk vermek]
inspirar (vi)	bir soluk almak	[bir soluk almak]
inválido (m)	malul	[malyl]
aleijado (m)	sakat	[sakat]

drogado (m)	uyuşturucu bağımlısı	[ujuʃturudʒu baımlısı]
surdo (adj)	sağır	[saır]
mudo (adj)	dilsiz	[dilsiz]
surdo-mudo (adj)	sağır ve dilsiz	[saır ve dilsiz]

louco, insano (adj)	deli	[deli]
louco (m)	deli adam	[deli adam]
louca (f)	deli kadın	[deli kadın]
ficar louco	çıldırmak	[tʃıldırmak]

gene (m)	gen	[gen]
imunidade (f)	bağışıklık	[baıʃıklık]
hereditário (adj)	irsi, kalıtsal	[irsi], [kalıtsal]
congênito (adj)	doğuştan	[douʃtan]

vírus (m)	virüs	[virys]
micróbio (m)	mikrop	[mikrop]
bactéria (f)	bakteri	[bakteri]
infecção (f)	enfeksiyon	[enfeksijon]

74. Sintomas. Tratamentos. Parte 3

hospital (m)	hastane	[hastane]
paciente (m)	hasta	[hasta]

diagnóstico (m)	teşhis	[teʃhis]
cura (f)	çare	[tʃare]
tratamento (m) médico	tedavi	[tedavi]
curar-se (vr)	tedavi görmek	[tedavi gørmek]
tratar (vt)	tedavi etmek	[tedavi etmek]
cuidar (pessoa)	hastaya bakmak	[hastaja bakmak]
cuidado (m)	hasta bakımı	[hasta bakımı]

operação (f)	ameliyat	[amelijat]
enfaixar (vt)	pansuman yapmak	[pansuman japmak]
enfaixamento (m)	pansuman	[pansuman]

vacinação (f)	aşılama	[aʃılama]
vacinar (vt)	aşı yapmak	[aʃı japmak]
injeção (f)	iğne	[i:ine]
dar uma injeção	iğne yapmak	[i:ine japmak]

ataque (~ de asma, etc.)	atak	[atak]
amputação (f)	ampütasyon	[ampytasjon]
amputar (vt)	ameliyatla almak	[amelijatla almak]
coma (f)	koma	[koma]
estar em coma	komada olmak	[komada olmak]
reanimação (f)	yoğun bakım	[joun bakım]

recuperar-se (vr)	iyileşmek	[ijileʃmek]
estado (~ de saúde)	durum	[durum]
consciência (perder a ~)	bilinç	[bilintʃ]
memória (f)	hafıza	[hafıza]
tirar (vt)	çekmek	[tʃekmek]

71

| obturação (f) | dolgu | [dolgu] |
| obturar (vt) | dolgu yapmak | [dolgu japmak] |

| hipnose (f) | hipnoz | [hipnoz] |
| hipnotizar (vt) | hipnotize etmek | [hipnotize etmek] |

75. Médicos

médico (m)	doktor	[doktor]
enfermeira (f)	hemşire	[hemʃire]
médico (m) pessoal	özel doktor	[øzel doktor]

dentista (m)	dişçi	[diʃʧi]
oculista (m)	göz doktoru	[gøz doktoru]
terapeuta (m)	pratisyen doktor	[pratisjen doktor]
cirurgião (m)	cerrah	[dʒerrah]

psiquiatra (m)	psikiyatr	[psikijatr]
pediatra (m)	çocuk doktoru	[ʧodʒuk doktoru]
psicólogo (m)	psikolog	[psikolog]
ginecologista (m)	kadın doktoru	[kadın doktoru]
cardiologista (m)	kardiyoloji uzmanı	[kardioloʒi uzmanı]

76. Medicina. Drogas. Acessórios

medicamento (m)	ilaç	[ilaʧ]
remédio (m)	deva	[deva]
receitar (vt)	yazmak	[jazmak]
receita (f)	reçete	[reʧete]

comprimido (m)	hap	[hap]
unguento (m)	merhem	[merhem]
ampola (f)	ampul	[ampul]
solução, preparado (m)	solüsyon	[solysjon]
xarope (m)	şurup	[ʃurup]
cápsula (f)	kapsül	[kapsyl]
pó (m)	toz	[toz]

atadura (f)	bandaj	[bandaʒ]
algodão (m)	pamuk	[pamuk]
iodo (m)	iyot	[ijot]

curativo (m) adesivo	yara bandı	[jara bandı]
conta-gotas (m)	damlalık	[damlalık]
termômetro (m)	derece	[deredʒe]
seringa (f)	şırınga	[ʃiringa]

| cadeira (f) de rodas | tekerlekli sandalye | [tekerlekli sandalje] |
| muletas (f pl) | koltuk değneği | [koltuk deenei] |

| analgésico (m) | anestetik | [anestetik] |
| laxante (m) | müshil | [myshil] |

álcool (m)	ispirto	[ispirto]
ervas (f pl) medicinais	şifalı bitkiler	[ʃifalı bitkiler]
de ervas (chá ~)	bitkisel	[bitkisel]

77. Fumar. Produtos tabágicos

tabaco (m)	tütün	[tytyn]
cigarro (m)	sigara	[sigara]
charuto (m)	puro	[puro]
cachimbo (m)	pipo	[pipo]
maço (~ de cigarros)	paket sigara	[paket sigara]

fósforos (m pl)	kibrit	[kibrit]
caixa (f) de fósforos	kibrit kutusu	[kibrit kutusu]
isqueiro (m)	çakmak	[tʃakmak]
cinzeiro (m)	küllük	[kyllyk]
cigarreira (f)	sigara tabakası	[sigara tabakası]

piteira (f)	ağızlık	[aızlık]
filtro (m)	filtre	[filtre]

fumar (vi, vt)	içmek	[itʃmek]
acender um cigarro	sigara yakmak	[sigara jakmak]
tabagismo (m)	sigara içme	[sigara itʃme]
fumante (m)	sigara tiryakisi	[sigara tirijakisı]

bituca (f)	izmarit	[izmarit]
fumaça (f)	duman	[duman]
cinza (f)	kül	[kyl]

HABITAT HUMANO

Cidade

78. Cidade. Vida na cidade

cidade (f)	kent, şehir	[kent], [ʃehir]
capital (f)	başkent	[baʃkent]
aldeia (f)	köy	[køj]
mapa (m) da cidade	şehir planı	[ʃehir planı]
centro (m) da cidade	şehir merkezi	[ʃehir merkezi]
subúrbio (m)	varoş	[varoʃ]
suburbano (adj)	banliyö	[banljø]
periferia (f)	şehir kenarı	[ʃehir kenarı]
arredores (m pl)	çevre	[ʧevre]
quarteirão (m)	mahalle	[mahale]
quarteirão (m) residencial	yerleşim bölgesi	[jerleʃim bølgesi]
tráfego (m)	trafik	[trafik]
semáforo (m)	trafik ışıkları	[trafik ıʃıkları]
transporte (m) público	toplu taşıma	[toplu taʃıma]
cruzamento (m)	kavşak	[kavʃak]
faixa (f)	yaya geçidi	[jaja geʧidi]
túnel (m) subterrâneo	yeraltı geçidi	[jeraltı geʧidi]
cruzar, atravessar (vt)	geçmek	[geʧmek]
pedestre (m)	yaya	[jaja]
calçada (f)	yaya kaldırımı	[jaja kaldırımı]
ponte (f)	köprü	[køpry]
margem (f) do rio	rıhtım	[rıhtım]
fonte (f)	çeşme	[ʧeʃme]
alameda (f)	park yolu	[park jolu]
parque (m)	park	[park]
bulevar (m)	bulvar	[bulvar]
praça (f)	meydan	[mejdan]
avenida (f)	geniş cadde	[geniʃ ʤadde]
rua (f)	sokak, cadde	[sokak], [ʤadde]
travessa (f)	ara sokak	[ara sokak]
beco (m) sem saída	çıkmaz sokak	[ʧıkmaz sokak]
casa (f)	ev	[ev]
edifício, prédio (m)	bina	[bina]
arranha-céu (m)	gökdelen	[gøkdelen]
fachada (f)	cephe	[ʤephe]
telhado (m)	çatı	[ʧatı]

janela (f)	pencere	[pendʒere]
arco (m)	kemer	[kemer]
coluna (f)	sütün	[sytyn]
esquina (f)	köşe	[køʃe]

vitrine (f)	vitrin	[vitrin]
letreiro (m)	levha	[levha]
cartaz (do filme, etc.)	afiş	[afiʃ]
cartaz (m) publicitário	reklam panosu	[reklam panosu]
painel (m) publicitário	reklam panosu	[reklam panosu]

lixo (m)	çöp	[ʧøp]
lata (f) de lixo	çöp tenekesi	[ʧøp tenekesi]
jogar lixo na rua	çöp atmak	[ʧøp atmak]
aterro (m) sanitário	çöplük	[ʧøplyk]

orelhão (m)	telefon kulübesi	[telefon kylybesi]
poste (m) de luz	fener direği	[fener direi]
banco (m)	bank	[bank]

polícia (m)	erkek polis	[erkek polis]
polícia (instituição)	polis	[polis]
mendigo, pedinte (m)	dilenci	[dilendʒi]
desabrigado (m)	evsiz	[evsiz]

79. Instituições urbanas

loja (f)	mağaza	[maaza]
drogaria (f)	eczane	[edʒzane]
ótica (f)	optik	[optik]
centro (m) comercial	alışveriş merkezi	[alıʃveriʃ merkezi]
supermercado (m)	süpermarket	[sypermarket]

padaria (f)	ekmekçi dükkânı	[ekmekʧi dykkanı]
padeiro (m)	fırıncı	[fırındʒı]
pastelaria (f)	pastane	[pastane]
mercearia (f)	bakkaliye	[bakkalije]
açougue (m)	kasap dükkanı	[kasap dykkanı]

| fruteira (f) | manav | [manav] |
| mercado (m) | çarşı | [ʧarʃı] |

cafeteria (f)	kahvehane	[kahvehane]
restaurante (m)	restoran	[restoran]
bar (m)	birahane	[birahane]
pizzaria (f)	pizzacı	[pizadʒı]

salão (m) de cabeleireiro	kuaför salonu	[kuafør salonu]
agência (f) dos correios	postane	[postane]
lavanderia (f)	kuru temizleme	[kuru temizleme]
estúdio (m) fotográfico	fotoğraf stüdyosu	[fotoraf stydjosu]

| sapataria (f) | ayakkabı mağazası | [ajakkabı maazası] |
| livraria (f) | kitabevi | [kitabevi] |

loja (f) de artigos esportivos	spor mağazası	[spor maazası]
costureira (m)	elbise tamiri	[elbise tamiri]
aluguel (m) de roupa	giysi kiralama	[gijsı kiralama]
videolocadora (f)	film kiralama	[film kiralama]
circo (m)	sirk	[sirk]
jardim (m) zoológico	hayvanat bahçesi	[hajvanat bahtʃesi]
cinema (m)	sinema	[sinema]
museu (m)	müze	[myze]
biblioteca (f)	kütüphane	[kytyphane]
teatro (m)	tiyatro	[tijatro]
ópera (f)	opera	[opera]
boate (casa noturna)	gece kulübü	[gedʒe kulyby]
cassino (m)	kazino	[kazino]
mesquita (f)	cami	[dʒami]
sinagoga (f)	sinagog	[sinagog]
catedral (f)	katedral	[katedral]
templo (m)	ibadethane	[ibadethane]
igreja (f)	kilise	[kilise]
faculdade (f)	enstitü	[enstity]
universidade (f)	üniversite	[yniversite]
escola (f)	okul	[okul]
prefeitura (f)	belediye	[beledije]
câmara (f) municipal	belediye	[beledije]
hotel (m)	otel	[otel]
banco (m)	banka	[banka]
embaixada (f)	elçilik	[eltʃilik]
agência (f) de viagens	seyahat acentesi	[sejahat adʒentesi]
agência (f) de informações	danışma bürosu	[danıʃma byrosu]
casa (f) de câmbio	döviz bürosu	[døviz byrosu]
metrô (m)	metro	[metro]
hospital (m)	hastane	[hastane]
posto (m) de gasolina	benzin istasyonu	[benzin istasjonu]
parque (m) de estacionamento	park yeri	[park jeri]

80. Sinais

letreiro (m)	levha	[levha]
aviso (m)	yazı	[jazı]
cartaz, pôster (m)	poster, afiş	[poster], [afiʃ]
placa (f) de direção	işaret	[iʃaret]
seta (f)	ok	[ok]
aviso (advertência)	ikaz, uyarı	[ikaz], [ujarı]
sinal (m) de aviso	uyarı	[ujarı]
avisar, advertir (vt)	uyarmak	[ujarmak]
dia (m) de folga	tatil günü	[tatil gyny]

| horário (~ dos trens, etc.) | tarife | [tarife] |
| horário (m) | çalışma saatleri | [tʃalıʃma saatleri] |

BEM-VINDOS!	HOŞ GELDİNİZ	[hoʃ geldiniz]
ENTRADA	GİRİŞ	[giriʃ]
SAÍDA	ÇIKIŞ	[tʃıkıʃ]

EMPURRE	İTİNİZ	[itiniz]
PUXE	ÇEKİNİZ	[tʃekiniz]
ABERTO	AÇIK	[atʃık]
FECHADO	KAPALI	[kapalı]

| MULHER | BAYAN | [bajan] |
| HOMEM | BAY | [baj] |

DESCONTOS	İNDİRİM	[indirim]
SALDOS, PROMOÇÃO	UCUZLUK	[udʒuzluk]
NOVIDADE!	YENİ	[jeni]
GRÁTIS	BEDAVA	[bedava]

ATENÇÃO!	DİKKAT!	[dikkat]
NÃO HÁ VAGAS	BOŞ YER YOK	[boʃ jer jok]
RESERVADO	REZERVE	[rezerve]

ADMINISTRAÇÃO	MÜDÜR	[mydyr]
SOMENTE PESSOAL	PERSONEL HARİCİ	[personel haridʒi
AUTORIZADO	GİREMEZ	giremez]

CUIDADO CÃO FEROZ	DİKKAT KÖPEK VAR	[dikkat køpek var]
PROIBIDO FUMAR!	SİGARA İÇİLMEZ	[sigara itʃilmez]
NÃO TOCAR	DOKUNMAK YASAKTIR	[dokunmak jasaktır]

PERIGOSO	TEHLİKELİ	[tehlikeli]
PERIGO	TEHLİKE	[tehlike]
ALTA TENSÃO	YÜKSEK GERİLİM	[juksek gerilim]
PROIBIDO NADAR	SUYA GİRMEK YASAKTIR	[suja girmek jasaktır]
COM DEFEITO	HİZMET DIŞI	[hizmet dıʃı]

INFLAMÁVEL	YANICI MADDE	[janidʒi madde]
PROIBIDO	YASAKTIR	[jasaktır]
ENTRADA PROIBIDA	GİRMEK YASAKTIR	[girmek jasaktır]
CUIDADO TINTA FRESCA	DİKKAT ISLAK BOYA	[dikkat ıslak boja]

81. Transportes urbanos

ônibus (m)	otobüs	[otobys]
bonde (m) elétrico	tramvay	[tramvaj]
trólebus (m)	troleybüs	[trolejbys]
rota (f), itinerário (m)	rota	[rota]
número (m)	numara	[numara]

ir de ... (carro, etc.)	... gitmek	[gitmek]
entrar no ...	... binmek	[binmek]
descer do ...	... inmek	[inmek]

parada (f)	durak	[durak]
próxima parada (f)	sonraki durak	[sonraki durak]
terminal (m)	son durak	[son durak]
horário (m)	tarife	[tarife]
esperar (vt)	beklemek	[beklemek]

passagem (f)	bilet	[bilet]
tarifa (f)	bilet fiyatı	[bilet fijatı]

bilheteiro (m)	kasiyer	[kasijer]
controle (m) de passagens	bilet kontrolü	[bilet kontroly]
revisor (m)	kondüktör	[kondyktør]

atrasar-se (vr)	gecikmek	[gedʒikmek]
perder (o autocarro, etc.)	... kaçırmak	[katʃırmak]
estar com pressa	acele etmek	[adʒele etmek]

táxi (m)	taksi	[taksi]
taxista (m)	taksici	[taksidʒi]
de táxi (ir ~)	taksiyle	[taksijle]
ponto (m) de táxis	taksi durağı	[taksi duraı]
chamar um táxi	taksi çağırmak	[taksi tʃaırmak]
pegar um táxi	taksi tutmak	[taksi tutmak]

tráfego (m)	trafik	[trafik]
engarrafamento (m)	trafik sıkışıklığı	[trafik sıkıʃıklı:ı]
horas (f pl) de pico	bitirim ikili	[bitirim ikili]
estacionar (vi)	park etmek	[park etmek]
estacionar (vt)	park etmek	[park etmek]
parque (m) de estacionamento	park yeri	[park jeri]

metrô (m)	metro	[metro]
estação (f)	istasyon	[istasjon]
ir de metrô	metroya binmek	[metroja binmek]
trem (m)	tren	[tren]
estação (f) de trem	istasyon	[istasjon]

82. Turismo

monumento (m)	anıt	[anıt]
fortaleza (f)	kale	[kale]
palácio (m)	saray	[saraj]
castelo (m)	şato	[ʃato]
torre (f)	kule	[kule]
mausoléu (m)	anıtkabir	[anıtkabir]

arquitetura (f)	mimarlık	[mimarlık]
medieval (adj)	ortaçağ	[ortatʃaa]
antigo (adj)	antik, eski	[antik], [eski]
nacional (adj)	milli	[milli]
famoso, conhecido (adj)	meşhur	[meʃhur]

turista (m)	turist	[turist]
guia (pessoa)	rehber	[rehber]

excursão (f)	gezi	[gezi]
mostrar (vt)	göstermek	[gøstermek]
contar (vt)	anlatmak	[anlatmak]

encontrar (vt)	bulmak	[bulmak]
perder-se (vr)	kaybolmak	[kajbolmak]
mapa (~ do metrô)	şema	[ʃema]
mapa (~ da cidade)	plan	[plan]

lembrança (f), presente (m)	hediye	[hedije]
loja (f) de presentes	hediyelik eşya mağazası	[hedijelik eʃja maazası]
tirar fotos, fotografar	fotoğraf çekmek	[fotoraf tʃekmek]
fotografar-se (vr)	fotoğraf çektirmek	[fotoraf tʃektirmek]

83. Compras

comprar (vt)	satın almak	[satın almak]
compra (f)	satın alınan şey	[satın alınan ʃej]
fazer compras	alışverişe gitmek	[alıʃveriʃe gitmek]
compras (f pl)	alışveriş	[alıʃveriʃ]

| estar aberta (loja) | çalışmak | [tʃalıʃmak] |
| estar fechada | kapanmak | [kapanmak] |

calçado (m)	ayakkabı	[ajakkabı]
roupa (f)	elbise	[elbise]
cosméticos (m pl)	kozmetik	[kozmetik]
alimentos (m pl)	gıda ürünleri	[gıda jurynleri]
presente (m)	hediye	[hedije]

| vendedor (m) | satıcı | [satıdʒı] |
| vendedora (f) | satıcı kadın | [satıdʒı kadın] |

caixa (f)	kasa	[kasa]
espelho (m)	ayna	[ajna]
balcão (m)	tezgâh	[tezgjah]
provador (m)	deneme kabini	[deneme kabini]

provar (vt)	prova yapmak	[prova japmak]
servir (roupa, caber)	uymak	[ujmak]
gostar (apreciar)	hoşlanmak	[hoʃlanmak]

preço (m)	fiyat	[fijat]
etiqueta (f) de preço	fiyat etiketi	[fijat etiketleri]
custar (vt)	değerinde olmak	[deerinde olmak]
Quanto?	Kaç?	[katʃ]
desconto (m)	indirim	[indirim]

não caro (adj)	masrafsız	[masrafsıs]
barato (adj)	ucuz	[udʒuz]
caro (adj)	pahalı	[pahalı]
É caro	bu pahalıdır	[bu pahalıdır]
aluguel (m)	kira	[kira]
alugar (roupas, etc.)	kiralamak	[kiralamak]

| crédito (m) | kredi | [kredi] |
| a crédito | krediyle | [kredijle] |

84. Dinheiro

dinheiro (m)	para	[para]
câmbio (m)	kambiyo	[kambijo]
taxa (f) de câmbio	kur	[kur]
caixa (m) eletrônico	bankamatik	[bankamatik]
moeda (f)	para	[para]

| dólar (m) | dolar | [dolar] |
| euro (m) | Euro | [juro] |

lira (f)	liret	[liret]
marco (m)	Alman markı	[alman markı]
franco (m)	frank	[frank]
libra (f) esterlina	İngiliz sterlini	[ingiliz sterlini]
iene (m)	yen	[jen]

dívida (f)	borç	[bortʃ]
devedor (m)	borçlu	[bortʃlu]
emprestar (vt)	borç vermek	[bortʃ vermek]
pedir emprestado	borç almak	[bortʃ almak]

banco (m)	banka	[banka]
conta (f)	hesap	[hesap]
depositar na conta	para yatırmak	[para jatırmak]
sacar (vt)	hesaptan çekmek	[hesaptan tʃekmek]

cartão (m) de crédito	kredi kartı	[kredi kartı]
dinheiro (m) vivo	nakit para	[nakit para]
cheque (m)	çek	[tʃek]
passar um cheque	çek yazmak	[tʃek jazmak]
talão (m) de cheques	çek defteri	[tʃek defteri]

carteira (f)	cüzdan	[dʒyzdan]
niqueleira (f)	para cüzdanı	[para dʒyzdanı]
cofre (m)	para kasası	[para kasası]

herdeiro (m)	mirasçı	[mirastʃı]
herança (f)	miras	[miras]
fortuna (riqueza)	varlık	[varlık]

arrendamento (m)	kira	[kira]
aluguel (pagar o ~)	ev kirası	[ev kirası]
alugar (vt)	kiralamak	[kiralamak]

preço (m)	fiyat	[fijat]
custo (m)	maliyet	[malijet]
soma (f)	toplam	[toplam]

| gastar (vt) | harcamak | [hardʒamak] |
| gastos (m pl) | masraflar | [masraflar] |

| economizar (vi) | idareli kullanmak | [idareli kullanmak] |
| econômico (adj) | tutumlu | [tutumlu] |

pagar (vt)	ödemek	[ødemek]
pagamento (m)	ödeme	[ødeme]
troco (m)	para üstü	[para justy]

imposto (m)	vergi	[vergi]
multa (f)	ceza	[dʒeza]
multar (vt)	ceza kesmek	[dʒeza kesmek]

85. Correios. Serviço postal

agência (f) dos correios	postane	[postane]
correio (m)	posta	[posta]
carteiro (m)	postacı	[postadʒı]
horário (m)	çalışma saatleri	[ʧalıʃma saatleri]

carta (f)	mektup	[mektup]
carta (f) registada	taahhütlü mektup	[ta:hhytly mektup]
cartão (m) postal	kart	[kart]
telegrama (m)	telgraf	[telgraf]
encomenda (f)	koli	[koli]
transferência (f) de dinheiro	para havalesi	[para havalesi]

receber (vt)	almak	[almak]
enviar (vt)	göndermek	[gøndermek]
envio (m)	gönderme	[gønderme]

endereço (m)	adres	[adres]
código (m) postal	endeks, indeks	[endeks], [indeks]
remetente (m)	gönderen	[gønderen]
destinatário (m)	alıcı	[alıdʒı]

| nome (m) | ad, isim | [ad], [isim] |
| sobrenome (m) | soyadı | [sojadı] |

tarifa (f)	tarife	[tarife]
ordinário (adj)	normal	[normal]
econômico (adj)	ekonomik	[ekonomik]

peso (m)	ağırlık	[aırlık]
pesar (estabelecer o peso)	tartmak	[tartmak]
envelope (m)	zarf	[zarf]
selo (m) postal	pul	[pul]

Moradia. Casa. Lar

86. Casa. Habitação

casa (f)	ev	[ev]
em casa	evde	[evde]
pátio (m), quintal (f)	avlu	[avlu]
cerca, grade (f)	parmaklık	[parmaklık]
tijolo (m)	tuğla	[tuula]
de tijolos	tuğla	[tuula]
pedra (f)	taş	[taʃ]
de pedra	taş, taştan	[taʃ], [taʃtan]
concreto (m)	beton	[beton]
concreto (adj)	beton	[beton]
novo (adj)	yeni	[jeni]
velho (adj)	eski	[eski]
decrépito (adj)	bakımsız, harap	[bakımsız], [harap]
moderno (adj)	modern	[modern]
de vários andares	çok katlı	[tʃok katlı]
alto (adj)	yüksek	[juksek]
andar (m)	kat	[kat]
de um andar	tek katlı	[tek katlı]
térreo (m)	alt kat	[alt kat]
andar (m) de cima	üst kat	[yst kat]
telhado (m)	çatı	[tʃatı]
chaminé (f)	baca	[badʒa]
telha (f)	kiremit	[kiremit]
de telha	kiremitli	[kiremitli]
sótão (m)	çatı arası	[tʃatı arası]
janela (f)	pencere	[pendʒere]
vidro (m)	cam	[dʒam]
parapeito (m)	pencere kenarı	[pendʒere kenarı]
persianas (f pl)	kepenk	[kepenk]
parede (f)	duvar	[duvar]
varanda (f)	balkon	[balkon]
calha (f)	yağmur borusu	[jaamur borusu]
em cima	yukarıda	[jukarıda]
subir (vi)	üst kata çıkmak	[yst kata tʃıkmak]
descer (vi)	aşağı inmek	[aʃaı inmek]
mudar-se (vr)	taşınmak	[taʃınmak]

87. Casa. Entrada. Elevador

entrada (f)	giriş	[giriʃ]
escada (f)	merdiven	[merdiven]
degraus (m pl)	basamaklar	[basamaklar]
corrimão (m)	korkuluk	[korkuluk]
hall (m) de entrada	hol	[hol]
caixa (f) de correio	posta kutusu	[posta kutusu]
lata (f) do lixo	çöp tenekesi	[tʃøp tenekesi]
calha (f) de lixo	çöp bacası	[tʃøp badʒası]
elevador (m)	asansör	[asansør]
elevador (m) de carga	yük asansörü	[juk asansøry]
cabine (f)	asansör kabini	[asansør kabini]
pegar o elevador	asansöre binmek	[asansørle binmek]
apartamento (m)	daire	[daire]
residentes (pl)	oturanlar	[oturanlar]
vizinho (m)	komşu	[komʃu]
vizinha (f)	komşu	[komʃu]
vizinhos (pl)	komşular	[komʃular]

88. Casa. Eletricidade

eletricidade (f)	elektrik	[elektrik]
lâmpada (f)	ampul	[ampul]
interruptor (m)	elektrik düğmesi	[elektrik dyjmesi]
fusível, disjuntor (m)	sigorta	[sigorta]
fio, cabo (m)	tel	[tel]
instalação (f) elétrica	elektrik hatları	[elektrik hatları]
medidor (m) de eletricidade	elektrik sayacı	[elektrik sajadʒı]
indicação (f), registro (m)	gösterge değeri	[gøsterge deeri]

89. Casa. Portas. Fechaduras

porta (f)	kapı	[kapı]
portão (m)	bahçe kapısı	[bahtʃe kapısı]
maçaneta (f)	kol	[kol]
destrancar (vt)	sürgüyü açmak	[syrgyju atʃmak]
abrir (vt)	açmak	[atʃmak]
fechar (vt)	kapamak	[kapamak]
chave (f)	anahtar	[anahtar]
molho (m)	anahtarlık	[anahtarlık]
ranger (vi)	gıcırdamak	[gıdʒırdamak]
rangido (m)	gıcırtı	[gıdʒırtı]
dobradiça (f)	menteşe	[menteʃe]
capacho (m)	paspas	[paspas]
fechadura (f)	kilit	[kilit]

buraco (m) da fechadura	anahtar deliği	[anahtar deli:i]
barra (f)	kapı sürgüsü	[kapı syrgysy]
fecho (ferrolho pequeno)	sürme	[syrme]
cadeado (m)	asma kilit	[asma kilit]

tocar (vt)	zil çalmak	[zil tʃalmak]
toque (m)	zil sesi	[zil sesi]
campainha (f)	zil	[zil]
botão (m)	düğme	[dyjme]
batida (f)	kapıyı çalma	[kapıjı tʃalma]
bater (vi)	kapıyı çalmak	[kapıjı tʃalmak]

código (m)	kod	[kod]
fechadura (f) de código	şifreli kilit	[ʃifreli kilit]
interfone (m)	kapı telefonu	[kapı telefonu]
número (m)	numara	[numara]
placa (f) de porta	levha	[levha]
olho (m) mágico	kapı gözü	[kapı gøzy]

90. Casa de campo

aldeia (f)	köy	[køj]
horta (f)	sebze bahçesi	[sebze bahtʃesi]
cerca (f)	duvar	[duvar]
cerca (f) de piquete	çit	[tʃit]
portão (f) do jardim	çit, bahçe kapısı	[tʃit], [bahtʃe kapısı]

celeiro (m)	tahıl ambarı	[tahıl ambarı]
adega (f)	mahzen	[mahzen]
galpão, barracão (m)	kulübe	[kulybe]
poço (m)	kuyu	[kuju]

fogão (m)	soba	[soba]
atiçar o fogo	yakmak	[jakmak]
lenha (carvão ou ~)	yakacak odun	[jakadʒak odun]
acha, lenha (f)	odun	[odun]

varanda (f)	veranda	[veranda]
alpendre (m)	teras	[teras]
degraus (m pl) de entrada	eşik	[eʃik]
balanço (m)	salıncak	[salındʒak]

91. Moradia. Mansão

casa (f) de campo	kır evi	[kır evi]
vila (f)	villâ	[villa]
ala (~ do edifício)	kanat	[kanat]

jardim (m)	bahçe	[bahtʃe]
parque (m)	park	[park]
estufa (f)	limonluk	[limonlyk]
cuidar de ...	bakmak	[bakmak]

piscina (f)	havuz	[havuz]
academia (f) de ginástica	spor salonu	[spor salonu]
quadra (f) de tênis	tenis kortu	[tenis kortu]
cinema (m)	ev sinema salonu	[ev sinema salonu]
garagem (f)	garaj	[garaʒ]

| propriedade (f) privada | özel mülkiyet | [øzel mylkijet] |
| terreno (m) privado | özel arsa | [øzel arsa] |

| advertência (f) | ikaz | [ikaz] |
| sinal (m) de aviso | ikaz yazısı | [ikaz jazısı] |

guarda (f)	güvenlik	[gyvenlik]
guarda (m)	güvenlik görevlisi	[gyvenlik gørevlisi]
alarme (m)	hırsız alarmı	[hırsız alarmı]

92. Castelo. Palácio

castelo (m)	şato	[ʃato]
palácio (m)	saray	[saraj]
fortaleza (f)	kale	[kale]
muralha (f)	kale duvarı	[kale duvarı]
torre (f)	kule	[kule]
calabouço (m)	ana kule	[ana kule]

grade (f) levadiça	kale kapısı	[kale kapısı]
passagem (f) subterrânea	yeraltı yolu	[jeraltı jolu]
fosso (m)	hendek	[hendek]
corrente, cadeia (f)	zincir	[zindʒir]
seteira (f)	mazgal	[mazgal]

magnífico (adj)	muhteşem	[muhteʃem]
majestoso (adj)	azametli	[azametli]
inexpugnável (adj)	fethedilmez	[fethedilmez]
medieval (adj)	ortaçağ	[ortatʃaa]

93. Apartamento

apartamento (m)	daire	[daire]
quarto, cômodo (m)	oda	[oda]
quarto (m) de dormir	yatak odası	[jatak odası]
sala (f) de jantar	yemek odası	[jemek odası]
sala (f) de estar	misafir odası	[misafir odası]
escritório (m)	çalışma odası	[tʃalıʃma odası]

sala (f) de entrada	antre	[antre]
banheiro (m)	banyo odası	[banjo odası]
lavabo (m)	tuvalet	[tuvalet]

teto (m)	tavan	[tavan]
chão, piso (m)	taban, yer	[taban], [jer]
canto (m)	köşesi	[køʃesi]

85

94. Apartamento. Limpeza

arrumar, limpar (vt)	toplamak	[toplamak]
guardar (no armário, etc.)	istiflemek	[istiflemek]
pó (m)	toz	[toz]
empoeirado (adj)	tozlu	[tozlu]
tirar o pó	toz almak	[toz almak]
aspirador (m)	elektrik süpürgesi	[elektrik sypyrgesi]
aspirar (vt)	elektrik süpürgesi ile süpürmek	[elektrik sypyrgesi ile sypyrmek]

varrer (vt)	süpürmek	[sypyrmek]
sujeira (f)	süprüntü	[syprynty]
arrumação, ordem (f)	düzen	[dyzen]
desordem (f)	karışıklık	[karıʃıklık]

esfregão (m)	paspas	[paspas]
pano (m), trapo (m)	bez	[bez]
vassoura (f)	süpürge	[sypyrge]
pá (f) de lixo	faraş	[faraʃ]

95. Mobiliário. Interior

mobiliário (m)	mobilya	[mobilja]
mesa (f)	masa	[masa]
cadeira (f)	sandalye	[sandalje]
cama (f)	yatak	[jatak]
sofá, divã (m)	kanape	[kanape]
poltrona (f)	koltuk	[koltuk]

estante (f)	kitaplık	[kitaplık]
prateleira (f)	kitap rafı	[kitap rafı]

guarda-roupas (m)	elbise dolabı	[elbise dolabı]
cabide (m) de parede	duvar askısı	[duvar askısı]
cabideiro (m) de pé	portmanto	[portmanto]

cômoda (f)	komot	[komot]
mesinha (f) de centro	sehpa	[sehpa]

espelho (m)	ayna	[ajna]
tapete (m)	halı	[halı]
tapete (m) pequeno	kilim	[kilim]

lareira (f)	şömine	[ʃømine]
vela (f)	mum	[mum]
castiçal (m)	mumluk	[mumluk]

cortinas (f pl)	perdeler	[perdler]
papel (m) de parede	duvar kağıdı	[duvar kaıdı]
persianas (f pl)	jaluzi	[ʒalyzi]
luminária (f) de mesa	masa lambası	[masa lambası]
luminária (f) de parede	lamba	[lamba]

abajur (m) de pé	ayaklı lamba	[ajaklı lamba]
lustre (m)	avize	[avize]
pé (de mesa, etc.)	ayak	[ajak]
braço, descanso (m)	kol	[kol]
costas (f pl)	arkalık	[arkalık]
gaveta (f)	çekmece	[ʧekmeʤe]

96. Quarto de dormir

roupa (f) de cama	çamaşır	[ʧamaʃır]
travesseiro (m)	yastık	[jastık]
fronha (f)	yastık kılıfı	[jastık kılıfı]
cobertor (m)	battaniye	[battanije]
lençol (m)	çarşaf	[ʧarʃaf]
colcha (f)	örtü	[ørty]

97. Cozinha

cozinha (f)	mutfak	[mutfak]
gás (m)	gaz	[gaz]
fogão (m) a gás	gaz sobası	[gaz sobası]
fogão (m) elétrico	elektrik ocağı	[elektrik oʤaı]
forno (m)	fırın	[fırın]
forno (m) de micro-ondas	mikrodalga fırın	[mikrodalga fırın]
geladeira (f)	buzdolabı	[buzdolabı]
congelador (m)	derin dondurucu	[derin donduruʤu]
máquina (f) de lavar louça	bulaşık makinesi	[bulaʃık makinesi]
moedor (m) de carne	kıyma makinesi	[kıjma makinesi]
espremedor (m)	meyve sıkacağı	[mejve sıkaʤaı]
torradeira (f)	tost makinesi	[tost makinesi]
batedeira (f)	mikser	[mikser]
máquina (f) de café	kahve makinesi	[kahve makinesi]
cafeteira (f)	cezve	[ʤezve]
moedor (m) de café	kahve değirmeni	[kahve deirmeni]
chaleira (f)	çaydanlık	[ʧajdanlık]
bule (m)	demlik	[demlik]
tampa (f)	kapak	[kapak]
coador (m) de chá	süzgeci	[syzgeʤi]
colher (f)	kaşık	[kaʃık]
colher (f) de chá	çay kaşığı	[ʧaj kaʃı:ı]
colher (f) de sopa	yemek kaşığı	[jemek kaʃı:ı]
garfo (m)	çatal	[ʧatal]
faca (f)	bıçak	[bıʧak]
louça (f)	mutfak gereçleri	[mutfak gereʧleri]
prato (m)	tabak	[tabak]

pires (m)	fincan tabağı	[findʒan tabaı]
cálice (m)	kadeh	[kade]
copo (m)	bardak	[bardak]
xícara (f)	fincan	[findʒan]

açucareiro (m)	şekerlik	[ʃekerlik]
saleiro (m)	tuzluk	[tuzluk]
pimenteiro (m)	biberlik	[biberlik]
manteigueira (f)	tereyağı tabağı	[terejaı tabaı]

panela (f)	tencere	[tendʒere]
frigideira (f)	tava	[tava]
concha (f)	kepçe	[keptʃe]
coador (m)	süzgeç	[syzgetʃ]
bandeja (f)	tepsi	[tepsi]

garrafa (f)	şişe	[ʃiʃe]
pote (m) de vidro	kavanoz	[kavanoz]
lata (~ de cerveja)	teneke	[teneke]

abridor (m) de garrafa	şişe açacağı	[ʃiʃe atʃadʒaı]
abridor (m) de latas	konserve açacağı	[konserve atʃadʒaı]
saca-rolhas (m)	tirbuşon	[tirbyʃon]
filtro (m)	filtre	[filtre]
filtrar (vt)	filtre etmek	[filtre etmek]

| lixo (m) | çöp | [tʃøp] |
| lixeira (f) | çöp kovası | [tʃøp kovası] |

98. Casa de banho

banheiro (m)	banyo odası	[banjo odası]
água (f)	su	[su]
torneira (f)	musluk	[musluk]
água (f) quente	sıcak su	[sıdʒak su]
água (f) fria	soğuk su	[souk su]

pasta (f) de dente	diş macunu	[diʃ madʒunu]
escovar os dentes	dişlerini fırçalamak	[diʃlerini fırtʃalamak]
escova (f) de dente	diş fırçası	[diʃ fırtʃası]

barbear-se (vr)	tıraş olmak	[tıraʃ olmak]
espuma (f) de barbear	tıraş köpüğü	[tıraʃ køpyy]
gilete (f)	jilet	[ʒilet]

lavar (vt)	yıkamak	[jıkamak]
tomar banho	yıkanmak	[jıkanmak]
chuveiro (m), ducha (f)	duş	[duʃ]
tomar uma ducha	duş almak	[duʃ almak]

banheira (f)	banyo	[banjo]
vaso (m) sanitário	klozet	[klozet]
pia (f)	küvet	[kyvet]
sabonete (m)	sabun	[sabun]

saboneteira (f)	sabunluk	[sabunluk]
esponja (f)	sünger	[synger]
xampu (m)	şampuan	[ʃampuan]
toalha (f)	havlu	[havlu]
roupão (m) de banho	bornoz	[bornoz]

lavagem (f)	çamaşır yıkama	[ʧamaʃır jıkama]
lavadora (f) de roupas	çamaşır makinesi	[ʧamaʃır makinesi]
lavar a roupa	çamaşırları yıkamak	[ʧamaʃırları jıkamak]
detergente (m)	çamaşır deterjanı	[ʧamaʃır deterʒanı]

99. Eletrodomésticos

televisor (m)	televizyon	[televizjon]
gravador (m)	teyp	[tejp]
videogravador (m)	video	[video]
rádio (m)	radyo	[radjo]
leitor (m)	çalar	[ʧalar]

projetor (m)	projeksiyon makinesi	[proʒeksion makinesi]
cinema (m) em casa	ev sinema	[evj sinema]
DVD Player (m)	DVD oynatıcı	[dividi ojnatıdʒı]
amplificador (m)	amplifikatör	[amplifikatør]
console (f) de jogos	oyun konsolu	[ojun konsolu]

câmera (f) de vídeo	video kamera	[videokamera]
máquina (f) fotográfica	fotoğraf makinesi	[fotoraf makinesi]
câmera (f) digital	dijital fotoğraf makinesi	[diʒital fotoraf makinesi]

aspirador (m)	elektrik süpürgesi	[elektrik sypyrgesi]
ferro (m) de passar	ütü	[yty]
tábua (f) de passar	ütü masası	[yty masası]

telefone (m)	telefon	[telefon]
celular (m)	cep telefonu	[dʒep telefonu]
máquina (f) de escrever	daktilo	[daktilo]
máquina (f) de costura	dikiş makinesi	[dikiʃ makinesi]

microfone (m)	mikrofon	[mikrofon]
fone (m) de ouvido	kulaklık	[kulaklık]
controle remoto (m)	uzaktan kumanda	[uzaktan kumanda]

CD (m)	CD	[sidi]
fita (f) cassete	teyp kaseti	[tejp kaseti]
disco (m) de vinil	vinil plak	[vinil plak]

100. Reparações. Renovação

renovação (f)	tamirat	[tamirat]
renovar (vt), fazer obras	tamir etmek	[tamir etmek]
reparar (vt)	onarmak	[onarmak]
consertar (vt)	düzene sokmak	[dyzene sokmak]

refazer (vt)	yeniden yapmak	[jeniden japmak]
tinta (f)	boya	[boja]
pintar (vt)	boyamak	[bojamak]
pintor (m)	boyacı	[bojadʒı]
pincel (m)	fırça	[fırʧa]

| cal (f) | badana | [badana] |
| caiar (vt) | badanalamak | [badanalamak] |

papel (m) de parede	duvar kağıdı	[duvar kaıdı]
colocar papel de parede	duvar kağıdı yapıştırmak	[duvar kaıdı japıʃtırmak]
verniz (m)	vernik	[vernik]
envernizar (vt)	vernik sürmek	[vernik syrmek]

101. Canalizações

água (f)	su	[su]
água (f) quente	sıcak su	[sıdʒak su]
água (f) fria	soğuk su	[souk su]
torneira (f)	musluk	[musluk]

gota (f)	damla	[damla]
gotejar (vi)	damlamak	[damlamak]
vazar (vt)	sızıntı yapmak	[sızıntı japmak]
vazamento (m)	sızıntı	[sızıntı]
poça (f)	su birikintisi	[su birikintisi]

tubo (m)	boru	[boru]
válvula (f)	valf	[valf]
entupir-se (vr)	tıkanmak	[tıkanmak]

ferramentas (f pl)	aletler	[aletler]
chave (f) inglesa	açma anahtarı	[aʧma anahtarı]
desenroscar (vt)	sökmek	[søkmek]
enroscar (vt)	vidalamak	[vidalamak]

desentupir (vt)	temizlemek	[temizlemek]
encanador (m)	tesisatçı	[tesisatʃı]
porão (m)	bodrum	[bodrum]
rede (f) de esgotos	kanalizasyon	[kanalizasjon]

102. Fogo. Deflagração

incêndio (m)	ateş	[ateʃ]
chama (f)	alev	[alev]
faísca (f)	kıvılcım	[kıvıldʒım]
fumaça (f)	duman	[duman]
tocha (f)	kundak	[kundak]
fogueira (f)	kamp ateşi	[kamp ateʃi]

| gasolina (f) | benzin | [benzin] |
| querosene (m) | gaz yağı | [gaz jaı] |

inflamável (adj)	yanar	[janar]
explosivo (adj)	patlayıcı	[patlajıdʒı]
PROIBIDO FUMAR!	SİGARA İÇİLMEZ	[sigara itʃilmez]

segurança (f)	emniyet	[emnijet]
perigo (m)	tehlike	[tehlike]
perigoso (adj)	tehlikeli	[tehlikeli]

incendiar-se (vr)	ateş almak	[ateʃ almak]
explosão (f)	patlama	[patlama]
incendiar (vt)	yangın çıkarmak	[jangın tʃıkarmak]
incendiário (m)	kundakçı	[kundaktʃı]
incêndio (m) criminoso	kundakçılık	[kundaktʃilık]

flamejar (vi)	alevlenmek	[alevlenmek]
queimar (vi)	yanmak	[janmak]
queimar tudo (vi)	yakıp kül etmek	[jakıp kyl etmek]

bombeiro (m)	itfaiyeci	[itfajedʒi]
caminhão (m) de bombeiros	itfaiye arabası	[itfaje arabası]
corpo (m) de bombeiros	itfaiye	[itfaje]
escada (f) extensível	yangın merdiveni	[jangın merdivenı]

mangueira (f)	hortum	[hortum]
extintor (m)	yangın tüpü	[jangın typy]
capacete (m)	baret	[baret]
sirene (f)	siren	[siren]

gritar (vi)	bağırmak	[baırmak]
chamar por socorro	imdat istemek	[imdat istemek]
socorrista (m)	cankurtaran	[dʒankurtaran]
salvar, resgatar (vt)	kurtarmak	[kurtarmak]

chegar (vi)	gelmek	[gelmek]
apagar (vt)	söndürmek	[søndyrmek]
água (f)	su	[su]
areia (f)	kum	[kum]

ruínas (f pl)	harabeler	[harabeler]
ruir (vi)	yıkılmak	[jıkılmak]
desmoronar (vi)	aşağı düşmek	[aʃaı dyʃmek]
desabar (vi)	çökmek	[tʃøkmek]

fragmento (m)	kırıntı	[kırıntı]
cinza (f)	kül	[kyl]

sufocar (vi)	boğulmak	[boulmak]
perecer (vi)	ölmek	[ølmek]

91

ATIVIDADES HUMANAS

Emprego. Negócios. Parte 1

103. Escritório. O trabalho no escritório

escritório (~ de advogados)	ofis	[ofis]
escritório (do diretor, etc.)	ofis, büro	[ofis], [byro]
recepção (f)	resepsiyon	[resepsijon]
secretário (m)	sekreter	[sekreter]
diretor (m)	müdür	[mydyr]
gerente (m)	menejer	[menedʒer]
contador (m)	muhasebeci	[muhasebedʒi]
empregado (m)	eleman, görevli	[eleman], [gørevli]
mobiliário (m)	mobilya	[mobilja]
mesa (f)	masa	[masa]
cadeira (f)	koltuk	[koltuk]
gaveteiro (m)	keson	[keson]
cabideiro (m) de pé	portmanto	[portmanto]
computador (m)	bilgisayar	[bilgisajar]
impressora (f)	yazıcı	[jazıdʒı]
fax (m)	faks	[faks]
fotocopiadora (f)	fotokopi makinesi	[fotokopi makinesi]
papel (m)	kağıt	[kaıt]
artigos (m pl) de escritório	kırtasiye	[kırtasije]
tapete (m) para mouse	fare altlığı	[fare altlı:ı]
folha (f)	kağıt	[kaıt]
pasta (f)	dosya	[dosja]
catálogo (m)	katalog	[katalog]
lista (f) telefônica	kılavuz	[kılavuz]
documentação (f)	belgeler	[belgeler]
brochura (f)	broşür	[broʃyr]
panfleto (m)	beyanname	[bejanname]
amostra (f)	numune	[numune]
formação (f)	eğitim toplantısı	[eitim toplantısı]
reunião (f)	toplantı	[toplantı]
hora (f) de almoço	öğle paydosu	[ø:le pajdosu]
fazer uma cópia	kopya yapmak	[kopja japmak]
tirar cópias	çoğaltmak	[tʃoaltmak]
receber um fax	faks almak	[faks almak]
enviar um fax	faks çekmek	[faks tʃekmek]
fazer uma chamada	telefonla aramak	[telefonla aramak]

| responder (vt) | cevap vermek | [dʒevap vermek] |
| passar (vt) | bağlamak | [baalamak] |

marcar (vt)	ayarlamak	[ajarlamak]
demonstrar (vt)	göstermek	[gøstermek]
estar ausente	bulunmamak	[bulunmamak]
ausência (f)	bulunmama	[bulunmama]

104. Processos negociais. Parte 1

negócio (m)	işletme	[iʃletme]
ocupação (f)	meslek, iş	[meslek], [iʃ]
firma, empresa (f)	firma	[firma]
companhia (f)	şirket	[ʃirket]
corporação (f)	kurum, kuruluş	[kurum], [kuruluʃ]
empresa (f)	şirket, girişim	[ʃirket], [giriʃim]
agência (f)	acente, ajans	[adʒente], [aʒans]

acordo (documento)	anlaşma	[anlaʃma]
contrato (m)	kontrat	[kontrat]
acordo (transação)	anlaşma	[anlaʃma]
pedido (m)	sipariş	[sipariʃ]
termos (m pl)	şart	[ʃart]

por atacado	toptan	[toptan]
por atacado (adj)	toptan olarak	[toptan olarak]
venda (f) por atacado	toptan satış	[toptan satıʃ]
a varejo	perakende	[perakende]
venda (f) a varejo	perakende satış	[perakende satıʃ]

concorrente (m)	rakip	[rakip]
concorrência (f)	rekabet	[rekabet]
competir (vi)	rekabet etmek	[rekabet etmek]

| sócio (m) | ortak | [ortak] |
| parceria (f) | ortaklık | [ortaklık] |

crise (f)	kriz	[kriz]
falência (f)	iflâs	[iflas]
entrar em falência	iflâs etmek	[iflas etmek]
dificuldade (f)	zorluk	[zorluk]
problema (m)	problem	[problem]
catástrofe (f)	felâket	[felaket]

economia (f)	ekonomi	[ekonomi]
econômico (adj)	ekonomik	[ekonomik]
recessão (f) econômica	ekonomik gerileme	[ekonomik gerileme]

| objetivo (m) | amaç | [amatʃ] |
| tarefa (f) | görev | [gørev] |

comerciar (vi, vt)	ticaret yapmak	[tidʒaret japmak]
rede (de distribuição)	zinciri	[zindʒiri]
estoque (m)	stok	[stok]

sortimento (m)	çeşitlilik	[ʧeʃitlilik]
líder (m)	lider	[lider]
grande (~ empresa)	iri	[iri]
monopólio (m)	tekel	[tekel]

teoria (f)	teori	[teori]
prática (f)	pratik	[pratik]
experiência (f)	tecrübe	[tedʒrybe]
tendência (f)	eğilim	[eilim]
desenvolvimento (m)	gelişme	[geliʃme]

105. Processos negociais. Parte 2

rentabilidade (f)	kâr	[kjar]
rentável (adj)	kârlı	[kjarlı]

delegação (f)	delegasyon	[delegasjon]
salário, ordenado (m)	maaş	[maaʃ]
corrigir (~ um erro)	düzeltmek	[dyzeltmek]
viagem (f) de negócios	iş gezisi	[iʃ gezisi]
comissão (f)	komisyon	[komisjon]

controlar (vt)	kontrol etmek	[kontrol etmek]
conferência (f)	konferans	[konferans]
licença (f)	lisans	[lisans]
confiável (adj)	güvenilir	[gyvenilir]

empreendimento (m)	girişim	[girʃim]
norma (f)	norm	[norm]
circunstância (f)	olay, durum	[olaj], [durum]
dever (do empregado)	görev	[gørev]

empresa (f)	şirket	[ʃirket]
organização (f)	organize etme	[organize etme]
organizado (adj)	organize edilmiş	[organize edilmiʃ]
anulação (f)	iptal	[iptal]
anular, cancelar (vt)	iptal etmek	[iptal etmek]
relatório (m)	rapor	[rapor]

patente (f)	patent	[patent]
patentear (vt)	patentini almak	[patentini almak]
planejar (vt)	planlamak	[planlamak]

bônus (m)	prim	[prim]
profissional (adj)	profesyonel	[profesjonel]
procedimento (m)	prosedür	[prosedyr]

examinar (~ a questão)	gözden geçirmek	[gøzden getʃirmek]
cálculo (m)	hesap	[hesap]
reputação (f)	ün, nam	[yn], [nam]
risco (m)	risk	[risk]

dirigir (~ uma empresa)	yönetmek	[jønetmek]
informação (f)	bilgi	[bilgi]

| propriedade (f) | mülkiyet | [mylkijet] |
| união (f) | birlik | [birlik] |

seguro (m) de vida	hayat sigortası	[hajat sigortası]
fazer um seguro	sigorta ettirmek	[sigorta ettirmek]
seguro (m)	sigorta	[sigorta]

leilão (m)	açık artırma	[atʃık artırma]
notificar (vt)	bildirmek	[bildirmek]
gestão (f)	yönetim	[jønetim]
serviço (indústria de ~s)	hizmet	[hizmet]

fórum (m)	forum	[forum]
funcionar (vi)	işlemek	[iʃlemek]
estágio (m)	aşama	[aʃama]
jurídico, legal (adj)	hukuki	[hukuki]
advogado (m)	hukukçu	[hukuktʃu]

106. Produção. Trabalhos

usina (f)	imalathane	[imalataane]
fábrica (f)	fabrika	[fabrika]
oficina (f)	atölye	[atølje]
local (m) de produção	yapımevi	[japımevi]

indústria (f)	sanayi	[sanaji]
industrial (adj)	sanayi	[sanaji]
indústria (f) pesada	ağır sanayi	[aır sanaji]
indústria (f) ligeira	hafif sanayi	[hafif sanai]

produção (f)	ürünler	[yrynler]
produzir (vt)	üretmek	[yretmek]
matérias-primas (f pl)	ham madde	[ham madde]

chefe (m) de obras	ekip başı	[ekip baʃı]
equipe (f)	ekip	[ekip]
operário (m)	işçi	[iʃtʃi]

dia (m) de trabalho	iş günü	[iʃ gyny]
intervalo (m)	ara	[ara]
reunião (f)	toplantı	[toplantı]
discutir (vt)	görüşmek	[gøryʃmek]

plano (m)	plan	[plan]
cumprir o plano	planı gerçekleştirmek	[planı gertʃekleʃtirmek]
taxa (f) de produção	istihsal normu	[istihsal normu]
qualidade (f)	kalite	[kalite]
controle (m)	kontrol	[kontrol]
controle (m) da qualidade	kalite kontrolü	[kalite kontroly]

segurança (f) no trabalho	iş güvenliği	[iʃ gyvenli:i]
disciplina (f)	disiplin	[disiplin]
infração (f)	bozma	[bozma]
violar (as regras)	ihlal etmek	[ihlal etmek]

greve (f)	grev	[grev]
grevista (m)	grevci	[grevʤi]
estar em greve	grev yapmak	[grev japmak]
sindicato (m)	sendika	[sendika]

inventar (vt)	icat etmek	[idʒat etmek]
invenção (f)	icat	[idʒat]
pesquisa (f)	araştırma	[araʃtırma]
melhorar (vt)	iyileştirmek	[ijileʃtirmek]
tecnologia (f)	teknoloji	[teknoloʒi]
desenho (m) técnico	teknik resim	[teknik resim]

carga (f)	yük	[juk]
carregador (m)	yükleyici	[juklejidʒi]
carregar (o caminhão, etc.)	yüklemek	[juklemek]
carregamento (m)	yükleme	[jukleme]
descarregar (vt)	boşaltmak	[boʃaltmak]
descarga (f)	boşaltma	[boʃaltma]

transporte (m)	ulaştırma	[ulaʃtırma]
companhia (f) de transporte	ulaştırma şirketi	[ulaʃtırma ʃirketi]
transportar (vt)	taşımak	[taʃımak]

vagão (m) de carga	yük vagonu	[juk vagonu]
tanque (m)	sarnıç	[sarnıtʃ]
caminhão (m)	kamyon	[kamjon]

máquina (f) operatriz	tezgâh	[tezgjah]
mecanismo (m)	mekanizma	[mekanizma]

resíduos (m pl) industriais	artıklar	[artıklar]
embalagem (f)	ambalajlama	[ambalaʒlama]
embalar (vt)	ambalajlamak	[ambaʒlamak]

107. Contrato. Acordo

contrato (m)	kontrat	[kontrat]
acordo (m)	sözleşme	[søzleʃme]
adendo, anexo (m)	ek, ilave	[ek], [ilave]

assinar o contrato	sözleşme imzalamak	[søzleʃme imzalamak]
assinatura (f)	imza	[imza]
assinar (vt)	imzalamak	[imzalamak]
carimbo (m)	mühür	[myhyr]

objeto (m) do contrato	sözleşme madde	[søzleʃme madde]
cláusula (f)	madde	[madde]
partes (f pl)	taraflar	[taraflar]
domicílio (m) legal	resmi adres	[resmi adres]

violar o contrato	sözleşmeyi ihlal etmek	[søzleʃmeji ihlal etmek]
obrigação (f)	yükümlülük	[jukymlylyk]
responsabilidade (f)	sorumluluk	[sorumluluk]
força (f) maior	fors majör	[fors maʒør]

| litígio (m), disputa (f) | tartışma | [tartıʃma] |
| multas (f pl) | cezalar | [dʒezalar] |

108. Importação & Exportação

importação (f)	ithalat	[ithalat]
importador (m)	ithalatçı	[ithalatʃı]
importar (vt)	ithal etmek	[ithal etmek]
de importação	ithal	[ithal]
exportação (f)	ihracat	[ihratʃat]
exportador (m)	ihracatçı	[ihradʒatʃı]
exportar (vt)	ihraç etmek	[ihratʃ etmek]
de exportação	ihraç	[ihratʃ]
mercadoria (f)	mal	[mal]
lote (de mercadorias)	parti	[parti]
peso (m)	ağırlık	[aırlık]
volume (m)	hacim	[hadʒim]
metro (m) cúbico	metre küp	[metre kyp]
produtor (m)	üretici	[yretidʒi]
companhia (f) de transporte	ulaştırma şirketi	[ulaʃtırma ʃirketi]
contêiner (m)	konteyner	[kontejner]
fronteira (f)	sınır	[sınır]
alfândega (f)	gümrük	[gymryk]
taxa (f) alfandegária	gümrük vergisi	[gymryk vergisi]
funcionário (m) da alfândega	gümrükçü	[gymryktʃu]
contrabando (atividade)	kaçakçılık	[katʃaktʃılık]
contrabando (produtos)	kaçak mal	[katʃak mal]

109. Finanças

ação (f)	hisse senedi	[hisse senedi]
obrigação (f)	tahvil	[tahvil]
nota (f) promissória	senet	[senet]
bolsa (f) de valores	borsa	[borsa]
cotação (m) das ações	hisse senedi kuru	[hisse senedi kuru]
tornar-se mais barato	ucuzlamak	[udʒuzlamak]
tornar-se mais caro	pahalanmak	[pahalanmak]
parte (f)	pay	[paj]
participação (f) majoritária	çoğunluk hissesi	[tʃounluk hissesi]
investimento (m)	yatırım	[jatırım]
investir (vt)	yatırım yapmak	[jatırım japmak]
porcentagem (f)	yüzde	[juzde]
juros (m pl)	faiz	[faiz]

lucro (m)	kâr	[kjar]
lucrativo (adj)	kârlı	[kjarlı]
imposto (m)	vergi	[vergi]

divisa (f)	döviz	[døviz]
nacional (adj)	milli	[milli]
câmbio (m)	kambiyo	[kambijo]

contador (m)	muhasebeci	[muhasebedʒi]
contabilidade (f)	muhasebe	[muhasebe]

falência (f)	batkı, iflâs	[batkı], [iflas]
falência, quebra (f)	batma	[batma]
ruína (f)	iflâs	[iflas]
estar quebrado	iflâs etmek	[iflas etmek]
inflação (f)	enflasyon	[enflasjon]
desvalorização (f)	devalüasyon	[devalyasjon]

capital (m)	sermaye	[sermaje]
rendimento (m)	gelir	[gelir]
volume (m) de negócios	muamele	[muamele]
recursos (m pl)	kaynaklar	[kajnaklar]
recursos (m pl) financeiros	finansal kaynaklar	[finansal kajnaklar]
despesas (f pl) gerais	sabit masraflar	[sabit masraflar]
reduzir (vt)	azaltmak	[azaltmak]

110. Marketing

marketing (m)	pazarlama	[pazarlama]
mercado (m)	piyasa	[pijasa]
segmento (m) do mercado	pazar dilimi	[pazar dilimi]
produto (m)	ürün	[yryn]
mercadoria (f)	mal	[mal]

marca (f)	marka	[marka]
marca (f) registrada	ticari marka	[tidʒari marka]
logotipo (m)	logo, işaret	[logo], [iʃaret]
logo (m)	logo	[logo]

demanda (f)	talep	[talep]
oferta (f)	teklif	[teklif]

necessidade (f)	ihtiyaç	[ihtijatʃ]
consumidor (m)	tüketici	[tyketidʒi]

análise (f)	analiz	[analiz]
analisar (vt)	analiz etmek	[analiz etmek]

posicionamento (m)	konumlandırma	[konumlandırma]
posicionar (vt)	konumlandırmak	[konumlandırmak]

preço (m)	fiyat	[fijat]
política (f) de preços	fiyat politikası	[fijat politikası]
formação (f) de preços	fiyat tespiti	[fijat tespiti]

111. Publicidade

publicidade (f)	reklam	[reklam]
fazer publicidade	reklam yapmak	[reklam japmak]
orçamento (m)	bütçe	[byʧe]

anúncio (m)	reklam	[reklam]
publicidade (f) na TV	televizyon reklamı	[televizjon reklamı]
publicidade (f) na rádio	radyo reklamı	[radjo reklamı]
publicidade (f) exterior	dış reklam	[dıʃ reklam]

comunicação (f) de massa	kitle iletişim	[kitle iletiʃim]
periódico (m)	süreli yayın	[syreli jajın]
imagem (f)	imaj	[imaʒ]

| slogan (m) | reklâm sloganı | [reklam sloganı] |
| mote (m), lema (f) | slogan, parola | [slogan], [parola] |

campanha (f)	kampanya	[kampanja]
campanha (f) publicitária	reklam kampanyası	[reklam kampanjası]
grupo (m) alvo	hedef kitle	[hedef kitle]

cartão (m) de visita	kartvizit	[kartvizit]
panfleto (m)	beyanname	[bejanname]
brochura (f)	broşür	[broʃyr]
folheto (m)	kitapçık	[kitapʧık]
boletim (~ informativo)	bülten	[bylten]

letreiro (m)	levha	[levha]
cartaz, pôster (m)	poster, afiş	[poster], [afiʃ]
painel (m) publicitário	reklam panosu	[reklam panosu]

112. Banca

| banco (m) | banka | [banka] |
| balcão (f) | banka şubesi | [banka ʃubesı] |

| consultor (m) bancário | danışman | [danıʃman] |
| gerente (m) | yönetici | [jønetidʒi] |

conta (f)	hesap	[hesap]
número (m) da conta	hesap numarası	[hesap numarası]
conta (f) corrente	çek hesabı	[ʧek hesabı]
conta (f) poupança	mevduat hesabı	[mevduat hesabı]

abrir uma conta	hesap açmak	[hesap aʧmak]
fechar uma conta	hesap kapatmak	[hesap kapatmak]
depositar na conta	para yatırmak	[para jatırmak]
sacar (vt)	hesaptan çekmek	[hesaptan ʧekmek]

depósito (m)	mevduat	[mevduat]
fazer um depósito	depozito vermek	[depozito vermek]
transferência (f) bancária	havale	[havale]

transferir (vt)	havale etmek	[havale etmek]
soma (f)	toplam	[toplam]
Quanto?	Kaç?	[katʃ]
assinatura (f)	imza	[imza]
assinar (vt)	imzalamak	[imzalamak]
cartão (m) de crédito	kredi kartı	[kredi kartı]
senha (f)	kod	[kod]
número (m) do cartão de crédito	kredi kartı numarası	[kredi kartı numarası]
caixa (m) eletrônico	bankamatik	[bankamatik]
cheque (m)	çek	[tʃek]
passar um cheque	çek yazmak	[tʃek jazmak]
talão (m) de cheques	çek defteri	[tʃek defteri]
empréstimo (m)	kredi	[kredi]
pedir um empréstimo	krediye başvurmak	[kredije baʃvurmak]
obter empréstimo	kredi almak	[kredi almak]
dar um empréstimo	kredi vermek	[kredi vermek]
garantia (f)	garanti	[garanti]

113. Telefone. Conversação telefônica

telefone (m)	telefon	[telefon]
celular (m)	cep telefonu	[dʒep telefonu]
secretária (f) eletrônica	telesekreter	[telesekreter]
fazer uma chamada	telefonla aramak	[telefonla aramak]
chamada (f)	arama, görüşme	[arama], [gøryʃme]
discar um número	numarayı aramak	[numarajı aramak]
Alô!	Alo!	[alø]
perguntar (vt)	sormak	[sormak]
responder (vt)	cevap vermek	[dʒevap vermek]
ouvir (vt)	duymak	[dujmak]
bem	iyi	[iji]
mal	kötü	[køty]
ruído (m)	parazit	[parazit]
fone (m)	telefon ahizesi	[telefon ahizesi]
pegar o telefone	açmak telefonu	[atʃmak telefonu]
desligar (vi)	telefonu kapatmak	[telefonu kapatmak]
ocupado (adj)	meşgul	[meʃgul]
tocar (vi)	çalmak	[tʃalmak]
lista (f) telefônica	telefon rehberi	[telefon rehberi]
local (adj)	şehiriçi	[ʃehiritʃi]
chamada (f) local	şehiriçi görüşme	[ʃehiritʃi gøryʃme]
de longa distância	şehirlerarası	[ʃehirlerarası]
chamada (f) de longa distância	şehirlerarası görüşme	[ʃehirlerarası gøryʃme]

internacional (adj)	uluslararası	[uluslar arası]
chamada (f) internacional	uluslararası görüşme	[uluslararası gøryʃme]

114. Telefone móvel

celular (m)	cep telefonu	[ʤep telefonu]
tela (f)	ekran	[ekran]
botão (m)	düğme	[dyjme]
cartão SIM (m)	SIM kartı	[sim kartı]

bateria (f)	pil	[pil]
descarregar-se (vr)	bitmek	[bitmek]
carregador (m)	şarj cihazı	[ʃarʒ ʤihazı]

menu (m)	menü	[meny]
configurações (f pl)	ayarlar	[ajarlar]

melodia (f)	melodi	[melodi]
escolher (vt)	seçmek	[setʃmek]

calculadora (f)	hesaplamalar	[hesaplamanar]
correio (m) de voz	söz postası	[søz postası]
despertador (m)	çalar saat	[tʃalar saat]
contatos (m pl)	rehber	[rehber]

mensagem (f) de texto	SMS mesajı	[esemes mesaʒı]
assinante (m)	abone	[abone]

115. Estacionário

caneta (f)	tükenmez kalem	[tykenmez kalem]
caneta (f) tinteiro	dolma kalem	[dolma kalem]

lápis (m)	kurşun kalem	[kurʃun kalem]
marcador (m) de texto	fosforlu kalem	[fosforlu kalem]
caneta (f) hidrográfica	keçeli kalem	[ketʃeli kalem]

bloco (m) de notas	not defteri	[not defteri]
agenda (f)	ajanda	[aʒanda]

régua (f)	cetvel	[ʤetvel]
calculadora (f)	hesap makinesi	[hesap makinesi]
borracha (f)	silgi	[silgi]

alfinete (m)	raptiye	[raptije]
clipe (m)	ataş	[ataʃ]

cola (f)	yapıştırıcı	[japıʃtırıʤı]
grampeador (m)	zımba	[zımba]

furador (m) de papel	delgeç	[delgetʃ]
apontador (m)	kalemtıraş	[kalem tıraʃ]

116. Vários tipos de documentos

relatório (m)	rapor	[rapor]
acordo (m)	sözleşme	[søzleʃme]
ficha (f) de inscrição	başvuru formu	[baʃvuru formu]
autêntico (adj)	gerçek, hakiki	[gertʃek], [hakiki]
crachá (m)	yaka kartı	[jaka kartı]
cartão (m) de visita	kartvizit	[kartvizit]

certificado (m)	sertifika	[sertifika]
cheque (m)	çek	[tʃek]
conta (f)	hesap	[hesap]
constituição (f)	anayasa	[anajasa]

contrato (m)	anlaşma	[anlaʃma]
cópia (f)	kopya	[kopja]
exemplar (~ assinado)	nüsha	[nysha]

declaração (f) alfandegária	gümrük beyannamesi	[gymryk bejannamesi]
documento (m)	belge	[belge]
carteira (f) de motorista	sürücü belgesi	[syrydʒy belgesi]
adendo, anexo (m)	ek, ilave	[ek], [ilave]
questionário (m)	anket	[anket]

carteira (f) de identidade	kimlik kartı	[kimlik kartı]
inquérito (m)	sorgu, soru	[sorgu], [soru]
convite (m)	davetiye	[davetije]
fatura (f)	fatura	[fatura]

lei (f)	kanun	[kanun]
carta (correio)	mektup	[mektup]
papel (m) timbrado	antetli kağıt	[antetli kaıt]
lista (f)	liste	[liste]
manuscrito (m)	el yazısı	[el jazısı]
boletim (~ informativo)	bülten	[bylten]
bilhete (mensagem breve)	tezkere	[tezkere]

passe (m)	giriş kartı	[giriʃ kartı]
passaporte (m)	pasaport	[pasaport]
permissão (f)	izin kağıdı	[izin kaıdı]
currículo (m)	özet	[øzet]
nota (f) promissória	borç senedi	[bortʃ senedi]
recibo (m)	makbuz	[makbuz]
talão (f)	fiş	[fiʃ]
relatório (m)	rapor	[rapor]

mostrar (vt)	göstermek	[gøstermek]
assinar (vt)	imzalamak	[imzalamak]
assinatura (f)	imza	[imza]
carimbo (m)	mühür	[myhyr]
texto (m)	metin	[metin]
ingresso (m)	bilet	[bilet]

riscar (vt)	çizmek	[tʃizmek]
preencher (vt)	doldurmak	[doldurmak]

| carta (f) de porte | irsaliye | [irsalije] |
| testamento (m) | vasiyetname | [vasijetname] |

117. Tipos de negócios

serviços (m pl) de contabilidade	muhasebe hizmetleri	[muhasebe hizmetleri]
publicidade (f)	reklam	[reklam]
agência (f) de publicidade	reklam acentesi	[reklam adʒentesi]
ar (m) condicionado	klimalar	[klimalar]
companhia (f) aérea	hava yolları şirketi	[hava jolları ʃirketi]

bebidas (f pl) alcoólicas	alkollü içecekler	[alkolly iʧedʒekler]
comércio (m) de antiguidades	antika	[antika]
galeria (f) de arte	sanat galerisi	[sanat galerisi]
serviços (m pl) de auditoria	muhasebe denetim servisi	[muhasebe denetim servisi]

negócios (m pl) bancários	bankacılık	[bankadʒılık]
bar (m)	bar	[bar]
salão (m) de beleza	güzellik salonu	[gyzellik salonu]
livraria (f)	kitabevi	[kitabevi]
cervejaria (f)	bira fabrikası	[bira fabrikası]
centro (m) de escritórios	iş merkezi	[iʃ merkezi]
escola (f) de negócios	ticaret okulu	[tidʒaret okulu]

cassino (m)	kazino	[kazino]
construção (f)	yapı, inşaat	[japı], [inʃaat]
consultoria (f)	danışmanlık	[danıʃmanlık]

clínica (f) dentária	dişçilik	[diʃʧiklik]
design (m)	dizayn	[dizajn]
drogaria (f)	eczane	[edʒzane]
lavanderia (f)	kuru temizleme	[kuru temizleme]
agência (f) de emprego	iş bulma bürosu	[iʃ bulma byrosu]

serviços (m pl) financeiros	mali hizmetler	[mali hizmetler]
alimentos (m pl)	gıda ürünleri	[gıda jurynleri]
funerária (f)	cenaze evi	[dʒenaze evi]
mobiliário (m)	mobilya	[mobilja]
roupa (f)	elbise	[elbise]
hotel (m)	otel	[otel]

sorvete (m)	dondurma	[dondurma]
indústria (f)	sanayi	[sanaji]
seguro (~ de vida, etc.)	sigorta	[sigorta]
internet (f)	internet	[internet]
investimento (m)	yatırım	[jatırım]

joalheiro (m)	mücevherci	[mydʒevherʒi]
joias (f pl)	mücevherat	[mydʒevherat]
lavanderia (f)	çamaşırhane	[ʧamaʃırhane]
assessorias (f pl) jurídicas	hukuk müşaviri	[hukuk myʃaviri]
indústria (f) ligeira	hafif sanayi	[hafif sanai]

revista (f)	dergi	[dergi]
vendas (f pl) por catálogo	postayla satış	[postajla satıʃ]
medicina (f)	tıp	[tɪp]
cinema (m)	sinema	[sinema]
museu (m)	müze	[myze]

agência (f) de notícias	haber ajansı	[haber aʒansı]
jornal (m)	gazete	[gazete]
boate (casa noturna)	gece kulübü	[gedʒe kulyby]

petróleo (m)	petrol	[petrol]
serviços (m pl) de remessa	kurye acentesi	[kurje adʒentesi]
indústria (f) farmacêutica	eczacılık	[edʒzadʒılık]
tipografia (f)	basımcılık	[basımdʒılık]
editora (f)	yayınevi	[jajınevi]

rádio (m)	radyo	[radjo]
imobiliário (m)	emlak	[emlak]
restaurante (m)	restoran	[restoran]

empresa (f) de segurança	güvenlik şirketi	[gyvenlik ʃirketi]
esporte (m)	spor	[spor]
bolsa (f) de valores	borsa	[borsa]
loja (f)	mağaza, dükkan	[maaza], [dykkan]
supermercado (m)	süpermarket	[sypermarket]
piscina (f)	havuz	[havuz]

alfaiataria (f)	atölye	[atølje]
televisão (f)	televizyon	[televizjon]
teatro (m)	tiyatro	[tijatro]
comércio (m)	satış, ticaret	[satıʃ], [tidʒaret]
serviços (m pl) de transporte	taşımacılık	[taʃımadʒılık]
viagens (f pl)	turizm	[turizm]

veterinário (m)	veteriner	[veteriner]
armazém (m)	depo	[depo]
recolha (f) do lixo	atık toplama	[atık toplama]

Emprego. Negócios. Parte 2

118. Espetáculo. Feira

feira, exposição (f)	fuar	[fuar]
feira (f) comercial	ticari gösteri	[tidʒari gøsteri]
participação (f)	katılım	[katılım]
participar (vi)	katılmak	[katılmak]
participante (m)	katılımcı	[katılımdʒı]
diretor (m)	müdür	[mydyr]
direção (f)	müdürlük	[mydyrlyk]
organizador (m)	düzenleyici	[dyzenlejidʒi]
organizar (vt)	düzenlemek	[dyzenlemek]
ficha (f) de inscrição	katılım formu	[katılım formu]
preencher (vt)	doldurmak	[doldurmak]
detalhes (m pl)	detaylar	[detajlar]
informação (f)	bilgi	[bilgi]
preço (m)	fiyat	[fijat]
incluindo	dahil	[dahil]
incluir (vt)	dahil etmek	[dahil etmek]
pagar (vt)	ödemek	[ødemek]
taxa (f) de inscrição	kayıt ücreti	[kajıt ydʒreti]
entrada (f)	giriş	[giriʃ]
pavilhão (m), salão (f)	pavyon	[pavjon]
inscrever (vt)	kaydetmek	[kajdetmek]
crachá (m)	yaka kartı	[jaka kartı]
stand (m)	fuar standı	[fuar standı]
reservar (vt)	rezerve etmek	[rezerve etmek]
vitrine (f)	vitrin	[vitrin]
lâmpada (f)	spot	[spot]
design (m)	dizayn	[dizajn]
pôr (posicionar)	yerleştirmek	[jerleʃtirmek]
distribuidor (m)	distribütör	[distribytør]
fornecedor (m)	üstenci	[ystendʒi]
país (m)	ülke	[ylke]
estrangeiro (adj)	yabancı	[jabandʒı]
produto (m)	ürün	[yryn]
associação (f)	cemiyet	[dʒemijet]
sala (f) de conferência	konferans salonu	[konferans salonu]
congresso (m)	kongre	[kongre]

concurso (m)	yarışma	[jarıʃma]
visitante (m)	ziyaretçi	[zijaretʃi]
visitar (vt)	ziyaret etmek	[zijaret etmek]
cliente (m)	müşteri	[myʃteri]

119. Media

jornal (m)	gazete	[gazete]
revista (f)	dergi	[dergi]
imprensa (f)	basın	[basın]
rádio (m)	radyo	[radjo]
estação (f) de rádio	radyo istasyonu	[radjo istasjonu]
televisão (f)	televizyon	[televizjon]

apresentador (m)	sunucu	[sunudʒu]
locutor (m)	spiker	[spiker]
comentarista (m)	yorumcu	[jorumdʒu]

jornalista (m)	gazeteci	[gazetedʒi]
correspondente (m)	muhabir	[muhabir]
repórter (m) fotográfico	foto muhabiri	[foto muhabirli:]
repórter (m)	muhabir	[muhabir]

redator (m)	editör	[editør]
redator-chefe (m)	baş editör	[baʃ editør]
assinar a ...	abone olmak	[abone olmak]
assinatura (f)	abonelik	[abonelik]
assinante (m)	abone	[abone]
ler (vt)	okumak	[okumak]
leitor (m)	okur	[okur]

tiragem (f)	tiraj	[tiraʒ]
mensal (adj)	aylık	[ajlık]
semanal (adj)	haftalık	[haftalık]
número (jornal, revista)	numara	[numara]
recente, novo (adj)	son	[son]

manchete (f)	başlık	[baʃlık]
pequeno artigo (m)	kısa makale	[kısa makale]
coluna (~ semanal)	köşe yazısı	[køʃe jazısı]
artigo (m)	makale	[makale]
página (f)	sayfa	[sajfa]

reportagem (f)	röportaj	[røportaʒ]
evento (festa, etc.)	olay	[olaj]
sensação (f)	sansasyon	[sansasjon]
escândalo (m)	skandal	[skandal]
escandaloso (adj)	rezil, utanılacak	[rezil], [utanıladʒak]
grande (adj)	büyük	[byjuk]

programa (m)	yayın	[jajın]
entrevista (f)	mülakat	[mylakat]
transmissão (f) ao vivo	canlı yayın	[dʒanlı jajın]
canal (m)	kanal	[kanal]

120. Agricultura

agricultura (f)	tarım	[tarım]
camponês (m)	köylü	[køjly]
camponesa (f)	köylü kadın	[køjly kadın]
agricultor, fazendeiro (m)	çiftçi	[ʧifʧi]
trator (m)	traktör	[traktør]
colheitadeira (f)	biçerdöver	[biʧerdøver]
arado (m)	saban	[saban]
arar (vt)	sürmek	[syrmek]
campo (m) lavrado	sürülmüş tarla	[syrylmyʃ tarla]
sulco (m)	saban izi	[saban izi]
semear (vt)	ekmek	[ekmek]
plantadeira (f)	ekme makinesi	[ekme makinesi]
semeadura (f)	ekme	[ekme]
foice (m)	tırpan	[tırpan]
cortar com foice	tırpanlamak	[tırpanlamak]
pá (f)	kürek	[kyrek]
cavar (vt)	kazmak	[kazmak]
enxada (f)	çapa	[ʧapa]
capinar (vt)	çapalamak	[ʧapalamak]
erva (f) daninha	yabani ot	[jabani ot]
regador (m)	bahçe kovası	[bahʧe kovası]
regar (plantas)	sulamak	[sulamak]
rega (f)	sulama	[sulama]
forquilha (f)	dirgen	[dirgen]
ancinho (m)	tırmık	[tırmık]
fertilizante (m)	gübre	[gybre]
fertilizar (vt)	gübrelemek	[gybrelemek]
estrume, esterco (m)	gübre	[gybre]
campo (m)	tarla	[tarla]
prado (m)	çayırlık	[ʧajırlık]
horta (f)	sebze bahçesi	[sebze bahʧesi]
pomar (m)	meyve bahçesi	[mejve bahʧesi]
pastar (vt)	otlamak	[otlamak]
pastor (m)	çoban	[ʧoban]
pastagem (f)	otlak	[otlak]
pecuária (f)	hayvancılık	[hajvanʤılık]
criação (f) de ovelhas	koyun yetiştirme	[kojun jetiʃtirme]
plantação (f)	plantasyon	[plantasjon]
canteiro (m)	tahta	[tahta]
estufa (f)	sera	[sera]

107

| seca (f) | kuraklık | [kuraklık] |
| seco (verão ~) | kurak | [kurak] |

grão (m)	tahıl	[tahıl]
cereais (m pl)	buğdaygiller	[buudajgiller]
colher (vt)	hasat yapmak	[hasat japmak]

moleiro (m)	değirmenci	[deirmendʒi]
moinho (m)	değirmen	[deirmen]
moer (vt)	öğütmek	[øjutmek]
farinha (f)	un	[un]
palha (f)	saman	[saman]

121. Construção. Processo de construção

canteiro (m) de obras	inşaat alanı	[inʃaat alanı]
construir (vt)	inşa etmek	[inʃa etmek]
construtor (m)	inşaat işçisi	[inʃaat iʃʧisı]

projeto (m)	proje	[proʒe]
arquiteto (m)	mimar	[mimar]
operário (m)	işçi	[iʃʧi]

fundação (f)	temel	[temel]
telhado (m)	çatı	[ʧatı]
estaca (f)	kazık	[kazık]
parede (f)	duvar	[duvar]

| colunas (f pl) de sustentação | beton demiri | [beton demiri] |
| andaime (m) | yapı iskelesi | [japı iskelesi] |

concreto (m)	beton	[beton]
granito (m)	granit	[granit]
pedra (f)	taş	[taʃ]
tijolo (m)	tuğla	[tuula]

areia (f)	kum	[kum]
cimento (m)	çimento	[ʧimento]
emboço, reboco (m)	sıva	[sıva]
emboçar, rebocar (vt)	sıvalamak	[sıvalamak]

tinta (f)	boya	[boja]
pintar (vt)	boyamak	[bojamak]
barril (m)	varil	[varil]

grua (f), guindaste (m)	vinç	[vinʧ]
erguer (vt)	kaldırmak	[kaldırmak]
baixar (vt)	indirmek	[indirmek]

buldózer (m)	buldozer	[buldozer]
escavadora (f)	ekskavatör	[ekskavatør]
caçamba (f)	kepçe	[kepʧe]
escavar (vt)	kazmak	[kazmak]
capacete (m) de proteção	baret, kask	[baret], [kask]

122. Ciência. Investigação. Cientistas

ciência (f)	bilim	[bilim]
científico (adj)	bilimsel, ilmi	[bilimsel], [ilmi]
cientista (m)	bilim adamı	[bilim adamı]
teoria (f)	teori	[teori]
axioma (m)	aksiyom	[aksijom]
análise (f)	analiz	[analiz]
analisar (vt)	analiz etmek	[analiz etmek]
argumento (m)	kanıt	[kanıt]
substância (f)	madde	[madde]
hipótese (f)	hipotez	[hipotez]
dilema (m)	ikilem	[ikilem]
tese (f)	tez	[tez]
dogma (m)	dogma	[dogma]
doutrina (f)	doktrin	[doktrin]
pesquisa (f)	araştırma	[araʃtırma]
pesquisar (vt)	araştırmak	[araʃtırmak]
testes (m pl)	deneme	[deneme]
laboratório (m)	laboratuvar	[laboratuvar]
método (m)	metot	[metot]
molécula (f)	molekül	[molekyl]
monitoramento (m)	gözleme	[gøzleme]
descoberta (f)	buluş	[buluʃ]
postulado (m)	varsayım	[varsajım]
princípio (m)	prensip	[prensip]
prognóstico (previsão)	tahmin	[tahmin]
prognosticar (vt)	tahmin etmek	[tahmin etmek]
síntese (f)	sentez	[sentez]
tendência (f)	eğilim	[eilim]
teorema (m)	teorem	[teorem]
ensinamentos (m pl)	ilke, öğreti	[ilke], [ø:reti]
fato (m)	gerçek	[gertʃek]
expedição (f)	bilimsel gezisi	[bilimzel gezisi]
experiência (f)	deney	[denej]
acadêmico (m)	akademisyen	[akademisjen]
bacharel (m)	bakalorya	[bakalorja]
doutor (m)	doktor	[doktor]
professor (m) associado	doçent	[dotʃent]
mestrado (m)	master	[master]
professor (m)	profesör	[profesør]

Profissões e ocupações

123. Procura de emprego. Demissão

trabalho (m)	iş	[iʃ]
equipe (f)	kadro	[kadro]
pessoal (m)	personel	[personel]
carreira (f)	kariyer	[karjer]
perspectivas (f pl)	istikbal	[istikbal]
habilidades (f pl)	ustalık	[ustalık]
seleção (f)	seçme	[setʃme]
agência (f) de emprego	iş bulma bürosu	[iʃ bulma byrosu]
currículo (m)	özet	[øzet]
entrevista (f) de emprego	mülakat	[mylakat]
vaga (f)	açık yer	[atʃık jer]
salário (m)	maaş	[maaʃ]
salário (m) fixo	sabit maaş	[sabit maaʃ]
pagamento (m)	ödeme	[ødeme]
cargo (m)	görev, iş	[gørev], [iʃ]
dever (do empregado)	görev	[gørev]
gama (f) de deveres	görev listesi	[gørev listesi]
ocupado (adj)	meşgul	[meʃgul]
despedir, demitir (vt)	işten çıkarmak	[iʃten tʃıkarmak]
demissão (f)	işten çıkarma	[iʃten tʃıkarma]
desemprego (m)	işsizlik	[iʃsizlik]
desempregado (m)	işsiz	[iʃsiz]
aposentadoria (f)	emekli maaşı	[emekli maaʃı]
aposentar-se (vr)	emekli olmak	[emekli olmak]

124. Gente de negócios

diretor (m)	müdür	[mydyr]
gerente (m)	yönetici	[jønetidʒi]
patrão, chefe (m)	yönetmen	[jønetmen]
superior (m)	şef	[ʃef]
superiores (m pl)	şefler	[ʃefler]
presidente (m)	başkan	[baʃkan]
chairman (m)	başkan	[baʃkan]
substituto (m)	yardımcı	[jardımdʒı]
assistente (m)	asistan	[asistan]

secretário (m)	sekreter	[sekreter]
secretário (m) pessoal	özel sekreter	[øzel sekreter]
homem (m) de negócios	iş adamı	[iʃ adamı]
empreendedor (m)	girişimci	[giriʃimdʒi]
fundador (m)	kurucu	[kurudʒu]
fundar (vt)	kurmak	[kurmak]
principiador (m)	müessis	[myessis]
parceiro, sócio (m)	ortak	[ortak]
acionista (m)	hissedar	[hissedar]
milionário (m)	milyoner	[miljoner]
bilionário (m)	milyarder	[miljarder]
proprietário (m)	sahip	[sahip]
proprietário (m) de terras	toprak sahibi	[toprak sahibi]
cliente (m)	müşteri	[myʃteri]
cliente (m) habitual	devamlı müşteri	[devamlı myʃteri]
comprador (m)	alıcı, müşteri	[alıdʒı], [myʃteri]
visitante (m)	ziyaretçi	[zijaretʃi]
profissional (m)	profesyonel	[profesjonel]
perito (m)	eksper	[eksper]
especialista (m)	uzman	[uzman]
banqueiro (m)	bankacı	[bankadʒı]
corretor (m)	borsa simsarı	[borsa sımsarı]
caixa (m, f)	kasiyer	[kasijer]
contador (m)	muhasebeci	[muhasebedʒi]
guarda (m)	güvenlik görevlisi	[gyvenlik gørevlisi]
investidor (m)	yatırımcı	[jatırımdʒı]
devedor (m)	borçlu	[bortʃlu]
credor (m)	alacaklı	[aladʒaklı]
mutuário (m)	ödünç alan	[ødyntʃ alan]
importador (m)	ithalatçı	[ithalatʃı]
exportador (m)	ihracatçı	[ihradʒatʃı]
produtor (m)	üretici	[yretidʒi]
distribuidor (m)	distribütör	[distribytør]
intermediário (m)	aracı	[aradʒı]
consultor (m)	danışman	[danıʃman]
representante comercial	temsilci	[temsildʒi]
agente (m)	acente, ajan	[adʒente], [aʒan]
agente (m) de seguros	sigorta acentesi	[sigorta adʒentesi]

125. Profissões de serviços

cozinheiro (m)	aşçı	[aʃtʃı]
chefe (m) de cozinha	aşçıbaşı	[aʃtʃıbaʃı]

111

padeiro (m)	fırıncı	[fırındʒı]
barman (m)	barmen	[barmen]
garçom (m)	garson	[garson]
garçonete (f)	kadın garson	[kadın garson]

advogado (m)	avukat	[avukat]
jurista (m)	hukukçu	[hukuktʃu]
notário (m)	noter	[noter]

eletricista (m)	elektrikçi	[elektriktʃi]
encanador (m)	tesisatçı	[tesisatʃı]
carpinteiro (m)	dülger	[dylger]

massagista (m)	masör	[masør]
massagista (f)	masör	[masør]
médico (m)	doktor, hekim	[doktor], [hekim]

taxista (m)	taksici	[taksidʒi]
condutor (automobilista)	şoför	[ʃofør]
entregador (m)	kurye	[kurje]

camareira (f)	hizmetçi	[hizmetʃi]
guarda (m)	güvenlik görevlisi	[gyvenlik gørevlisı]
aeromoça (f)	hostes	[hostes]

professor (m)	öğretmen	[ø:retmen]
bibliotecário (m)	kütüphane memuru	[kytyphane memuru]
tradutor (m)	çevirmen	[tʃevirmen]
intérprete (m)	tercüman	[terdʒyman]
guia (m)	rehber	[rehber]

cabeleireiro (m)	kuaför	[kuafør]
carteiro (m)	postacı	[postadʒı]
vendedor (m)	satıcı	[satıdʒı]

jardineiro (m)	bahçıvan	[bahtʃıvan]
criado (m)	hizmetçi	[hizmetʃi]
criada (f)	kadın hizmetçi	[kadın hizmetʃi]
empregada (f) de limpeza	temizlikçi	[temizliktʃi]

126. Profissões militares e postos

soldado (m) raso	er	[er]
sargento (m)	çavuş	[tʃavuʃ]
tenente (m)	teğmen	[teemen]
capitão (m)	yüzbaşı	[juzbaʃı]

major (m)	binbaşı	[binbaʃı]
coronel (m)	albay	[albaj]
general (m)	general	[general]
marechal (m)	mareşal	[mareʃal]
almirante (m)	amiral	[amiral]
militar (m)	askeri	[askeri]
soldado (m)	asker	[asker]

| oficial (m) | subay | [subaj] |
| comandante (m) | komutan | [komutan] |

guarda (m) de fronteira	sınır muhafızı	[sınır muhafızı]
operador (m) de rádio	telsiz operatörü	[telsiz operatøry]
explorador (m)	keşif eri	[keʃif eri]
sapador-mineiro (m)	istihkam eri	[istihkam eri]
atirador (m)	atıcı	[atıdʒı]
navegador (m)	seyrüseferci	[sejryseferdʒi]

127. Oficiais. Padres

| rei (m) | kral | [kral] |
| rainha (f) | kraliçe | [kralitʃe] |

| príncipe (m) | prens | [prens] |
| princesa (f) | prenses | [prenses] |

| czar (m) | çar | [tʃar] |
| czarina (f) | çariçe | [tʃaritʃe] |

presidente (m)	başkan	[baʃkan]
ministro (m)	bakan	[bakan]
primeiro-ministro (m)	başbakan	[baʃbakan]
senador (m)	senatör	[senatør]

diplomata (m)	diplomat	[diplomat]
cônsul (m)	konsolos	[konsolos]
embaixador (m)	büyükelçi	[byjukeltʃi]
conselheiro (m)	danışman	[danıʃman]

funcionário (m)	memur	[memur]
prefeito (m)	belediye başkanı	[beledije baʃkanı]
Presidente (m) da Câmara	belediye başkanı	[beledije baʃkanı]

| juiz (m) | yargıç | [jargıtʃ] |
| procurador (m) | savcı | [savdʒı] |

missionário (m)	misyoner	[misjoner]
monge (m)	keşiş	[keʃiʃ]
abade (m)	başrahip	[baʃrahip]
rabino (m)	haham	[haham]

vizir (m)	vezir	[vezir]
xá (m)	şah	[ʃah]
xeique (m)	şeyh	[ʃejh]

128. Profissões agrícolas

abelheiro (m)	arıcı	[arıdʒı]
pastor (m)	çoban	[tʃoban]
agrônomo (m)	tarım uzmanı	[tarım uzmanı]

criador (m) de gado	hayvan besleyicisi	[hajvan beslejidʒisi]
veterinário (m)	veteriner	[veteriner]

agricultor, fazendeiro (m)	çiftçi	[tʃiftʃi]
vinicultor (m)	şarap üreticisi	[ʃarap yretidʒisi]
zoólogo (m)	zoolog	[zoolog]
vaqueiro (m)	kovboy	[kovboj]

129. Profissões artísticas

ator (m)	aktör	[aktør]
atriz (f)	aktris	[aktris]

cantor (m)	şarkıcı	[ʃarkıdʒı]
cantora (f)	şarkıcı	[ʃarkıdʒı]

bailarino (m)	dansçı	[danstʃı]
bailarina (f)	dansöz	[dansøz]

artista (m)	sanatçı	[sanatʃı]
artista (f)	sanatçı	[sanatʃı]

músico (m)	müzisyen	[myzisjen]
pianista (m)	piyanocu	[pijanodʒu]
guitarrista (m)	gitarcı	[gitaradʒı]

maestro (m)	orkestra şefi	[okrestra ʃefi]
compositor (m)	besteci	[bestedʒi]
empresário (m)	emprezaryo	[emprezarjo]

diretor (m) de cinema	yönetmen	[jønetmen]
produtor (m)	yapımcı	[japımdʒı]
roteirista (m)	senaryo yazarı	[senarjo jazarı]
crítico (m)	eleştirmen	[eleʃtirmen]

escritor (m)	yazar	[jazar]
poeta (m)	şair	[ʃair]
escultor (m)	heykelci	[hejkeldʒi]
pintor (m)	ressam	[ressam]

malabarista (m)	hokkabaz	[hokkabaz]
palhaço (m)	palyaço	[paljatʃo]
acrobata (m)	cambaz	[dʒambaz]
ilusionista (m)	sihirbaz	[sihirbaz]

130. Várias profissões

médico (m)	doktor, hekim	[doktor], [hekim]
enfermeira (f)	hemşire	[hemʃire]
psiquiatra (m)	psikiyatr	[psikijatr]
dentista (m)	dişçi	[diʃtʃi]
cirurgião (m)	cerrah	[dʒerrah]

astronauta (m)	astronot	[astronot]
astrônomo (m)	astronom	[astronom]
piloto (m)	pilot	[pilot]
motorista (m)	şoför	[ʃofør]
maquinista (m)	makinist	[makinist]
mecânico (m)	mekanik	[mekanik]
mineiro (m)	maden işçisi	[maden iʧisi]
operário (m)	işçi	[iʃʧi]
serralheiro (m)	tesisatçı	[tesisatʃı]
marceneiro (m)	marangoz	[marangoz]
torneiro (m)	tornacı	[tornaʤı]
construtor (m)	inşaat işçisi	[inʃaat iʃʧisı]
soldador (m)	kaynakçı	[kajnakʧı]
professor (m)	profesör	[profesør]
arquiteto (m)	mimar	[mimar]
historiador (m)	tarihçi	[tarihʧi]
cientista (m)	bilim adamı	[bilim adamı]
físico (m)	fizik bilgini	[fizik bilgini]
químico (m)	kimyacı	[kimjaʤı]
arqueólogo (m)	arkeolog	[arkeolog]
geólogo (m)	jeolog	[ʒeolog]
pesquisador (cientista)	araştırmacı	[araʃtırmaʤi]
babysitter, babá (f)	çocuk bakıcısı	[ʧoʤuk bakıʤısı]
professor (m)	öğretmen	[ø:retmen]
redator (m)	editör	[editør]
redator-chefe (m)	baş editör	[baʃ editør]
correspondente (m)	muhabir	[muhabir]
datilógrafa (f)	daktilocu	[daktiloʤu]
designer (m)	dizayncı	[dizajnʤı]
especialista (m) em informática	bilgisayarcı	[bilgisajarʤı]
programador (m)	programcı	[programʤı]
engenheiro (m)	mühendis	[myhendis]
marujo (m)	denizci	[denizʤi]
marinheiro (m)	tayfa	[tajfa]
socorrista (m)	cankurtaran	[ʤankurtaran]
bombeiro (m)	itfaiyeci	[itfajeʤi]
polícia (m)	erkek polis	[erkek polis]
guarda-noturno (m)	bekçi	[bekʧi]
detetive (m)	hafiye	[hafije]
funcionário (m) da alfândega	gümrükçü	[gymryktʃu]
guarda-costas (m)	koruma görevlisi	[koruma gørevlis]
guarda (m) prisional	gardiyan	[gardijan]
inspetor (m)	müfettiş	[myfettiʃ]
esportista (m)	sporcu	[sporʤu]
treinador (m)	antrenör	[antrenør]

açougueiro (m)	kasap	[kasap]
sapateiro (m)	ayakkabıcı	[ajakkabıdʒı]
comerciante (m)	tüccar	[tydʒar]
carregador (m)	yükleyici	[juklejidʒi]
estilista (m)	modelci	[modeldʒi]
modelo (f)	manken	[manken]

131. Ocupações. Estatuto social

estudante (~ de escola)	erkek öğrenci	[erkek ø:rendʒi]
estudante (~ universitária)	öğrenci	[ø:rendʒi]
filósofo (m)	felsefeci	[felsefedʒi]
economista (m)	iktisatçı	[iktisatʃı]
inventor (m)	mucit	[mudʒit]
desempregado (m)	işsiz	[iʃsiz]
aposentado (m)	emekli	[emekli]
espião (m)	ajan, casus	[aʒan], [dʒasus]
preso, prisioneiro (m)	tutuklu	[tutuklu]
grevista (m)	grevci	[grevdʒi]
burocrata (m)	bürokrat	[byrokrat]
viajante (m)	gezgin	[gezgin]
homossexual (m)	homoseksüel	[homoseksyel]
hacker (m)	hekır	[hekır]
bandido (m)	haydut	[hajdut]
assassino (m)	kiralık katil	[kiralık katil]
drogado (m)	uyuşturucu bağımlısı	[ujuʃturudʒu baımlısı]
traficante (m)	uyuşturucu taciri	[ujuʃturudʒu tadʒiri]
prostituta (f)	fahişe	[fahiʃe]
cafetão (m)	kadın tüccarı	[kadın tydʒarı]
bruxo (m)	büyücü	[byjudʒy]
bruxa (f)	büyücü kadın	[byjudʒy kadın]
pirata (m)	korsan	[korsan]
escravo (m)	köle	[køle]
samurai (m)	samuray	[samuraj]
selvagem (m)	vahşi	[vahʃi]

Desportos

132. Tipos de desportos. Desportistas

esportista (m)	sporcu	[spordʒu]
tipo (m) de esporte	spor çeşidi	[spor ʧeʃidi]
basquete (m)	basketbol	[basketbol]
jogador (m) de basquete	basketbolcu	[basketboldʒu]
beisebol (m)	beyzbol	[bejzbol]
jogador (m) de beisebol	beyzbolcu	[bejzboldʒu]
futebol (m)	futbol	[futbol]
jogador (m) de futebol	futbolcu	[futboldʒu]
goleiro (m)	kaleci	[kaledʒi]
hóquei (m)	hokey	[hokej]
jogador (m) de hóquei	hokeyci	[hokejdʒi]
vôlei (m)	voleybol	[volejbol]
jogador (m) de vôlei	voleybolcu	[volejboldʒu]
boxe (m)	boks	[boks]
boxeador (m)	boksör	[boksør]
luta (f)	güreş	[gyreʃ]
lutador (m)	güreşçi	[gyreʃʧi]
caratê (m)	karate	[karate]
carateca (m)	karateci	[karatedʒi]
judô (m)	judo	[ʒydo]
judoca (m)	judocu	[ʒydodʒu]
tênis (m)	tenis	[tenis]
tenista (m)	tenisçi	[tenisʧi]
natação (f)	yüzme	[juzme]
nadador (m)	yüzücü	[juzydʒy]
esgrima (f)	eskrim	[eskrim]
esgrimista (m)	eskrimci	[eskrimdʒi]
xadrez (m)	satranç	[satranʧ]
jogador (m) de xadrez	satranç oyuncusu	[satranʧ ojundʒusu]
alpinismo (m)	dağcılık	[daadʒılık]
alpinista (m)	dağcı, alpinist	[daadʒı], [alpinist]
corrida (f)	koşu	[koʃu]

corredor (m)	koşucu	[koʃudʒu]
atletismo (m)	atletizm	[atletizm]
atleta (m)	atlet	[atlet]

| hipismo (m) | atlı spor | [atlı spor] |
| cavaleiro (m) | binici | [binidʒi] |

patinação (f) artística	artistik patinaj	[artistik patinaʒ]
patinador (m)	artistik patinajcı	[artistik patinaʒdʒı]
patinadora (f)	artistik patinajcı	[artistik patinaʒdʒı]

halterofilismo (m)	halter	[halter]
halterofilista (m)	halterci	[halterdʒi]
corrida (f) de carros	araba yarışı	[araba jarıʃı]
piloto (m)	yarışçı	[jarıʃʧı]

| ciclismo (m) | bisiklet sporu | [bisiklet sporu] |
| ciclista (m) | bisikletçi | [bisikletʃi] |

salto (m) em distância	uzun atlama	[uzun atlama]
salto (m) com vara	sırıkla atlama	[sırıkla atlama]
atleta (m) de saltos	atlayıcı	[atlajıdʒı]

133. Tipos de desportos. Diversos

futebol (m) americano	Amerikan futbolu	[amerikan futbolu]
badminton (m)	badminton	[badminton]
biatlo (m)	biatlon	[biatlon]
bilhar (m)	bilardo	[bilardo]

bobsled (m)	bobsley, yarış kızağı	[bobslej], [jarıʃ kızaı]
musculação (f)	vücut geliştirme	[vydʒut geliʃtirme]
polo (m) aquático	su topu	[su topu]
handebol (m)	hentbol	[hentbol]
golfe (m)	golf	[golf]

remo (m)	kürek sporu	[kyrek sporu]
mergulho (m)	dalgıçlık	[dalgıʧlık]
corrida (f) de esqui	kros kayağı	[kros kajaı]
tênis (m) de mesa	masa tenisi	[masa tenisi]

vela (f)	yelken sporu	[jelken sporu]
rali (m)	ralli	[ralli]
rúgbi (m)	ragbi, rugby	[ragbi]
snowboard (m)	snowboard	[snoubord]
arco-e-flecha (m)	okçuluk	[okʧuluk]

134. Ginásio

barra (f)	halter	[halter]
halteres (m pl)	dambillar	[dambillar]
aparelho (m) de musculação	spor aleti	[spor aleti]

| bicicleta (f) ergométrica | egzersiz bisikleti | [egzersiz bisikleti] |
| esteira (f) de corrida | koşu bandı | [koʃu bandı] |

barra (f) fixa	barfiks	[barfiks]
barras (f pl) paralelas	barparalel	[barparalel]
cavalo (m)	at	[at]
tapete (m) de ginástica	mat	[mat]

corda (f) de saltar	ip atlama	[ip atlama]
aeróbica (f)	aerobik	[aerobik]
ioga, yoga (f)	yoga	[joga]

135. Hóquei

hóquei (m)	hokey	[hokej]
jogador (m) de hóquei	hokeyci	[hokejʤi]
jogar hóquei	hokey oynamak	[hokej ojnamak]
gelo (m)	buz	[buz]

disco (m)	top	[top]
taco (m) de hóquei	hokey sopası	[hokej sopası]
patins (m pl) de gelo	paten	[paten]

| muro (m) | kenar | [kenar] |
| tiro (m) | atış | [atıʃ] |

goleiro (m)	kaleci	[kaleʤi]
gol (m)	gol	[gol]
marcar um gol	gol atmak	[gol atmak]

| tempo (m) | devre | [devre] |
| banco (m) de reservas | yedek kulübesi | [jedek kulybesi] |

136. Futebol

futebol (m)	futbol	[futbol]
jogador (m) de futebol	futbolcu	[futbolʤu]
jogar futebol	futbol oynamak	[futbol ojnamak]

Time (m) Principal	üst lig	[yst liɡ]
time (m) de futebol	futbol kulübü	[futbol kylyby]
treinador (m)	antrenör	[antrenør]
proprietário (m)	sahip	[sahip]

equipe (f)	takım	[takım]
capitão (m)	takım kaptanı	[takım kaptanı]
jogador (m)	oyuncu	[ojunʤu]
jogador (m) reserva	yedek oyuncu	[jedek ojunʤu]

atacante (m)	forvet	[forvet]
centroavante (m)	santrafor	[santrafor]
marcador (m)	golcü	[goldʒy]

defesa (m)	müdafi	[mydafi]
meio-campo (m)	orta saha oyuncusu	[orta saha ojundʒusu]

jogo (m), partida (f)	maç	[matʃ]
encontrar-se (vr)	karşılaşmak	[karʃilaʃmak]
final (m)	final	[final]
semifinal (f)	yarı final	[jarı final]
campeonato (m)	şampiyona	[ʃampiona]

tempo (m)	yarı	[jarı]
primeiro tempo (m)	birinci periyod	[birindʒi period]
intervalo (m)	ara	[ara]

goleira (f)	kale	[kale]
goleiro (m)	kaleci	[kaledʒi]
trave (f)	yan direk	[jan direk]
travessão (m)	üst direk	[yst direk]
rede (f)	file	[file]
tomar um gol	gol yemek	[gol jemek]

bola (f)	top	[top]
passe (m)	pas	[pas]
chute (m)	vuruş	[vuruʃ]
chutar (vt)	vuruş yapmak	[vuruʃ japmak]
pontapé (m)	ceza vuruşu	[dʒeza vuruʃu]
escanteio (m)	köşe vuruşu	[køʃe vuruʃu]

ataque (m)	atak, hücum	[atak], [hydʒum]
contra-ataque (m)	kontratak	[kontratak]
combinação (f)	kombinasyon	[kombinasjon]

árbitro (m)	hakem	[hakem]
apitar (vi)	düdük çalmak	[dydyk tʃalmak]
apito (m)	düdük	[dydyk]
falta (f)	ihlal	[ihlal]
cometer a falta	ihlal etmek	[ihlal etmek]
expulsar (vt)	oyundan atmak	[ojundan atmak]

cartão (m) amarelo	sarı kart	[sarı kart]
cartão (m) vermelho	kırmızı kart	[kırmızı kart]
desqualificação (f)	diskalifiye	[diskalifije]
desqualificar (vt)	diskalifiye etmek	[diskalifije etmek]

pênalti (m)	penaltı	[penaltı]
barreira (f)	baraj	[baraʒ]
marcar (vt)	atmak	[atmak]
gol (m)	gol	[gol]
marcar um gol	gol atmak	[gol atmak]

substituição (f)	değişiklik	[deiʃiklik]
substituir (vt)	değiştirmek	[deiʃtirmek]
regras (f pl)	kurallar	[kurallar]
tática (f)	taktik	[taktik]

estádio (m)	stadyum	[stadjum]
arquibancadas (f pl)	tribün	[tribyn]

fã, torcedor (m)	fan, taraftar	[fan], [taraftar]
gritar (vi)	bağırmak	[baırmak]
placar (m)	tabela	[tabela]
resultado (m)	skor	[skor]
derrota (f)	yenilgi	[jenilgi]
perder (vt)	kaybetmek	[kajbetmek]
empate (m)	beraberlik	[beraberlik]
empatar (vi)	berabere kalmak	[berabere kalmak]
vitória (f)	zafer	[zafer]
vencer (vi, vt)	yenmek	[jenmek]
campeão (m)	şampiyon	[ʃampion]
melhor (adj)	en iyi	[en iji]
felicitar (vt)	tebrik etmek	[tebrik etmek]
comentarista (m)	yorumcu	[jorumdʒu]
comentar (vt)	yorum yapmak	[jorum japmak]
transmissão (f)	yayın	[jajın]

137. Esqui alpino

esqui (m)	kayak	[kajak]
esquiar (vi)	kayak yapmak	[kajak japmak]
estação (f) de esqui	kayak merkezi	[kajak merkezi]
teleférico (m)	kayak teleferiği	[kajak teleferi:i]
bastões (m pl) de esqui	kayak sopaları	[kajak sopaları]
declive (m)	yamaç	[jamatʃ]
slalom (m)	slalom	[slalom]

138. Tênis. Golfe

golfe (m)	golf	[golf]
clube (m) de golfe	golf kulübü	[golf kulyby]
jogador (m) de golfe	golf oyuncusu	[golf ojundʒusu]
buraco (m)	çukur	[tʃukur]
taco (m)	golf sopası	[golf sopası]
trolley (m)	golf arabası	[golf arabası]
tênis (m)	tenis	[tenis]
quadra (f) de tênis	tenis kortu	[tenis kortu]
saque (m)	servis	[servis]
sacar (vi)	servis yapmak	[servis japmak]
raquete (f)	raket	[raket]
rede (f)	file	[file]
bola (f)	top	[top]

139. Xadrez

xadrez (m)	satranç	[satrantʃ]
peças (f pl) de xadrez	satranç taşları	[satrantʃ taʃları]
jogador (m) de xadrez	satranç oyuncusu	[satrantʃ ojundʒusu]
tabuleiro (m) de xadrez	satranç tahtası	[satrantʃ tahtası]
peça (f)	satranç taşı	[satrantʃ taʃı]
brancas (f pl)	beyazlar	[bejazlar]
pretas (f pl)	siyahlar	[sijahlar]
peão (m)	piyon	[pijon]
bispo (m)	fil	[fil]
cavalo (m)	at	[at]
torre (f)	kale	[kale]
dama (f)	vezir	[vezir]
rei (m)	şah	[ʃah]
vez (f)	hamle	[hamle]
mover (vt)	hamle yapmak	[hamle japmak]
sacrificar (vt)	feda etmek	[feda etmek]
roque (m)	rok yapma	[rok japma]
xeque (m)	şah	[ʃah]
xeque-mate (m)	mat	[mat]
torneio (m) de xadrez	satranç turnuvası	[satrantʃ turnuvası]
grão-mestre (m)	büyük üstat	[byjuk ystat]
combinação (f)	kombinasyon	[kombinasjon]
partida (f)	parti	[parti]
jogo (m) de damas	dama	[dama]

140. Boxe

boxe (m)	boks	[boks]
combate (m)	boks maçı	[boks matʃı]
luta (f) de boxe	boks maçı	[boks matʃı]
round (m)	raunt	[raunt]
ringue (m)	ring	[ring]
gongo (m)	gong	[gong]
murro, soco (m)	yumruk	[jumruk]
derrubada (f)	knockdown	[nokdaun]
nocaute (m)	nakavt	[nakavt]
nocautear (vt)	nakavt etmek	[nakavt etmek]
luva (f) de boxe	boks eldiveni	[boks eldiveni]
juiz (m)	hakem	[hakem]
peso-pena (m)	hafif sıklet	[hafif sıklet]
peso-médio (m)	orta sıklet	[orta sıklet]
peso-pesado (m)	ağır sıklet	[aır sıklet]

141. Desportos. Diversos

Jogos (m pl) Olímpicos	Olimpiyat Oyunları	[olimpijat ojunları]
vencedor (m)	galip, kazanan	[galip], [kazanan]
vencer (vi)	yenmek	[jenmek]
vencer (vi, vt)	kazanmak	[kazanmak]

líder (m)	birinci	[birindʒi]
liderar (vt)	birinci olmak	[birindʒi olmak]

primeiro lugar (m)	birincilik	[birindʒilik]
segundo lugar (m)	ikincilik	[ikindʒilik]
terceiro lugar (m)	üçüncülük	[ytʃundʒylyk]

medalha (f)	madalya	[madalja]
troféu (m)	ganimet	[ganimet]
taça (f)	kupa	[kupa]
prêmio (m)	ödül	[ødyl]
prêmio (m) principal	büyük ödülü	[byjuk ødyly]

recorde (m)	rekor	[rekor]
estabelecer um recorde	rekor kırmak	[rekor kırmak]

final (m)	final	[final]
final (adj)	final	[final]

campeão (m)	şampiyon	[ʃampion]
campeonato (m)	şampiyona	[ʃampiona]

estádio (m)	stadyum	[stadjum]
arquibancadas (f pl)	tribün	[tribyn]
fã, torcedor (m)	fan, taraftar	[fan], [taraftar]
adversário (m)	rakip	[rakip]

partida (f)	start	[start]
linha (f) de chegada	finiş	[finiʃ]

derrota (f)	yenilgi	[jenilgi]
perder (vt)	kaybetmek	[kajbetmek]

árbitro, juiz (m)	hakem	[hakem]
júri (m)	jüri	[ʒyri]
resultado (m)	skor	[skor]
empate (m)	beraberlik	[beraberlik]
empatar (vi)	berabere kalmak	[berabere kalmak]
ponto (m)	sayı	[sajı]
resultado (m) final	sonuç	[sonutʃ]

tempo (m)	devre	[devre]
intervalo (m)	ara	[ara]

doping (m)	doping	[doping]
penalizar (vt)	ceza vermek	[dʒeza vermek]
desqualificar (vt)	diskalifiye etmek	[diskalifije etmek]
aparelho, aparato (m)	alet	[alet]

dardo (m)	cirit	[dʒirit]
peso (m)	gülle	[gylle]
bola (f)	top	[top]

alvo, objetivo (m)	hedef	[hedef]
alvo (~ de papel)	hedef	[hedef]
disparar, atirar (vi)	ateş etmek	[ateʃ etmek]
preciso (tiro ~)	tam	[tam]

treinador (m)	antrenör	[antrenør]
treinar (vt)	çalıştırmak	[ʧalıʃtırmak]
treinar-se (vr)	antrenman yapmak	[antrenman japmak]
treino (m)	antrenman	[antrenman]

academia (f) de ginástica	spor salonu	[spor salonu]
exercício (m)	egzersiz	[egzersiz]
aquecimento (m)	ısınma	[ısınma]

Educação

142. Escola

escola (f)	okul	[okul]
diretor (m) de escola	okul müdürü	[okul mydyry]
aluno (m)	öğrenci	[ø:rendʒi]
aluna (f)	kız öğrenci	[kız ø:rendʒi]
estudante (m)	öğrenci	[ø:rendʒi]
estudante (f)	kız öğrenci	[kız ø:rendʒi]
ensinar (vt)	öğretmek	[ø:retmek]
aprender (vt)	öğrenmek	[ø:renmek]
decorar (vt)	ezberlemek	[ezberlemek]
estudar (vi)	öğrenmek	[ø:renmek]
estar na escola	okula gitmek	[okula gitmek]
alfabeto (m)	alfabe	[alfabe]
disciplina (f)	ders	[ders]
sala (f) de aula	sınıf	[sınıf]
lição, aula (f)	ders	[ders]
recreio (m)	teneffüs	[teneffys]
toque (m)	zil	[zil]
classe (f)	okul sırası	[okul sırası]
quadro (m) negro	kara tahta	[kara tahta]
nota (f)	not	[not]
boa nota (f)	iyi not	[iji not]
nota (f) baixa	kötü not	[køty not]
dar uma nota	not vermek	[not vermek]
erro (m)	hata	[hata]
errar (vi)	hata yapmak	[hata japmak]
corrigir (~ um erro)	düzeltmek	[dyzeltmek]
cola (f)	kopya	[kopja]
dever (m) de casa	ev ödevi	[ev ødevi]
exercício (m)	egzersiz	[egzersiz]
estar presente	bulunmak	[bulunmak]
estar ausente	bulunmamak	[bulunmamak]
punir (vt)	cezalandırmak	[dʒezalandırmak]
punição (f)	ceza	[dʒeza]
comportamento (m)	davranış	[davranıʃ]
boletim (m) escolar	karne	[karne]
lápis (m)	kurşun kalem	[kurʃun kalem]

borracha (f)	silgi	[silgi]
giz (m)	tebeşir	[tebeʃir]
porta-lápis (m)	kalemlik	[kalemlik]

mala, pasta, mochila (f)	çanta	[ʧanta]
caneta (f)	tükenmez kalem	[tykenmez kalem]
caderno (m)	defter	[defter]
livro (m) didático	ders kitabı	[ders kitabı]
compasso (m)	pergel	[pergel]

| traçar (vt) | çizmek | [ʧizmek] |
| desenho (m) técnico | teknik resim | [teknik resim] |

poesia (f)	şiir	[ʃi:ir]
de cor	ezbere	[ezbere]
decorar (vt)	ezberlemek	[ezberlemek]

| férias (f pl) | okul tatili | [okul tatili] |
| estar de férias | tatilde olmak | [tatilde olmak] |

teste (m), prova (f)	sınav	[sınaf]
redação (f)	kompozisyon	[kompozisjon]
ditado (m)	dikte	[dikte]
exame (m), prova (f)	sınav	[sınaf]
fazer prova	sınav olmak	[sınav olmak]
experiência (~ química)	deney	[denej]

143. Colégio. Universidade

academia (f)	akademi	[akademi]
universidade (f)	üniversite	[yniversite]
faculdade (f)	fakülte	[fakylte]

estudante (m)	öğrenci	[ø:renʤi]
estudante (f)	öğrenci	[ø:renʤi]
professor (m)	öğretmen	[ø:retmen]
auditório (m)	dersane	[dersane]
graduado (m)	mezun	[mezun]
diploma (m)	diploma	[diploma]
tese (f)	tez	[tez]
estudo (obra)	inceleme	[inʤeleme]
laboratório (m)	laboratuvar	[laboratuvar]

palestra (f)	ders	[ders]
colega (m) de curso	sınıf arkadaşı	[sınıf arkadaʃı]
bolsa (f) de estudos	burs	[burs]
grau (m) acadêmico	akademik derece	[akademik dereʤe]

144. Ciências. Disciplinas

| matemática (f) | matematik | [matematik] |
| álgebra (f) | cebir | [ʤebir] |

geometria (f)	geometri	[geometri]
astronomia (f)	astronomi	[astronomi]
biologia (f)	biyoloji	[biolo3i]
geografia (f)	coğrafya	[d3oorafja]
geologia (f)	jeoloji	[3eolo3i]
história (f)	tarih	[tarih]

medicina (f)	tıp	[tıp]
pedagogia (f)	pedagoji	[pedago3i]
direito (m)	hukuk	[hukuk]

física (f)	fizik	[fizik]
química (f)	kimya	[kimja]
filosofia (f)	felsefe	[felsefe]
psicologia (f)	psikoloji	[psikolo3i]

145. Sistema de escrita. Ortografia

gramática (f)	gramer	[gramer]
vocabulário (m)	kelime hazinesi	[kelime hazinesi]
fonética (f)	fonetik	[fonetik]

substantivo (m)	isim	[isim]
adjetivo (m)	sıfat	[sıfat]
verbo (m)	fiil	[fi:il]
advérbio (m)	zarf	[zarf]

pronome (m)	zamir	[zamir]
interjeição (f)	ünlem	[ynlem]
preposição (f)	edat, ilgeç	[edat], [ilgetʃ]

raiz (f)	kelime kökü	[kelime køky]
terminação (f)	sonek	[sonek]
prefixo (m)	ön ek	[øn ek]
sílaba (f)	hece	[hed3e]
sufixo (m)	son ek	[son ek]

| acento (m) | vurgu | [vurgu] |
| apóstrofo (f) | apostrof | [apostrof] |

ponto (m)	nokta	[nokta]
vírgula (f)	virgül	[virgyl]
ponto e vírgula (m)	noktalı virgül	[noktalı virgyl]
dois pontos (m pl)	iki nokta	[iki nokta]
reticências (f pl)	üç nokta	[ytʃ nokta]

| ponto (m) de interrogação | soru işareti | [soru iʃareti] |
| ponto (m) de exclamação | ünlem işareti | [ynlem iʃareti] |

aspas (f pl)	tırnak	[tırnak]
entre aspas	tırnak içinde	[tırnak itʃinde]
parênteses (m pl)	parantez	[parantez]
entre parênteses	parantez içinde	[parantez itʃinde]
hífen (m)	kısa çizgi	[kısa tʃizgi]

| travessão (m) | tire | [tire] |
| espaço (m) | boşluk, ara | [boʃluk], [ara] |

| letra (f) | harf | [harf] |
| letra (f) maiúscula | büyük harf | [byjuk harf] |

| vogal (f) | ünlü, sesli | [ynly], [sesli] |
| consoante (f) | ünsüz, sessiz | [ynsyz], [sessiz] |

frase (f)	cümle	[dʒymle]
sujeito (m)	özne	[øzne]
predicado (m)	yüklem	[juklem]

linha (f)	satır	[satır]
em uma nova linha	yeni satırdan	[jeni satırdan]
parágrafo (m)	paragraf	[paragraf]

palavra (f)	söz, kelime	[søz], [kelime]
grupo (m) de palavras	kelime grubu	[kelime grubu]
expressão (f)	deyim, ifade	[dejim], [ifade]
sinônimo (m)	eşanlamlı sözcük	[eʃanlamlı søzdʒyk]
antônimo (m)	karşıt anlamlı sözcük	[karʃıt anlamlı søzdʒyk]

regra (f)	kural	[kural]
exceção (f)	istisna	[istisna]
correto (adj)	doğru	[dooru]

conjugação (f)	fiil çekimi	[fi:il tʃekimi]
declinação (f)	isim çekimi	[isim tʃekimi]
caso (m)	hal	[hal]
pergunta (f)	soru	[soru]
sublinhar (vt)	altını çizmek	[altını tʃizmek]
linha (f) pontilhada	noktalar	[noktalar]

146. Línguas estrangeiras

língua (f)	dil	[dil]
estrangeiro (adj)	yabancı	[jabandʒı]
língua (f) estrangeira	yabancı dil	[jabandʒı dil]
estudar (vt)	öğrenim görmek	[ø:renim gørmek]
aprender (vt)	öğrenmek	[ø:renmek]

ler (vt)	okumak	[okumak]
falar (vi)	konuşmak	[konuʃmak]
entender (vt)	anlamak	[anlamak]
escrever (vt)	yazmak	[jazmak]

rapidamente	çabuk	[tʃabuk]
devagar, lentamente	yavaş	[javaʃ]
fluentemente	akıcı bir şekilde	[akıdʒı bir ʃekilde]

regras (f pl)	kurallar	[kurallar]
gramática (f)	gramer	[gramer]
vocabulário (m)	kelime hazinesi	[kelime hazinesi]

fonética (f)	fonetik	[fonetik]
livro (m) didático	ders kitabı	[ders kitabı]
dicionário (m)	sözlük	[søzlyk]
manual (m) autodidático	öz eğitim rehberi	[øz eitim rehberi]
guia (m) de conversação	konuşma kılavuzu	[konuʃma kılavuzu]
fita (f) cassete	kaset	[kaset]
videoteipe (m)	videokaset	[videokaset]
CD (m)	CD	[sidi]
DVD (m)	DVD	[dividi]
alfabeto (m)	alfabe	[alfabe]
soletrar (vt)	hecelemek	[hedʒelemek]
pronúncia (f)	telâffuz	[telaffyz]
sotaque (m)	aksan	[aksan]
com sotaque	aksan ile	[aksan ile]
sem sotaque	aksansız	[aksansız]
palavra (f)	kelime	[kelime]
sentido (m)	mana	[mana]
curso (m)	kurslar	[kurslar]
inscrever-se (vr)	yazılmak	[jazılmak]
professor (m)	öğretmen	[ø:retmen]
tradução (processo)	çeviri	[tʃeviri]
tradução (texto)	tercüme	[terdʒyme]
tradutor (m)	çevirmen	[tʃevirmen]
intérprete (m)	tercüman	[terdʒyman]
poliglota (m)	birçok dil bilen	[birtʃok dil bilen]
memória (f)	hafıza	[hafıza]

147. Personagens de contos de fadas

Papai Noel (m)	Noel Baba	[noel baba]
sereia (f)	denizkızı	[denizkızı]
bruxo, feiticeiro (m)	sihirbaz	[sihirbaz]
fada (f)	peri	[sihirbaz]
mágico (adj)	sihirli	[sihirli]
varinha (f) mágica	sihirli değnek	[sihirli deenek]
conto (m) de fadas	masal	[masal]
milagre (m)	harika	[harika]
anão (m)	cüce	[dʒydʒe]
transformar-se em ...	... dönüşmek	[dønyʃmek]
fantasma (m)	hortlak	[hortlak]
fantasma (m)	hayalet	[hajalet]
monstro (m)	canavar	[dʒanavar]
dragão (m)	ejderha	[eʒderha]
gigante (m)	dev	[dev]

148. Signos do Zodíaco

Áries (f)	Koç	[kotʃ]
Touro (m)	Boğa	[boa]
Gêmeos (m pl)	İkizler	[ikizler]
Câncer (m)	Yengeç	[jengetʃ]
Leão (m)	Aslan	[aslan]
Virgem (f)	Başak	[baʃak]
Libra (f)	Terazi	[terazi]
Escorpião (m)	Akrep	[akrep]
Sagitário (m)	Yay	[jaj]
Capricórnio (m)	Oğlak	[oolak]
Aquário (m)	Kova	[kova]
Peixes (pl)	Balık	[balık]
caráter (m)	karakter	[karakter]
traços (m pl) do caráter	karakter özellikleri	[karakter øzellikleri]
comportamento (m)	davranış	[davranıʃ]
prever a sorte	fal bakmak	[fal bakmak]
adivinha (f)	falcı	[faldʒı]
horóscopo (m)	yıldız falı	[jıldız falı]

Artes

149. Teatro

teatro (m)	tiyatro	[tijatro]
ópera (f)	opera	[opera]
opereta (f)	operet	[operet]
balé (m)	bale	[bale]

cartaz (m)	afiş	[afiʃ]
companhia (f) de teatro	trup	[trup]
turnê (f)	turne	[turne]
estar em turnê	turneye çıkmak	[turneje tʃıkmak]
ensaiar (vt)	prova yapmak	[prova japmak]
ensaio (m)	prova	[prova]
repertório (m)	repertuvar	[repertuvar]

apresentação (f)	temsil	[temsil]
espetáculo (m)	gösteri	[gøsteri]
peça (f)	tiyatro oyunu	[tijatro ojunu]

entrada (m)	bilet	[bilet]
bilheteira (f)	bilet gişesi	[bilet giʃesi]
hall (m)	hol	[hol]
vestiário (m)	vestiyer	[vestijer]
senha (f) numerada	vestiyer numarası	[vestijer numarası]
binóculo (m)	dürbün	[dyrbyn]
lanterninha (m)	yer gösterici	[jer gøsteridʒi]

plateia (f)	parter	[parter]
balcão (m)	balkon	[balkon]
primeiro balcão (m)	birinci balkon	[birindʒi balkon]
camarote (m)	loca	[lodʒa]
fila (f)	sıra	[sıra]
assento (m)	yer	[jer]

público (m)	izleyiciler	[izlejidʒiler]
espectador (m)	izloyici	[izlejidʒi]
aplaudir (vt)	alkışlamak	[alkıʃlamak]
aplauso (m)	alkış	[alkıʃ]
ovação (f)	şiddetli alkışlar	[ʃiddetli alkıʃlar]

palco (m)	sahne	[sahne]
cortina (f)	perde	[perde]
cenário (m)	sahne dekoru	[sahne dekoru]
bastidores (m pl)	kulis	[kulis]

cena (f)	sahne	[sahne]
ato (m)	perde	[perde]
intervalo (m)	perde arası	[perde arası]

150. Cinema

ator (m)	aktör	[aktør]
atriz (f)	aktris	[aktris]
cinema (m)	sinema	[sinema]
filme (m)	film	[film]
episódio (m)	bölüm, kısım	[bølym], [kısım]
filme (m) policial	dedektif filmi	[dedektif filmi]
filme (m) de ação	aksiyon filmi	[aksijon filmi]
filme (m) de aventuras	macera filmi	[madʒera filmi]
filme (m) de ficção científica	bilim kurgu filmi	[bilim kurgu filmi]
filme (m) de horror	korku filmi	[korku filmi]
comédia (f)	komedi filmi	[komedi filmi]
melodrama (m)	melodram	[melodram]
drama (m)	dram	[dram]
filme (m) de ficção	kurgusal film	[kurgusal film]
documentário (m)	belgesel film	[belgesel film]
desenho (m) animado	çizgi film	[tʃizgi film]
cinema (m) mudo	sessiz film	[sessiz film]
papel (m)	rol	[rol]
papel (m) principal	başrol	[baʃrol]
representar (vt)	oynamak	[ojnamak]
estrela (f) de cinema	sinema yıldızı	[sinema jıldızı]
conhecido (adj)	meşhur	[meʃhur]
famoso (adj)	ünlü	[ynly]
popular (adj)	popüler	[popyler]
roteiro (m)	senaryo	[senarjo]
roteirista (m)	senaryo yazarı	[senarjo jazarı]
diretor (m) de cinema	yönetmen	[jønetmen]
produtor (m)	yapımcı	[japımdʒı]
assistente (m)	asistan	[asistan]
diretor (m) de fotografia	kameraman	[kameraman]
dublê (m)	dublör	[dublør]
dublê (m) de corpo	dublör	[dublør]
filmar (vt)	film çekmek	[film tʃekmek]
audição (f)	oyuncu seçmesi	[ojundʒu setʃmesi]
filmagem (f)	çekimler	[tʃekimler]
equipe (f) de filmagem	çekim ekibi	[tʃekim ekibi]
set (m) de filmagem	plato	[plato]
câmera (f)	film kamerası	[filim kamerası]
cinema (m)	sinema	[sinema]
tela (f)	ekran	[ekran]
exibir um filme	film göstermek	[film gøstermek]
trilha (f) sonora	ses yolu	[ses jolu]
efeitos (m pl) especiais	özel efektler	[øzel efektler]

legendas (f pl)	altyazı	[altjazı]
crédito (m)	filmin tanıtma yazıları	[filmin tanıtma jazıları]
tradução (f)	çeviri	[ʧeviri]

151. Pintura

arte (f)	sanat	[sanat]
belas-artes (f pl)	güzel sanatlar	[gyzel sanatlar]
galeria (f) de arte	sanat galerisi	[sanat galerisi]
exibição (f) de arte	resim sergisi	[resim sergisi]

pintura (f)	ressamlık	[ressamlık]
arte (f) gráfica	grafik sanatı	[grafik sanatı]
arte (f) abstrata	soyut sanat	[sojut sanat]
impressionismo (m)	izlenimcilik	[izlenimʤilik]

pintura (f), quadro (m)	tablo, resim	[tablo], [resim]
desenho (m)	resim	[resim]
cartaz, pôster (m)	poster, afiş	[poster], [afiʃ]

ilustração (f)	çizim, resim	[ʧizim], [resim]
miniatura (f)	minyatür	[minjatyr]
cópia (f)	kopya	[kopja]
reprodução (f)	reprodüksiyon	[reprodyksijon]

mosaico (m)	mozaik	[mozaik]
vitral (m)	vitray	[vitraj]
afresco (m)	fresk	[fresk]
gravura (f)	gravür	[gravyr]

busto (m)	büst	[byst]
escultura (f)	heykel	[hejkel]
estátua (f)	yontu	[jontu]
gesso (m)	alçı, sıva	[alʧı], [sıva]
em gesso (adj)	alçıdan	[alʧıdan]

retrato (m)	portre	[portre]
autorretrato (m)	kendi portresi	[kendi portresi]
paisagem (f)	peyzaj	[pejzaʒ]
natureza (f) morta	natürmort	[natyrmort]
caricatura (f)	karikatür	[karikatyr]
esboço (m)	taslak	[taslak]

tinta (f)	boya	[boja]
aquarela (f)	suluboya	[suluboja]
tinta (f) a óleo	yağlı boya	[jaalı boja]
lápis (m)	kurşun kalem	[kurʃun kalem]
tinta (f) nanquim	çini mürekkebi	[ʧini myrekkebi]
carvão (m)	kömür	[kømyr]

desenhar (vt)	resim çizmek	[resim ʧizmek]
pintar (vt)	resim yapmak	[resim japmak]
posar (vi)	poz vermek	[poz vermek]
modelo (m)	model	[model]

modelo (f)	model	[model]
pintor (m)	ressam	[ressam]
obra (f)	eser	[eser]
obra-prima (f)	şaheser	[ʃaheser]
estúdio (m)	atölye	[atølje]

tela (f)	keten bezi	[keten bezi]
cavalete (m)	sehpa	[sehpa]
paleta (f)	palet	[palet]

moldura (f)	çerçeve	[tʃertʃeve]
restauração (f)	restorasyon	[restorasjon]
restaurar (vt)	restore etmek	[restore etmek]

152. Literatura & Poesia

literatura (f)	edebiyat	[edebijat]
autor (m)	yazar	[jazar]
pseudônimo (m)	takma ad	[takma ad]

livro (m)	kitap	[kitap]
volume (m)	cilt	[dʒilt]
índice (m)	içindekiler listesi	[itʃindekiler listesi]
página (f)	sayfa	[sajfa]
protagonista (m)	ana karakter	[ana karakter]
autógrafo (m)	imza	[imza]

conto (m)	öykü	[øjky]
novela (f)	uzun öykü	[uzun øjky]
romance (m)	roman	[roman]
obra (f)	eser	[eser]
fábula (m)	fabl	[fabl]
romance (m) policial	polisiye roman	[polisje roman]

verso (m)	şiir	[ʃiːir]
poesia (f)	şiirler	[ʃiːirler]
poema (m)	uzun şiir	[uzun ʃiir]
poeta (m)	şair	[ʃair]

ficção (f)	edebiyat	[edebijat]
ficção (f) científica	bilim kurgu	[bilim kurgu]
aventuras (f pl)	maceralar	[madʒeralar]
literatura (f) didática	eğitim edebiyatı	[eitim edebijatı]
literatura (f) infantil	çocuk edebiyatı	[tʃodʒuk edebijatı]

153. Circo

circo (m)	sirk	[sirk]
circo (m) ambulante	gezici sirk	[gezidʒi sirk]
programa (m)	program	[program]
apresentação (f)	gösteri	[gøsteri]
número (m)	oyun	[ojun]

picadeiro (f)	arena	[arena]
pantomima (f)	pantomim	[pantomim]
palhaço (m)	palyaço	[paljatʃo]

acrobata (m)	cambaz	[dʒambaz]
acrobacia (f)	akrobasi	[akrobasi]
ginasta (m)	jimnastikçi	[ʒimnastikʧi]
ginástica (f)	jimnastik	[ʒimnastik]
salto (m) mortal	perende	[perende]

homem (m) forte	atlet	[atlet]
domador (m)	hayvan terbiyecisi	[hajvan terbijedʒisi]
cavaleiro (m) equilibrista	binici	[binidʒi]
assistente (m)	asistan	[asistan]

truque (m)	akrobasi	[akrobasi]
truque (m) de mágica	hokkabazlık	[hokkabazlık]
ilusionista (m)	sihirbaz	[sihirbaz]

malabarista (m)	hokkabaz	[hokkabaz]
fazer malabarismos	hokkabazlık yapmak	[hokkabazlık japmak]
adestrador (m)	terbiyeci	[terbijedʒi]
adestramento (m)	terbiye	[terbije]
adestrar (vt)	terbiye etmek	[terbije etmek]

154. Música. Música popular

música (f)	müzik	[myzik]
músico (m)	müzisyen	[myzisjen]
instrumento (m) musical	müzik aleti	[myzik aleti]
tocar ...	... çalmak	[ʧalmak]

guitarra (f)	gitar	[gitar]
violino (m)	keman	[keman]
violoncelo (m)	viyolonsel	[violonsel]
contrabaixo (m)	kontrabas	[kontrabas]
harpa (f)	arp	[arp]

piano (m)	piyano	[pijano]
piano (m) de cauda	kuyruklu piyano	[kujruklu pijano]
órgão (m)	organ	[organ]

instrumentos (m pl) de sopro	nefesli çalgılar	[nefesli ʧalgılar]
oboé (m)	obua	[obua]
saxofone (m)	saksofon	[saksofon]
clarinete (m)	klarnet	[klarnet]
flauta (f)	flüt	[flyt]
trompete (m)	trompet	[trompet]

| acordeão (m) | akordeon | [akordeon] |
| tambor (m) | davul | [davul] |

| dueto (m) | düet, düo | [dyet], [dyo] |
| trio (m) | trio | [trio] |

quarteto (m)	**kuartet, dörtlü**	[kuartet], [dørtly]
coro (m)	**koro**	[koro]
orquestra (f)	**orkestra**	[orkestra]
música (f) pop	**pop müzik**	[pop myzik]
música (f) rock	**rock müzik**	[rok myzik]
grupo (m) de rock	**rock grubu**	[rok grubu]
jazz (m)	**caz**	[dʒaz]
ídolo (m)	**idol**	[idol]
fã, admirador (m)	**hayran**	[hajran]
concerto (m)	**konser**	[konser]
sinfonia (f)	**senfoni**	[senfoni]
composição (f)	**beste**	[beste]
compor (vt)	**bestelemek**	[bestelemek]
canto (m)	**şarkı söyleme**	[ʃarkı søjleme]
canção (f)	**şarkı**	[ʃarkı]
melodia (f)	**melodi**	[melodi]
ritmo (m)	**ritm**	[ritm]
blues (m)	**caz**	[dʒaz]
notas (f pl)	**ciltlenmemiş notalar**	[dʒiltlenmemiʃ notalar]
batuta (f)	**orkestra şefinin çubuğu**	[orkestra ʃefinin tʃubuu]
arco (m)	**keman yayı**	[keman jajı]
corda (f)	**tel**	[tel]
estojo (m)	**kutu**	[kutu]

Descanso. Entretenimento. Viagens

155. Viagens

turismo (m)	turizm	[turizm]
turista (m)	turist	[turist]
viagem (f)	seyahat	[sejahat]
aventura (f)	macera	[madʒera]
percurso (curta viagem)	gezi	[gezi]

férias (f pl)	izin	[izin]
estar de férias	izinli olmak	[izinli olmak]
descanso (m)	istirahat	[istirahat]

trem (m)	tren	[tren]
de trem (chegar ~)	trenle	[trenle]
avião (m)	uçak	[utʃak]
de avião	uçakla	[utʃakla]
de carro	arabayla	[arabajla]
de navio	gemide	[gemide]

bagagem (f)	bagaj	[bagaʒ]
mala (f)	bavul	[bavul]
carrinho (m)	bagaj arabası	[bagaʒ arabası]

passaporte (m)	pasaport	[pasaport]
visto (m)	vize	[vize]
passagem (f)	bilet	[bilet]
passagem (f) aérea	uçak bileti	[utʃak bileti]

guia (m) de viagem	rehber	[rehber]
mapa (m)	harita	[harita]
área (f)	alan	[alan]
lugar (m)	yer	[jer]

exotismo (m)	egzotik	[ekzotik]
exótico (adj)	egzotik	[ekzotik]
surpreendente (adj)	şaşırtıcı	[ʃaʃırtıdʒı]

grupo (m)	grup	[grup]
excursão (f)	gezi	[gezi]
guia (m)	rehber	[rehber]

156. Hotel

hotel (m)	otel	[otel]
motel (m)	motel	[motel]
três estrelas	üç yıldızlı	[ytʃ jıldızlı]

| cinco estrelas | beş yıldızlı | [beʃ jıldızlı] |
| ficar (vi, vt) | kalmak | [kalmak] |

quarto (m)	oda	[oda]
quarto (m) individual	tek kişilik oda	[tek kiʃilik oda]
quarto (m) duplo	iki kişilik oda	[iki kiʃilik oda]
reservar um quarto	oda ayırtmak	[oda aırtmak]

| meia pensão (f) | yarım pansiyon | [jarım pansjon] |
| pensão (f) completa | tam pansiyon | [tam pansjon] |

com banheira	banyolu	[banjolu]
com chuveiro	duşlu	[duʃlu]
televisão (m) por satélite	uydu televizyonu	[ujdu televizjonu]
ar (m) condicionado	klima	[klima]
toalha (f)	havlu	[havlu]
chave (f)	anahtar	[anahtar]

administrador (m)	idareci	[idaredʒi]
camareira (f)	hizmetçi	[hizmetʃi]
bagageiro (m)	hamal	[hamal]
porteiro (m)	kapıcı	[kapıdʒı]

restaurante (m)	restoran	[restoran]
bar (m)	bar	[bar]
café (m) da manhã	kahvaltı	[kahvaltı]
jantar (m)	akşam yemeği	[akʃam jemei]
bufê (m)	açık büfe	[atʃık byfe]

| saguão (m) | lobi | [lobi] |
| elevador (m) | asansör | [asansør] |

| NÃO PERTURBE | RAHATSIZ ETMEYIN | [rahatsız etmejin] |
| PROIBIDO FUMAR! | SİGARA İÇİLMEZ | [sigara itʃilmez] |

157. Livros. Leitura

livro (m)	kitap	[kitap]
autor (m)	müellif	[myellif]
escritor (m)	yazar	[jazar]
escrever (~ um livro)	yazmak	[jazmak]

leitor (m)	okur	[okur]
ler (vt)	okumak	[okumak]
leitura (f)	okuma	[okuma]

| para si | içinden | [itʃinden] |
| em voz alta | sesli | [sesli] |

publicar (vt)	yayımlamak	[jajımlamak]
publicação (f)	yayım	[jajım]
editor (m)	yayımcı	[jajımdʒı]
editora (f)	yayınevi	[jajınevi]
sair (vi)	çıkmak	[tʃıkmak]

lançamento (m)	yayınlanma	[jajınlanma]
tiragem (f)	tiraj	[tiraʒ]
livraria (f)	kitabevi	[kitabevi]
biblioteca (f)	kütüphane	[kytyphane]
novela (f)	uzun öykü	[uzun øjky]
conto (m)	öykü	[øjky]
romance (m)	roman	[roman]
romance (m) policial	polisiye roman	[polisje roman]
memórias (f pl)	anılar	[anılar]
lenda (f)	efsane	[efsane]
mito (m)	mit	[mit]
poesia (f)	şiir	[ʃi:ir]
autobiografia (f)	otobiyografi	[otobijografi]
obras (f pl) escolhidas	seçkin eserler	[setʃkin eserler]
ficção (f) científica	bilim kurgu	[bilim kurgu]
título (m)	isim	[isim]
introdução (f)	giriş	[giriʃ]
folha (f) de rosto	başlık sayfası	[baʃlık sajfası]
capítulo (m)	bölüm	[bølym]
excerto (m)	parça	[partʃa]
episódio (m)	kısım	[kısım]
enredo (m)	konu, tema	[konu], [tema]
conteúdo (m)	içindekiler	[itʃindekiler]
índice (m)	içindekiler listesi	[itʃindekiler listesi]
protagonista (m)	ana karakter	[ana karakter]
volume (m)	cilt	[dʒilt]
capa (f)	kapak	[kapak]
encadernação (f)	cilt	[dʒilt]
marcador (m) de página	kitap ayracı	[kitap ajradʒı]
página (f)	sayfa	[sajfa]
folhear (vt)	göz atmak	[gøz atmak]
margem (f)	kenar boşluğu	[kenar boʃluu]
anotação (f)	not	[not]
nota (f) de rodapé	dipnot	[dipnot]
texto (m)	metin	[metin]
fonte (f)	yazı tipi	[jazı tipi]
falha (f) de impressão	baskı hatası	[baskı hatası]
tradução (f)	çeviri	[tʃeviri]
traduzir (vt)	çevirmek	[tʃevirmek]
original (m)	asıl, orijinal	[asıl], [oriʒinal]
famoso (adj)	ünlü	[ynly]
desconhecido (adj)	meçhul	[metʃhul]
interessante (adj)	ilginç	[ilgintʃ]
best-seller (m)	çok satılan kitap	[tʃok satılan kitap]

dicionário (m)	sözlük	[søzlyk]
livro (m) didático	ders kitabı	[ders kitabı]
enciclopédia (f)	ansiklopedi	[ansiklopedi]

158. Caça. Pesca

caça (f)	av	[av]
caçar (vi)	avlamak	[avlamak]
caçador (m)	avcı	[avdʒı]

disparar, atirar (vi)	ateş etmek	[ateʃ etmek]
rifle (m)	tüfek	[tyfek]
cartucho (m)	fişek	[fiʃek]
chumbo (m) de caça	saçma	[satʃma]

armadilha (f)	kapan	[kapan]
armadilha (com corda)	tuzak	[tuzak]
pôr a armadilha	tuzak kurmak	[tuzak kurmak]
caçador (m) furtivo	kaçak avcı	[katʃak avdʒı]
caça (animais)	av hayvanları	[av hajvanları]
cão (m) de caça	av köpeği	[av køpei]
safári (m)	safari	[safari]
animal (m) empalhado	doldurulmuş hayvan	[doldurulmuʃ hajvan]

pescador (m)	balıkçı	[balıktʃı]
pesca (f)	balık avı	[balık avı]
pescar (vt)	balık tutmak	[balık tutmak]
vara (f) de pesca	olta	[olta]
linha (f) de pesca	olta ipi	[olta ipi]
anzol (m)	olta iğnesi	[olta i:inesi]
boia (f), flutuador (m)	olta mantarı	[olta mantarı]
isca (f)	yem	[jem]

lançar a linha	olta atmak	[olta atmak]
morder (peixe)	oltaya vurmak	[oltaja vurmak]
pesca (f)	tutulan balık miktarı	[tutulan balık miktarı]
buraco (m) no gelo	buzda açılmış oyuk	[buzda atʃılmıʃ ojuk]

rede (f)	ağ	[aa]
barco (m)	kayık	[kajık]
pescar com rede	ağ ile yakalamak	[aa ile jakalamak]
lançar a rede	ağ atmak	[aa atmak]
puxar a rede	ağı çıkarmak	[aı tʃıkarmak]

baleeiro (m)	balina avcısı	[balina avdʒısı]
baleeira (f)	balina gemisi	[balina gemisi]
arpão (m)	zıpkın	[zıpkın]

159. Jogos. Bilhar

| bilhar (m) | bilardo | [bilardo] |
| sala (f) de bilhar | bilardo salonu | [bilardo salonu] |

bola (f) de bilhar	bilardo topu	[bilardo topu]
embolsar uma bola	topu cebe sokmak	[topu dʒebe sokmak]
taco (m)	isteka	[isteka]
caçapa (f)	cep	[dʒep]

160. Jogos. Jogar cartas

ouros (m pl)	karo	[karo]
espadas (f pl)	maça	[matʃa]
copas (f pl)	kupa	[kupa]
paus (m pl)	sinek	[sinek]

ás (m)	bey	[bej]
rei (m)	kral	[kral]
dama (f), rainha (f)	kız	[kız]
valete (m)	vale	[vale]

carta (f) de jogar	kağıt, iskambil kağıdı	[kaıt], [iskambil kaıdı]
cartas (f pl)	iskambil	[iskambil]
trunfo (m)	koz	[koz]
baralho (m)	deste	[deste]

dar, distribuir (vt)	dağıtmak	[daıtmak]
embaralhar (vt)	karıştırmak	[karıʃtırmak]
vez, jogada (f)	el	[el]
trapaceiro (m)	hilebaz	[hilebaz]

161. Casino. Roleta

cassino (m)	kazino	[kazino]
roleta (f)	rulet	[rulet]
aposta (f)	miza	[miza]
apostar (vt)	bahse girmek	[bahse girmek]

vermelho (m)	kırmızı	[kırmızı]
preto (m)	siyah	[sijah]
apostar no vermelho	kırmızıya oynamak	[kırmızıja ojnamak]
apostar no preto	siyaha oynamak	[sijaha ojnamak]

croupler (m, f)	krupiye	[krupije]
girar da roleta	rulet tekerleğini döndürmek	[rulet tekerleini døndyrmek]
regras (f pl) do jogo	oyun kuralları	[ojun kuralları]
ficha (f)	fiş	[fiʃ]

ganhar (vi, vt)	kazanmak	[kazanmak]
ganho (m)	kazanç	[kazantʃ]

perder (dinheiro)	kaybetmek	[kajbetmek]
perda (f)	kayıp	[kajıp]
jogador (m)	oyuncu	[ojundʒu]
blackjack, vinte-e-um (m)	yirmi bir oyunu	[jirmi birj ojunu]

141

jogo (m) de dados	barbut	[barbut]
caça-níqueis (m)	oyun makinesi	[ojun makinesi]

162. Descanso. Jogos. Diversos

passear (vi)	gezmek	[gezmek]
passeio (m)	gezi	[gezi]
viagem (f) de carro	yol gezisi	[jol gezisi]
aventura (f)	macera	[madʒera]
piquenique (m)	piknik	[piknik]

jogo (m)	oyun	[ojun]
jogador (m)	oyuncu	[ojundʒu]
partida (f)	parti	[parti]

colecionador (m)	koleksiyoncu	[koleksjondʒu]
colecionar (vt)	toplamak	[toplamak]
coleção (f)	koleksiyon	[koleksjon]

palavras (f pl) cruzadas	bulmaca	[bulmadʒa]
hipódromo (m)	hipodrom	[hipodrom]
discoteca (f)	disko	[disko]

sauna (f)	sauna	[sauna]
loteria (f)	piyango	[pijango]

campismo (m)	kamp yapma	[kamp japma]
acampamento (m)	kamp	[kamp]
barraca (f)	çadır	[tʃadır]
bússola (f)	pusula	[pusula]
campista (m)	kampçı	[kamptʃı]

ver (vt), assistir à ...	izlemek	[izlemek]
telespectador (m)	izleyici	[izlejidʒi]
programa (m) de TV	televizyon programı	[televizjon programı]

163. Fotografia

máquina (f) fotográfica	fotoğraf makinesi	[fotoraf makinesi]
foto, fotografia (f)	foto	[foto]

fotógrafo (m)	fotoğrafçı	[fotoraftʃı]
estúdio (m) fotográfico	fotoğraf stüdyosu	[fotoraf stydjosu]
álbum (m) de fotografias	fotoğraf albümü	[fotoraf albymy]

lente (f) fotográfica	objektif	[obʒektif]
lente (f) teleobjetiva	teleobjektif	[teleobʒektif]
filtro (m)	filtre	[filtre]
lente (f)	lens	[lens]

ótica (f)	optik	[optik]
abertura (f)	diyafram	[diafram]

exposição (f)	poz	[poz]
visor (m)	vizör	[vizør]

câmera (f) digital	dijital fotoğraf makinesi	[diʒital fotoraf makinesi]
tripé (m)	üçayak	[ytʃajak]
flash (m)	flâş	[flaʃ]

fotografar (vt)	fotoğraf çekmek	[fotoraf tʃekmek]
tirar fotos	resim çekmek	[resim tʃekmek]
fotografar-se (vr)	fotoğraf çektirmek	[fotoraf tʃektirmek]

foco (m)	odak	[odak]
focar (vt)	odaklamak	[odaklamak]
nítido (adj)	net	[net]
nitidez (f)	netlik	[netlik]

contraste (m)	kontrast	[kontrast]
contrastante (adj)	kontrastlı	[kontrastlı]

retrato (m)	resim	[resim]
negativo (m)	negatif	[negatif]
filme (m)	film	[film]
fotograma (m)	görüntü	[gørynty]
imprimir (vt)	basmak	[basmak]

164. Praia. Natação

praia (f)	plaj	[plaʒ]
areia (f)	kum	[kum]
deserto (adj)	tenha	[tenha]

bronzeado (m)	bronzlaşmış ten	[bronzlaʃmıʃ ten]
bronzear-se (vr)	bronzlaşmak	[bronzlaʃmak]
bronzeado (adj)	bronzlaşmış	[bronzlaʃmıʃ]
protetor (m) solar	güneş kremi	[gyneʃ kremi]

biquíni (m)	bikini	[bikini]
maiô (m)	mayo	[majo]
calção (m) de banho	erkek mayosu	[erkek majosu]

piscina (f)	havuz	[havuz]
nadar (vi)	yüzmek	[juzmek]
chuveiro (m), ducha (f)	duş	[duʃ]
mudar, trocar (vt)	değişmek	[deiʃmek]
toalha (f)	havlu	[havlu]

barco (m)	kayık	[kajık]
lancha (f)	sürat teknesi	[syrat teknesi]

esqui (m) aquático	su kayağı	[su kajaı]
barco (m) de pedais	su bisikleti	[su bisikleti]
surf, surfe (m)	sörfçülük	[sørftʃulyk]
surfista (m)	sörfçü	[sørftʃu]
equipamento (m) de mergulho	skuba, oksijen tüpü	[skuba], [oksiʒen typy]

143

pé (m pl) de pato	paletler	[paletler]
máscara (f)	maske	[maske]
mergulhador (m)	dalgıç	[dalgɪtʃ]
mergulhar (vi)	dalmak	[dalmak]
debaixo d'água	su altı	[su altɪ]
guarda-sol (m)	güneş şemsiyesi	[gyneʃ ʃemsijesi]
espreguiçadeira (f)	şezlong	[ʃezlong]
óculos (m pl) de sol	güneş gözlüğü	[gyneʃ gøzlyju]
colchão (m) de ar	şişme yatak	[ʃiʃme jatak]
brincar (vi)	oynamak	[ojnamak]
ir nadar	suya girmek	[suja girmek]
bola (f) de praia	top	[top]
encher (vt)	hava basmak	[hava basmak]
inflável (adj)	şişme	[ʃiʃme]
onda (f)	dalga	[dalga]
boia (f)	şamandıra	[ʃamandɪra]
afogar-se (vr)	suda boğulmak	[suda boulmak]
salvar (vt)	kurtarmak	[kurtarmak]
colete (m) salva-vidas	can yeleği	[dʒan jelei]
observar (vt)	gözlemlemek	[gøzlemlemek]
salva-vidas (pessoa)	cankurtaran	[dʒankurtaran]

EQUIPAMENTO TÉCNICO. TRANSPORTES

Equipamento técnico. Transportes

165. Computador

computador (m)	bilgisayar	[bilgisajar]
computador (m) portátil	dizüstü bilgisayar	[dizysty bilgisajar]
ligar (vt)	açmak	[atʃmak]
desligar (vt)	kapatmak	[kapatmak]
teclado (m)	klavye	[klavje]
tecla (f)	tuş	[tuʃ]
mouse (m)	fare	[fare]
tapete (m) para mouse	fare altlığı	[fare altlı:ı]
botão (m)	tuş	[tuʃ]
cursor (m)	fare imleci	[fare imledʒi]
monitor (m)	monitör	[monitør]
tela (f)	ekran	[ekran]
disco (m) rígido	sabit disk	[sabit disk]
capacidade (f) do disco rígido	sabit disk hacmi	[sabit disk hadʒmi]
memória (f)	bellek	[bellek]
memória RAM (f)	RAM belleği	[ram bellei]
arquivo (m)	dosya	[dosja]
pasta (f)	klasör	[klasør]
abrir (vt)	açmak	[atʃmak]
fechar (vt)	kapatmak	[kapatmak]
salvar (vt)	kaydetmek	[kajdetmek]
deletar (vt)	silmek	[silmek]
copiar (vt)	kopyalamak	[kopjalamak]
ordenar (vt)	sıralamak	[sıralamak]
copiar (vt)	kopyalamak	[kopjalamak]
programa (m)	program	[program]
software (m)	yazılım	[jazılım]
programador (m)	programcı	[programdʒı]
programar (vt)	program yapmak	[program japmak]
hacker (m)	hekır	[hekır]
senha (f)	parola	[parola]
vírus (m)	virüs	[virys]
detectar (vt)	tespit etmek, bulmak	[tespit etmek], [bulmak]
byte (m)	bayt	[bajt]

megabyte (m)	megabayt	[megabajt]
dados (m pl)	veri, data	[veri], [data]
base (f) de dados	veritabanı	[veritabanı]

cabo (m)	kablo	[kablo]
desconectar (vt)	bağlantıyı kesmek	[baalantıi kesmek]
conectar (vt)	bağlamak	[baalamak]

166. Internet. E-mail

internet (f)	internet	[internet]
browser (m)	gözatıcı	[gøzatidʒı]
motor (m) de busca	arama motoru	[arama motoru]
provedor (m)	Internet sağlayıcı	[internet saalaıdʒı]

webmaster (m)	Web master	[veb master]
website (m)	internet sitesi	[internet sitesi]
web page (f)	internet sayfası	[internet sajfası]

endereço (m)	adres	[adres]
livro (m) de endereços	adres defteri	[adres defteri]

caixa (f) de correio	posta kutusu	[posta kutusu]
correio (m)	posta	[posta]

mensagem (f)	mesaj	[mesaʒ]
mensagens (f pl) recebidas	gelen mesajlar	[gelen mesajlar]
mensagens (f pl) enviadas	giden mesajlar	[giden mesajlar]
remetente (m)	gönderen	[gønderen]
enviar (vt)	göndermek	[gøndermek]
envio (m)	gönderme	[gønderme]

destinatário (m)	alıcı	[alıdʒı]
receber (vt)	almak	[almak]

correspondência (f)	yazışma	[jazıʃma]
corresponder-se (vr)	yazışmak	[jazıʃmak]

arquivo (m)	dosya	[dosja]
fazer download, baixar (vt)	indirmek	[indirmek]
criar (vt)	oluşturmak	[oluʃturmak]
deletar (vt)	silmek	[silmek]
deletado (adj)	silinmiş	[silinmiʃ]

conexão (f)	bağlantı	[baalantı]
velocidade (f)	hız	[hız]
modem (m)	modem	[modem]
acesso (m)	erişim	[eriʃim]
porta (f)	port, giriş yeri	[port], [giriʃ jeri]

conexão (f)	bağlantı	[baalantı]
conectar (vi)	... bağlanmak	[baalanmak]
escolher (vt)	seçmek	[setʃmek]
buscar (vt)	aramak	[aramak]

167. Eletricidade

eletricidade (f)	elektrik	[elektrik]
elétrico (adj)	elektrik, elektrikli	[elektrik], [elektrikli]
planta (f) elétrica	elektrik istasyonu	[elektrik istasjonu]
energia (f)	enerji	[enerʒi]
energia (f) elétrica	elektrik enerjisi	[elektrik enerʒisi]

lâmpada (f)	ampul	[ampul]
lanterna (f)	fener	[fener]
poste (m) de iluminação	sokak lambası	[sokak lambası]

luz (f)	ışık	[ɪʃɪk]
ligar (vt)	açmak	[atʃmak]
desligar (vt)	kapatmak	[kapatmak]
apagar a luz	ışıkları kapatmak	[ɪʃɪkları kapatmak]

queimar (vi)	yanıp bitmek	[janıp bitmek]
curto-circuito (m)	kısa devre	[kısa devre]
ruptura (f)	kopuk tel	[kopuk tel]
contato (m)	kontak	[kontak]

interruptor (m)	elektrik düğmesi	[elektrik dyjmesi]
tomada (de parede)	priz	[priz]
plugue (m)	fiş	[fiʃ]
extensão (f)	uzatma kablosu	[uzatma kablosu]

fusível (m)	sigorta	[sigorta]
fio, cabo (m)	tel	[tel]
instalação (f) elétrica	elektrik hatları	[elektrik hatları]

ampère (m)	amper	[amper]
amperagem (f)	akim yeginligi	[akim jeginligi]
volt (m)	volt	[volt]
voltagem (f)	gerilim	[gerilim]

aparelho (m) elétrico	elektrikli alet	[elektrikli alet]
indicador (m)	indikatör	[indikatør]

eletricista (m)	elektrikçi	[elektriktʃi]
soldar (vt)	lehimlemek	[lehimlemek]
soldador (m)	lehim aleti	[lehim aleti]
corrente (f) elétrica	akım, cereyan	[akım], [dʒerejan]

168. Ferramentas

ferramenta (f)	alet	[alet]
ferramentas (f pl)	aletler	[aletler]
equipamento (m)	ekipman	[ekipman]

martelo (m)	çekiç	[tʃekitʃ]
chave (f) de fenda	tornavida	[tornavida]
machado (m)	balta	[balta]

serra (f)	testere	[testere]
serrar (vt)	testere ile kesmek	[testere ile kesmek]
plaina (f)	rende	[rende]
aplainar (vt)	rendelemek	[rendelemek]
soldador (m)	lehim aleti	[lehim aletı]
soldar (vt)	lehimlemek	[lehimlemek]

lima (f)	eğe	[eje]
tenaz (f)	kerpeten	[kerpeten]
alicate (m)	pense	[pense]
formão (m)	keski	[keski]

broca (f)	matkap ucu	[matkap udʒu]
furadeira (f) elétrica	elektrikli matkap	[elektrikli matkap]
furar (vt)	delmek	[delmek]

faca (f)	bıçak	[bıtʃak]
canivete (m)	çakı	[tʃakı]
lâmina (f)	ağız	[aız]

afiado (adj)	sivri, keskin	[sivri], [keskin]
cego (adj)	kör	[kør]
embotar-se (vr)	körleşmek	[kørleʃmek]
afiar, amolar (vt)	keskinleştirmek	[keskinleʃtirmek]

parafuso (m)	cıvata	[dʒıvata]
porca (f)	somun	[somun]
rosca (f)	vida dişi	[vida diʃi]
parafuso (para madeira)	vida	[vida]

prego (m)	çivi	[tʃivi]
cabeça (f) do prego	çivi başı	[tʃivi baʃı]

régua (f)	cetvel	[dʒetvel]
fita (f) métrica	şerit metre	[ʃerit metre]
nível (m)	su terazisi	[su terazisi]
lupa (f)	büyüteç	[byjutetʃ]

medidor (m)	ölçme aleti	[øltʃme aleti]
medir (vt)	ölçmek	[øltʃmek]
escala (f)	skala, ölçek	[skala], [øltʃek]
indicação (f), registro (m)	gösterge değeri	[gøsterge deeri]

compressor (m)	kompresör	[kompresør]
microscópio (m)	mikroskop	[mikroskop]

bomba (f)	pompa	[pompa]
robô (m)	robot	[robot]
laser (m)	lazer	[lazer]

chave (f) de boca	somun anahtarı	[somun anahtarı]
fita (f) adesiva	koli bantı	[koli bantı]
cola (f)	yapıştırıcı	[japıʃtırıdʒı]

lixa (f)	zımpara	[zımpara]
mola (f)	yay	[jaj]

| ímã (m) | mıknatıs | [mıknatıs] |
| luva (f) | eldiven | [eldiven] |

corda (f)	ip	[ip]
cabo (~ de nylon, etc.)	kordon, ip	[kordon], [ip]
fio (m)	tel	[tel]
cabo (~ elétrico)	kablo	[kablo]

marreta (f)	varyos	[varjos]
pé de cabra (m)	levye	[levje]
escada (f) de mão	merdiven	[merdiven]
escada (m)	dayama merdiven	[dajama merdiven]

enroscar (vt)	sıkıştırmak	[sıkıʃtırmak]
desenroscar (vt)	sökmek	[søkmek]
apertar (vt)	sıkıştırmak	[sıkıʃtırmak]
colar (vt)	yapıştırmak	[japıʃtırmak]
cortar (vt)	kesmek	[kesmek]

falha (f)	arıza	[arıza]
conserto (m)	tamirat	[tamirat]
consertar, reparar (vt)	tamir etmek	[tamir etmek]
regular, ajustar (vt)	ayarlamak	[ajarlamak]

verificar (vt)	kontrol etmek	[kontrol etmek]
verificação (f)	kontrol, deneme	[kontrol], [deneme]
indicação (f), registro (m)	gösterge değeri	[gøsterge deeri]

| seguro (adj) | sağlam | [saalam] |
| complicado (adj) | karmaşık | [karmaʃık] |

enferrujar (vi)	paslanmak	[paslanmak]
enferrujado (adj)	paslanmış	[paslanmıʃ]
ferrugem (f)	pas	[pas]

Transportes

169. Avião

avião (m)	uçak	[utʃak]
passagem (f) aérea	uçak bileti	[utʃak bileti]
companhia (f) aérea	hava yolları şirketi	[hava jolları ʃirketi]
aeroporto (m)	havaalanı	[havaalanı]
supersônico (adj)	sesüstü	[sesysty]
comandante (m) do avião	kaptan pilot	[kaptan pilot]
tripulação (f)	ekip	[ekip]
piloto (m)	pilot	[pilot]
aeromoça (f)	hostes	[hostes]
copiloto (m)	seyrüseferci	[sejryseferdʒi]
asas (f pl)	kanatlar	[kanatlar]
cauda (f)	kuyruk	[kujruk]
cabine (f)	kabin	[kabin]
motor (m)	motor	[motor]
trem (m) de pouso	iniş takımı	[iniʃ takımı]
turbina (f)	türbin	[tyrbin]
hélice (f)	pervane	[pervane]
caixa-preta (f)	kara kutu	[kara kutu]
coluna (f) de controle	kumanda kolu	[kumanda kolu]
combustível (m)	yakıt	[jakıt]
instruções (f pl) de segurança	güvenlik kartı	[gyvenlik kartı]
máscara (f) de oxigênio	oksijen maskesi	[oksiʒen maskesi]
uniforme (m)	üniforma	[yniforma]
colete (m) salva-vidas	can yeleği	[dʒan jelei]
paraquedas (m)	paraşüt	[paraʃyt]
decolagem (f)	kalkış	[kalkıʃ]
descolar (vi)	kalkmak	[kalkmak]
pista (f) de decolagem	kalkış pisti	[kalkıʃ pisti]
visibilidade (f)	görüş	[gøryʃ]
voo (m)	uçuş	[utʃuʃ]
altura (f)	yükseklik	[jukseklik]
poço (m) de ar	hava boşluğu	[hava boʃluu]
assento (m)	yer	[jer]
fone (m) de ouvido	kulaklık	[kulaklık]
mesa (f) retrátil	katlanır tepsi	[katlanır tepsi]
janela (f)	pencere	[pendʒere]
corredor (m)	koridor	[koridor]

170. Comboio

trem (m)	tren	[tren]
trem (m) elétrico	elektrikli tren	[elektrikli tren]
trem (m)	hızlı tren	[hızlı tren]
locomotiva (f) diesel	dizel lokomotifi	[dizel lokomotifi]
locomotiva (f) a vapor	buharlı lokomotif	[buharlı lokomotif]
vagão (f) de passageiros	vagon	[vagon]
vagão-restaurante (m)	vagon restoran	[vagon restoran]
carris (m pl)	ray	[raj]
estrada (f) de ferro	demir yolu	[demir jolu]
travessa (f)	travers	[travers]
plataforma (f)	peron	[peron]
linha (f)	yol	[jol]
semáforo (m)	semafor	[semafor]
estação (f)	istasyon	[istasjon]
maquinista (m)	makinist	[makinist]
bagageiro (m)	hamal	[hamal]
hospedeiro, -a (m, f)	kondüktör	[kondyktør]
passageiro (m)	yolcu	[joldʒu]
revisor (m)	kondüktör	[kondyktør]
corredor (m)	koridor	[koridor]
freio (m) de emergência	imdat freni	[imdat freni]
compartimento (m)	kompartıman	[kompartıman]
cama (f)	yatak	[jatak]
cama (f) de cima	üst yatak	[yst jatak]
cama (f) de baixo	alt yatak	[alt jatak]
roupa (f) de cama	yatak takımı	[jatak takımı]
passagem (f)	bilet	[bilet]
horário (m)	tarife	[tarife]
painel (m) de informação	sefer tarifesi	[sefer tarifesi]
partir (vt)	kalkmak	[kalkmak]
partida (f)	kalkış	[kalkıʃ]
chegar (vi)	varmak	[varmak]
chegada (f)	varış	[varıʃ]
chegar de trem	trenle gelmek	[trenle gelmek]
pegar o trem	trene binmek	[trene binmek]
descer de trem	trenden inmek	[trenden inmek]
acidente (m) ferroviário	tren enkazı	[tren enkazı]
descarrilar (vi)	raydan çıkmak	[rajdan tʃıkmak]
locomotiva (f) a vapor	buharlı lokomotif	[buharlı lokomotif]
foguista (m)	ocakçı	[odʒaktʃı]
fornalha (f)	ocak	[odʒak]
carvão (m)	kömür	[kømyr]

171. Barco

navio (m)	gemi	[gemi]
embarcação (f)	tekne	[tekne]
barco (m) a vapor	vapur	[vapur]
barco (m) fluvial	dizel motorlu gemi	[dizel motorlu gemi]
transatlântico (m)	büyük gemi	[byjuk gemi]
cruzeiro (m)	kruvazör	[kruvazør]
iate (m)	yat	[jat]
rebocador (m)	römorkör	[rømorkør]
barcaça (f)	yük dubası	[juk dubası]
ferry (m)	feribot	[feribot]
veleiro (m)	yelkenli gemi	[jelkenli gemi]
bergantim (m)	gulet	[gulet]
quebra-gelo (m)	buzkıran	[buzkıran]
submarino (m)	denizaltı	[denizaltı]
bote, barco (m)	kayık	[kajık]
baleeira (bote salva-vidas)	filika	[filika]
bote (m) salva-vidas	cankurtaran filikası	[dʒankurtaran filikası]
lancha (f)	sürat teknesi	[syrat teknesi]
capitão (m)	kaptan	[kaptan]
marinheiro (m)	tayfa	[tajfa]
marujo (m)	denizci	[denizdʒi]
tripulação (f)	mürettebat	[myrettebat]
contramestre (m)	lostromo	[lostromo]
grumete (m)	miço	[mitʃo]
cozinheiro (m) de bordo	gemi aşçısı	[gemi aʃtʃısı]
médico (m) de bordo	gemi doktoru	[gemi doktoru]
convés (m)	güverte	[gyverte]
mastro (m)	direk	[direk]
vela (f)	yelken	[jelken]
porão (m)	ambar	[ambar]
proa (f)	geminin baş tarafı	[geminin baʃ tarafı]
popa (f)	kıç	[kıtʃ]
remo (m)	kürek	[kyrek]
hélice (f)	pervane	[pervane]
cabine (m)	kamara	[kamara]
sala (f) dos oficiais	subay yemek salonu	[subaj jemek salonu]
sala (f) das máquinas	makine dairesi	[makine dairesi]
ponte (m) de comando	kaptan köprüsü	[kaptan køprysy]
sala (f) de comunicações	telsiz odası	[telsiz odası]
onda (f)	dalga	[dalga]
diário (m) de bordo	gemi jurnali	[gemi ʒurnalı]
luneta (f)	tek dürbün	[tek dyrbyn]
sino (m)	çan	[tʃan]

bandeira (f)	bayrak	[bajrak]
cabo (m)	halat	[halat]
nó (m)	düğüm	[dyjum]

corrimão (m)	vardavela	[vardavela]
prancha (f) de embarque	iskele	[iskele]

âncora (f)	çapa, demir	[ʧapa], [demir]
recolher a âncora	demir almak	[demir almak]
jogar a âncora	demir atmak	[demir atmak]
amarra (corrente de âncora)	çapa zinciri	[ʧapa zindʒiri]

porto (m)	liman	[liman]
cais, amarradouro (m)	iskele, rıhtım	[iskele], [rıhtım]
atracar (vi)	yanaşmak	[janaʃmak]
desatracar (vi)	iskeleden ayrılmak	[iskeleden ajrılmak]

viagem (f)	seyahat	[sejahat]
cruzeiro (m)	gemi turu	[gemi turu]
rumo (m)	seyir	[sejir]
itinerário (m)	rota	[rota]

canal (m) de navegação	seyir koridoru	[sejir koridoru]
banco (m) de areia	sığlık	[sı:ılık]
encalhar (vt)	karaya oturmak	[karaja oturmak]

tempestade (f)	fırtına	[fırtına]
sinal (m)	sinyal	[sinjal]
afundar-se (vr)	batmak	[batmak]
Homem ao mar!	denize adam düştü	[denize adam dyʃty]
SOS	SOS	[es o es]
boia (f) salva-vidas	can simidi	[dʒan simidi]

172. Aeroporto

aeroporto (m)	havaalanı	[havaalanı]
avião (m)	uçak	[utʃak]
companhia (f) aérea	hava yolları şirketi	[hava jolları ʃirketi]
controlador (m) de tráfego aéreo	hava trafik kontrolörü	[hava trafik kontroløry]

partida (f)	kalkış	[kalkıʃ]
chegada (f)	varış	[varıʃ]
chegar (vi)	varmak	[varmak]

hora (f) de partida	kalkış saati	[kalkıʃ saati]
hora (f) de chegada	iniş saati	[iniʃ saati]

estar atrasado	gecikmek	[gedʒikmek]
atraso (m) de voo	gecikme	[gedʒikme]

painel (m) de informação	bilgi panosu	[bilgi panosu]
informação (f)	danışma	[danıʃma]
anunciar (vt)	anons etmek	[anons etmek]

voo (m)	uçuş, sefer	[utʃuʃ], [sefer]
alfândega (f)	gümrük	[gymryk]
funcionário (m) da alfândega	gümrükçü	[gymryktʃu]

declaração (f) alfandegária	gümrük beyannamesi	[gymryk bejannamesi]
preencher (vt)	doldurmak	[doldurmak]
preencher a declaração	beyanname doldurmak	[bejanname doldurmak]
controle (m) de passaporte	pasaport kontrol	[pasaport kontrol]

bagagem (f)	bagaj	[bagaʒ]
bagagem (f) de mão	el bagajı	[el bagaʒı]
carrinho (m)	bagaj arabası	[bagaʒ arabası]

pouso (m)	iniş	[iniʃ]
pista (f) de pouso	iniş pisti	[iniʃ pisti]
aterrissar (vi)	inmek	[inmek]
escada (f) de avião	uçak merdiveni	[utʃak merdiveni]

check-in (m)	check-in	[tʃek in]
balcão (m) do check-in	kontuar check-in	[kontuar tʃek in]
fazer o check-in	check-in yapmak	[tʃek in japmak]
cartão (m) de embarque	biniş kartı	[biniʃ kartı]
portão (m) de embarque	çıkış kapısı	[tʃıkıʃ kapısı]

trânsito (m)	transit	[transit]
esperar (vi, vt)	beklemek	[beklemek]
sala (f) de espera	bekleme salonu	[bekleme salonu]
despedir-se (acompanhar)	yolcu etmek	[joldʒu etmek]
despedir-se (dizer adeus)	vedalaşmak	[vedalaʃmak]

173. Bicicleta. Motocicleta

bicicleta (f)	bisiklet	[bisiklet]
lambreta (f)	scooter	[skuter]
moto (f)	motosiklet	[motosiklet]

ir de bicicleta	bisikletle gitmek	[bisikletle gitmek]
guidão (m)	gidon	[gidon]
pedal (m)	pedal	[pedal]
freios (m pl)	fren, frenler	[fren], [frenler]
banco, selim (m)	bisiklet selesi	[bisiklet selesi]

bomba (f)	pompa	[pompa]
bagageiro (m) de teto	bisiklet bagajı	[bisiklet bagaʒı]
lanterna (f)	ön lamba	[øn lamba]
capacete (m)	kask	[kask]

roda (f)	tekerlek	[tekerlek]
para-choque (m)	çamurluk	[tʃamurluk]
aro (m)	jant	[ʒant]
raio (m)	jant teli	[ʒant teli]

Carros

174. Tipos de carros

carro, automóvel (m)	araba	[araba]
carro (m) esportivo	spor araba	[spor araba]
limusine (f)	limuzin	[limuzin]
todo o terreno (m)	arazi aracı	[arazi aradʒı]
conversível (m)	üstü açılabilir araba	[ysty atʃılabilir araba]
minibus (m)	minibüs	[minibys]
ambulância (f)	ambulans	[ambulans]
limpa-neve (m)	kar temizleme aracı	[kar temizleme aradʒı]
caminhão (m)	kamyon	[kamjon]
caminhão-tanque (m)	akaryakıt tankeri	[akarjakıt tankeri]
perua, van (f)	kamyonet	[kamjonet]
caminhão-trator (m)	tır çekici	[tir tʃekidʒı]
reboque (m)	römork	[rømork]
confortável (adj)	konforlu	[konforlu]
usado (adj)	kullanılmış	[kullanılmıʃ]

175. Carros. Carroçaria

capô (m)	kaporta	[kaporta]
para-choque (m)	çamurluk	[tʃamurluk]
teto (m)	çatı	[tʃatı]
para-brisa (m)	ön cam	[øn dʒam]
retrovisor (m)	dikiz aynası	[dikiz ajnası]
esguicho (m)	ön cam yıkayıcı	[øn dʒam jıkajıdʒi]
limpadores (m) de para-brisas	silecek	[siledʒek]
vidro (m) lateral	yan camisi	[jan dʒamisi]
elevador (m) do vidro	cam krikosu	[dʒam krikosu]
antena (f)	anten	[anten]
teto (m) solar	açılır tavan	[atʃılır tavan]
para-choque (m)	tampon	[tampon]
porta-malas (f)	bagaj	[bagaʒ]
bagageira (f)	portbagaj	[portbagaʒ]
porta (f)	kapı	[kapı]
maçaneta (f)	kapı kolu	[kapı kolu]
fechadura (f)	kilit	[kilit]
placa (f)	plaka	[plaka]
silenciador (m)	susturucu	[susturudʒu]

| tanque (m) de gasolina | benzin deposu | [benzin deposu] |
| tubo (m) de exaustão | egzoz borusu | [egzoz borusu] |

acelerador (m)	gaz	[gaz]
pedal (m)	pedal	[pedal]
pedal (m) do acelerador	gaz pedalı	[gaz pedalı]

freio (m)	fren	[fren]
pedal (m) do freio	fren pedalı	[fren pedalı]
frear (vt)	yavaşlamak	[javaʃlamak]
freio (m) de mão	el freni	[el freni]

embreagem (f)	debriyaj	[debrijaʒ]
pedal (m) da embreagem	debriyaj pedalı	[debrijaʒ pedalı]
disco (m) de embreagem	debriyaj diski	[debrijaʒ diski]
amortecedor (m)	amortisör	[amortisør]

roda (f)	tekerlek	[tekerlek]
pneu (m) estepe	istepne	[istepne]
pneu (m)	lastik	[lastik]
calota (f)	jant kapağı	[ʒant kapaı]

rodas (f pl) motrizes	çalıştırma dişlisi	[tʃalıʃtırma diʃlisi]
de tração dianteira	önden çekişli	[ønden tʃekiʃli]
de tração traseira	arkadan çekişli	[arkadan tʃekiʃli]
de tração às 4 rodas	dört çeker	[dørt tʃeker]

caixa (f) de mudanças	vites kutusu	[vites kutusu]
automático (adj)	otomatik	[otomatik]
mecânico (adj)	mekanik	[mekanik]
alavanca (f) de câmbio	vites kolu	[vites kolu]

| farol (m) | far | [far] |
| faróis (m pl) | farlar | [farlar] |

farol (m) baixo	kısa huzmeli	[kısa huzmeli]
farol (m) alto	uzun huzmeli farlar	[uzun hyzmeli farlar]
luzes (f pl) de parada	fren lambası	[fren lambası]

luzes (f pl) de posição	park lambası	[park lambası]
luzes (f pl) de emergência	tehlike uyarı ışığı	[tehlike ujarı iʃı:ı]
faróis (m pl) de neblina	sis lambaları	[sis lambaları]
pisca-pisca (m)	dönüş sinyali	[dønyʃ sinjali]
luz (f) de marcha ré	geri vites lambası	[geri vites lambası]

176. Carros. Habitáculo

interior (do carro)	arabanın içi	[arabanın itʃi]
de couro	deri	[deri]
de veludo	velur	[velyr]
estofamento (m)	iç döşeme	[itʃ døʃeme]

| indicador (m) | gösterge | [gøsterge] |
| painel (m) | gösterge paneli | [gøsterge paneli] |

| velocímetro (m) | hız göstergesi | [hız gøstergesi] |
| ponteiro (m) | ibre | [ibre] |

hodômetro, odômetro (m)	kilometre sayacı	[kilometre sajadʒı]
indicador (m)	sensör	[sensør]
nível (m)	seviye	[sevije]
luz (f) de aviso	gösterge lambası	[gøsterge lambası]

volante (m)	direksiyon	[direksjon]
buzina (f)	klakson sesi	[klakson sesi]
botão (m)	düğme	[dyjme]
interruptor (m)	şalteri	[ʃalteri]

assento (m)	koltuk	[koltuk]
costas (f pl) do assento	arka koltuk	[arka koltuk]
cabeceira (f)	koltuk başlığı	[koltuk baʃlı:ı]
cinto (m) de segurança	emniyet kemeri	[emnijet kemeri]
apertar o cinto	emniyet kemeri takmak	[emnijet kemeri takmak]
ajuste (m)	ayarlama	[ajarlama]

| airbag (m) | hava yastığı | [hava jastı:ı] |
| ar (m) condicionado | klima | [klima] |

rádio (m)	radyo	[radjo]
leitor (m) de CD	CD çalar	[sidi ʧalar]
ligar (vt)	açmak	[atʃmak]
antena (f)	anten	[anten]
porta-luvas (m)	torpido gözü	[torpido gøzly]
cinzeiro (m)	küllük	[kyllyk]

177. Carros. Motor

motor (m)	makina	[makina]
motor (m)	motor	[motor]
a diesel	dizel	[dizel]
a gasolina	benzinli	[benzinlı]

cilindrada (f)	motor hacmi	[motor hadʒmi]
potência (f)	güç	[gyʧ]
cavalo (m) de potência	beygir gücü	[bejgir gydʒy]
pistão (m)	piston	[piston]
cilindro (m)	silindir	[silindir]
válvula (f)	supap	[supap]

injetor (m)	enjektör	[enʒektør]
gerador (m)	jeneratör	[ʒeneratør]
carburador (m)	karbüratör	[karbyratør]
óleo (m) de motor	motor yağı	[motor jaı]

radiador (m)	radyatör	[radjatør]
líquido (m) de arrefecimento	soğutucu sıvı	[soutudʒu sıvı]
ventilador (m)	soğutma fanı	[soutma fanı]
bateria (f)	akü	[aky]
dispositivo (m) de arranque	marş, starter	[marʃ], [starter]

| ignição (f) | ateşleme | [ateʃleme] |
| vela (f) de ignição | ateşleme bujisi | [ateʃleme buʒisi] |

terminal (m)	terminal	[terminal]
terminal (m) positivo	artı kutup	[artı kutup]
terminal (m) negativo	eksi kutup	[eksi kutup]
fusível (m)	sigorta	[sigorta]

filtro (m) de ar	hava filtresi	[hava filtresi]
filtro (m) de óleo	yağ filtresi	[jaa filtresi]
filtro (m) de combustível	yakıt filtresi	[jakıt filtresi]

178. Carros. Batidas. Reparação

acidente (m) de carro	kaza	[kaza]
acidente (m) rodoviário	trafik kazası	[trafik kazası]
bater (~ num muro)	bindirmek	[bindirmek]
sofrer um acidente	kaza yapmak	[kaza japmak]
dano (m)	hasar	[hasar]
intato	sağlam	[saalam]

pane (f)	arıza	[arıza]
avariar (vi)	arıza yapmak	[arıza japmak]
cabo (m) de reboque	çekme halatı	[ʧekme halatı]

furo (m)	delik	[delik]
estar furado	sönmek	[sønmek]
encher (vt)	hava basmak	[hava basmak]
pressão (f)	basınç	[basınʧ]
verificar (vt)	kontrol etmek	[kontrol etmek]

reparo (m)	tamirat	[tamirat]
oficina (f) automotiva	tamirhane	[tamirhane]
peça (f) de reposição	yedek parça	[jedek parʧa]
peça (f)	parça	[parʧa]

parafuso (com porca)	cıvata	[dʒıvata]
parafuso (m)	vida	[vida]
porca (f)	somun	[somun]
arruela (f)	pul	[pul]
rolamento (m)	rulman	[rulman]

tubo (m)	hortum, boru	[hortum], [boru]
junta, gaxeta (f)	conta	[dʒonta]
fio, cabo (m)	tel	[tel]

macaco (m)	kriko	[kriko]
chave (f) de boca	somun anahtarı	[somun anahtarı]
martelo (m)	çekiç	[ʧekiʧ]
bomba (f)	pompa	[pompa]
chave (f) de fenda	tornavida	[tornavida]

| extintor (m) | yangın tüpü | [jangın typy] |
| triângulo (m) de emergência | üçgen reflektör | [ytʃgen reflektør] |

morrer (motor)	durmak	[durmak]
paragem, "morte" (f)	arızalanıp stop etme	[arızalanıp stop etme]
estar quebrado	bozuk olmak	[bozuk olmak]

superaquecer-se (vr)	aşırı ısınmak	[aʃırı isınmak]
entupir-se (vr)	tıkanmak	[tıkanmak]
congelar-se (vr)	donmak	[donmak]
rebentar (vi)	patlamak	[patlamak]

pressão (f)	basınç	[basıntʃ]
nível (m)	seviye	[sevije]
frouxo (adj)	gevşek	[gevʃek]

batida (f)	ezik, vuruk	[ezik], [vuruk]
ruído (m)	gürültü	[gyrylty]
fissura (f)	çatlak	[tʃatlak]
arranhão (m)	çizik	[tʃizik]

179. Carros. Estrada

estrada (f)	yol	[jol]
autoestrada (f)	otoban	[otoban]
rodovia (f)	şose	[ʃose]
direção (f)	istikamet	[istikamet]
distância (f)	mesafe	[mesafe]

ponte (f)	köprü	[køpry]
parque (m) de estacionamento	park yeri	[park jeri]
praça (f)	meydan	[mejdan]
nó (m) rodoviário	kavşak	[kavʃak]
túnel (m)	tünel	[tynel]

posto (m) de gasolina	yakıt istasyonu	[jakıt istasjonu]
parque (m) de estacionamento	otopark	[otopark]
bomba (f) de gasolina	benzin pompası	[benzin pompası]
oficina (f) automotiva	tamirhane	[tamirhane]
abastecer (vt)	depoyu doldurmak	[depoju doldurmak]
combustível (m)	yakıt	[jakıt]
galão (m) de gasolina	benzin bidonu	[benzin bidonu]

asfalto (m)	asfalt	[asfalt]
marcação (f) de estradas	yol çizgileri	[jol tʃizgileri]
meio-fio (m)	bordür	[bordyr]
guard-rail (m)	otoyol korkuluk	[otojol korkylyk]
valeta (f)	hendek	[hendek]
acostamento (m)	yol kenarı	[jol kenarı]
poste (m) de luz	direk	[direk]

dirigir (vt)	sürmek	[syrmek]
virar (~ para a direita)	dönmek	[dønmek]
dar retorno	U dönüşü yapmak	[u dønyʃy japmak]
ré (f)	geri vites	[geri vites]
buzinar (vi)	korna çalmak	[korna tʃalmak]
buzina (f)	korna sesi	[korna sesi]

atolar-se (vr)	saplanmak	[saplanmak]
patinar (na lama)	patinaj yapmak	[patinaʒ japmak]
desligar (vt)	motoru durdurmak	[motoru durdurmak]

velocidade (f)	hız	[hız]
exceder a velocidade	hız limitini aşmak	[hız limitini aʃmak]
multar (vt)	ceza kesmek	[dʒeza kesmek]
semáforo (m)	trafik ışıkları	[trafik ıʃıkları]
carteira (f) de motorista	ehliyet	[ehlijet]

passagem (f) de nível	hemzemin geçit	[hemzemin getʃit]
cruzamento (m)	kavşak	[kavʃak]
faixa (f)	yaya geçidi	[jaja getʃidi]
curva (f)	viraj	[viraʒ]
zona (f) de pedestres	yaya bölgesi	[jaja bølgesi]

180. Sinais de trânsito

código (m) de trânsito	trafik kuralları	[trafik kuralları]
sinal (m) de trânsito	işaret	[iʃaret]
ultrapassagem (f)	geçme	[getʃme]
curva (f)	viraj	[viraʒ]
retorno (m)	u dönüşü	[u dønyʃy]
rotatória (f)	döner kavşak	[døner kavʃak]

sentido proibido	taşıt giremez	[taʃıt giremez]
trânsito proibido	taşıt trafiğine kapalı	[taʃıt trafi:ine kapalı]
proibido de ultrapassar	öndeki taşıtı geçmek yasaktır	[øndeki taʃıtı getʃmek jasaktır]
estacionamento proibido	parketmek yasaktır	[parketmek jasaktır]
paragem proibida	duraklamak yasaktır	[duraklamak jasaktır]

curva (f) perigosa	tehlikeli viraj	[tehlikeli viraʒ]
descida (f) perigosa	dik yokuş	[dik jokuʃ]
trânsito de sentido único	tek yönlü yol	[tek jønly jol]
faixa (f)	yaya geçidi	[jaja getʃidi]
pavimento (m) escorregadio	kaygan yol	[kajgan jol]
conceder passagem	yol ver	[jol ver]

PESSOAS. EVENTOS

Eventos

181. Férias. Evento

festa (f)	bayram	[bajram]
feriado (m) nacional	ulusal bayram	[ulusal bajram]
feriado (m)	bayram günü	[bajram gyny]
festejar (vt)	onurlandırmak	[onurlandırmak]
evento (festa, etc.)	olay	[olaj]
evento (banquete, etc.)	olay	[olaj]
banquete (m)	ziyafet	[zijafet]
recepção (f)	kabul töreni	[kabul tøreni]
festim (m)	şölen	[ʃølen]
aniversário (m)	yıldönümü	[jıldønymy]
jubileu (m)	jübile	[ʒybile]
celebrar (vt)	kutlamak	[kutlamak]
Ano (m) Novo	Yıl başı	[jıl baʃı]
Feliz Ano Novo!	Mutlu yıllar!	[mutlu jıllar]
Natal (m)	Noel	[noel]
Feliz Natal!	Mutlu Noeller!	[mutlu noeller]
árvore (f) de Natal	Yılbaşı ağacı	[jılbaʃı aadʒı]
fogos (m pl) de artifício	havai fişek	[havai fiʃek]
casamento (m)	düğün	[dyjun]
noivo (m)	nişanlı	[niʃanlı]
noiva (f)	gelin	[gelin]
convidar (vt)	davet etmek	[davet etmek]
convite (m)	davetiye	[davetije]
convidado (m)	davetli	[davetli]
visitar (vt)	ziyaret etmek	[zijaret etmek]
receber os convidados	misafirleri karşılamak	[misafirleri karʃılamak]
presente (m)	hediye	[hedije]
oferecer, dar (vt)	vermek	[vermek]
receber presentes	hediye almak	[hedije almak]
buquê (m) de flores	demet	[demet]
felicitações (f pl)	tebrikler	[tebrikler]
felicitar (vt)	tebrik etmek	[tebrik etmek]
cartão (m) de parabéns	tebrik kartı	[tebrik kartı]
enviar um cartão postal	tebrik kartı göndermek	[tebrik kartı gøndermek]

receber um cartão postal	tebrik kartı almak	[tebrik kartı almak]
brinde (m)	kadeh kaldırma	[kadeh kaldırma]
oferecer (vt)	ikram etmek	[ikram etmek]
champanhe (m)	şampanya	[ʃampanja]

divertir-se (vr)	eğlenmek	[eelenmek]
diversão (f)	neşe	[neʃe]
alegria (f)	neşe, sevinç	[neʃe], [sevintʃ]

dança (f)	dans	[dans]
dançar (vi)	dans etmek	[dans etmek]

valsa (f)	vals	[vals]
tango (m)	tango	[tango]

182. Funerais. Enterro

cemitério (m)	mezarlık	[mezarlık]
sepultura (f), túmulo (m)	mezar	[mezar]
cruz (f)	haç	[hatʃ]
lápide (f)	mezar taşı	[mezar taʃı]
cerca (f)	çit	[tʃit]
capela (f)	ibadet yeri	[ibadet jeri]

morte (f)	ölüm	[ølym]
morrer (vi)	ölmek	[ølmek]
defunto (m)	ölü	[øly]
luto (m)	yas	[jas]

enterrar, sepultar (vt)	gömmek	[gømmek]
funerária (f)	cenaze evi	[dʒenaze evi]
funeral (m)	cenaze	[dʒenaze]

coroa (f) de flores	çelenk	[tʃelenk]
caixão (m)	tabut	[tabut]
carro (m) funerário	cenaze arabası	[dʒenaze arabası]
mortalha (f)	kefen	[kefen]

procissão (f) funerária	cenaze alayı	[dʒenaze alajı]
urna (f) funerária	kül kabı	[kyl kabı]
crematório (m)	krematoryum	[krematorjum]

obituário (m), necrologia (f)	anma yazısı	[anma jazısı]
chorar (vi)	ağlamak	[aalamak]
soluçar (vi)	hıçkırarak ağlamak	[hıtʃkırarak aalamak]

183. Guerra. Soldados

pelotão (m)	takım	[takım]
companhia (f)	bölük	[bølyk]
regimento (m)	alay	[alaj]
exército (m)	ordu	[ordu]

divisão (f)	tümen	[tymen]
esquadrão (m)	müfreze	[myfreze]
hoste (f)	ordu	[ordu]
soldado (m)	asker	[asker]
oficial (m)	subay	[subaj]
soldado (m) raso	er	[er]
sargento (m)	çavuş	[ʧavuʃ]
tenente (m)	teğmen	[teemen]
capitão (m)	yüzbaşı	[juzbaʃi]
major (m)	binbaşı	[binbaʃi]
coronel (m)	albay	[albaj]
general (m)	general	[general]
marujo (m)	denizci	[denizʤi]
capitão (m)	yüzbaşı	[juzbaʃi]
contramestre (m)	lostromo	[lostromo]
artilheiro (m)	topçu askeri	[topʧu askeri]
soldado (m) paraquedista	paraşütçü asker	[paraʃytʧy asker]
piloto (m)	pilot	[pilot]
navegador (m)	seyrüseferci	[sejryseferʤi]
mecânico (m)	mekanik teknisyen	[mekanik teknisjen]
sapador-mineiro (m)	istihkam eri	[istihkam eri]
paraquedista (m)	paraşütçü	[paraʃytʧy]
explorador (m)	keşif eri	[keʃif eri]
atirador (m) de tocaia	keskin nişancı	[keskin niʃanʤi]
patrulha (f)	devriye	[devrije]
patrulhar (vt)	devriye gezmek	[devrije gezmek]
sentinela (f)	nöbetçi	[nøbetʧi]
guerreiro (m)	savaşçı	[savaʃʧi]
patriota (m)	vatansever	[vatansever]
herói (m)	kahraman	[kahraman]
heroína (f)	kadın kahraman	[kadın kahraman]
traidor (m)	hain	[hain]
trair (vt)	ihanet etmek	[ihanet etmek]
desertor (m)	asker kaçağı	[asker katʃai]
desertar (vt)	askerlikten kaçmak	[askerliktan katʃmak]
mercenário (m)	paralı asker	[paralı asker]
recruta (m)	acemi er	[adʒemi er]
voluntário (m)	gönüllü	[gønylly]
morto (m)	ölü	[øly]
ferido (m)	yaralı	[jaralı]
prisioneiro (m) de guerra	savaş esiri	[savaʃ esiri]

184. Guerra. Ações militares. Parte 1

guerra (f)	savaş	[savaʃ]
guerrear (vt)	savaşmak	[savaʃmak]

guerra (f) civil	iç savaş	[itʃ savaʃ]
perfidamente	haince	[haindʒe]
declaração (f) de guerra	savaş ilanı	[savaʃ ilanı]
declarar guerra	ilan etmek	[ilan etmek]
agressão (f)	saldırı	[saldırı]
atacar (vt)	saldırmak	[saldırmak]
invadir (vt)	işgal etmek	[iʃgal etmek]
invasor (m)	işgalci	[iʃgaldʒi]
conquistador (m)	fatih	[fatih]
defesa (f)	savunma	[savunma]
defender (vt)	savunmak	[savunmak]
defender-se (vr)	kendini savunmak	[kendini savunmak]
inimigo, adversário (m)	düşman	[dyʃman]
inimigo (adj)	düşman	[dyʃman]
estratégia (f)	strateji	[stratɛʒi]
tática (f)	taktik	[taktik]
ordem (f)	emir	[emir]
comando (m)	komut	[komut]
ordenar (vt)	emretmek	[emretmek]
missão (f)	görev	[gørev]
secreto (adj)	gizli	[gizli]
batalha (f)	muharebe	[muharebe]
combate (m)	savaş	[savaʃ]
ataque (m)	saldırı	[saldırı]
assalto (m)	hücum	[hydʒum]
assaltar (vt)	hücum etmek	[hydʒum etmek]
assédio, sítio (m)	kuşatma	[kuʃatma]
ofensiva (f)	taarruz	[taarruz]
tomar à ofensiva	taarruz etmek	[taarruz etmek]
retirada (f)	çekilme	[tʃekilme]
retirar-se (vr)	çekilmek	[tʃekilmek]
cerco (m)	çembere alma	[tʃembere alma]
cercar (vt)	çember içine almak	[tʃember itʃine almak]
bombardeio (m)	bombardıman	[bombardıman]
lançar uma bomba	bomba atmak	[bomba atmak]
bombardear (vt)	bombalamak	[bombalamak]
explosão (f)	patlama	[patlama]
tiro (m)	atış	[atıʃ]
dar um tiro	atış yapmak	[atıʃ japmak]
tiroteio (m)	ateşleme	[ateʃleme]
apontar para ...	... nişan almak	[niʃan almak]
apontar (vt)	doğrultmak	[doorultmak]
acertar (vt)	isabet etmek	[isabet etmek]

afundar (~ um navio, etc.)	batırmak	[batırmak]
brecha (f)	delik	[delik]
afundar-se (vr)	batmak	[batmak]

frente (m)	cephe	[dʒephe]
evacuação (f)	tahliye	[tahlije]
evacuar (vt)	tahliye etmek	[tahlije etmek]

trincheira (f)	siper	[siper]
arame (m) enfarpado	dikenli tel	[dikenli tel]
barreira (f) anti-tanque	bariyer	[barijer]
torre (f) de vigia	kule	[kule]

hospital (m) militar	askeri hastane	[askeri hastane]
ferir (vt)	yaralamak	[jaralamak]
ferida (f)	yara	[jara]
ferido (m)	yaralı	[jaralı]
ficar ferido	yara almak	[jara almak]
grave (ferida ~)	ciddi	[dʒiddi]

185. Guerra. Ações militares. Parte 2

cativeiro (m)	esaret	[esaret]
capturar (vt)	esir almak	[esir almak]
estar em cativeiro	esir olmak	[esir olmak]
ser aprisionado	esir düşmek	[esir dyʃmek]

campo (m) de concentração	toplanma kampı	[toplanma kampı]
prisioneiro (m) de guerra	savaş esiri	[savaʃ esiri]
escapar (vi)	kaçmak	[katʃmak]

trair (vt)	ihanet etmek	[ihanet etmek]
traidor (m)	ihanet eden	[ihanet eden]
traição (f)	ihanet	[ihanet]

fuzilar, executar (vt)	kurşuna dizmek	[kurʃuna dizmek]
fuzilamento (m)	idam	[idam]

equipamento (m)	askeri elbise	[askeri elbise]
insígnia (f) de ombro	apolet	[apolet]
máscara (f) de gás	gaz maskesi	[gaz maskesi]

rádio (m)	telsiz	[telsiz]
cifra (f), código (m)	şifre	[ʃifre]
conspiração (f)	gizlilik	[gizlilik]
senha (f)	parola	[parola]

mina (f)	mayın	[majın]
minar (vt)	mayınlamak	[majınlamak]
campo (m) minado	mayın tarlası	[majın tarlası]

alarme (m) aéreo	hava tehlike işareti	[hava tehlike iʃareti]
alarme (m)	alarm	[alarm]
sinal (m)	işaret	[iʃaret]

sinalizador (m)	işaret fişeği	[iʃaret fiʃei]
quartel-general (m)	karargah	[karargah]
reconhecimento (m)	keşif	[keʃif]
situação (f)	durum	[durum]
relatório (m)	rapor	[rapor]
emboscada (f)	pusu	[pusu]
reforço (m)	takviye	[takvije]
alvo (m)	hedef	[hedef]
campo (m) de tiro	poligon	[poligon]
manobras (f pl)	manevralar	[manevralar]
pânico (m)	panik	[panik]
devastação (f)	yıkım	[jıkım]
ruínas (f pl)	harabe	[harabe]
destruir (vt)	yıkmak	[jıkmak]
sobreviver (vi)	hayatta kalmak	[hajatta kalmak]
desarmar (vt)	silahsızlandırmak	[silah sızlandırmak]
manusear (vt)	kullanmak	[kullanmak]
Sentido!	Hazır ol!	[hazır ol]
Descansar!	Rahat!	[rahat]
façanha (f)	kahramanlık	[kahramanlık]
juramento (m)	yemin	[jemin]
jurar (vi)	yemin etmek	[jemin etmek]
condecoração (f)	ödül	[ødyl]
condecorar (vt)	ödül vermek	[ødyl vermek]
medalha (f)	madalya	[madalja]
ordem (f)	nişan	[niʃan]
vitória (f)	zafer	[zafer]
derrota (f)	yenilgi	[jenilgi]
armistício (m)	ateşkes	[ateʃkes]
bandeira (f)	bayrak	[bajrak]
glória (f)	şan	[ʃan]
parada (f)	geçit töreni	[getʃit tøreni]
marchar (vi)	yürümek	[jurymek]

186. Armas

arma (f)	silahlar	[silahlar]
arma (f) de fogo	ateşli silah	[ateʃli silah]
arma (f) branca	çelik kılıç	[tʃelik kılıtʃ]
arma (f) química	kimyasal silah	[kimjasal silah]
nuclear (adj)	nükleer	[nykleer]
arma (f) nuclear	nükleer silah	[nykleer silah]
bomba (f)	bomba	[bomba]
bomba (f) atômica	atom bombası	[atom bombası]

pistola (f)	tabanca	[tabandʒa]
rifle (m)	tüfek	[tyfek]
semi-automática (f)	hafif makineli tüfek	[hafif makineli tyfek]
metralhadora (f)	makineli tüfek	[makineli tyfek]
boca (f)	namlu ağzı	[namlu aazı]
cano (m)	namlu	[namlu]
calibre (m)	çap	[ʧap]
gatilho (m)	tetik	[tetik]
mira (f)	nişangah	[niʃangah]
carregador (m)	şarjör	[ʃarʒør]
coronha (f)	dipçik	[dipʧik]
granada (f) de mão	el bombası	[el bombası]
explosivo (m)	patlayıcı	[patlajıdʒı]
bala (f)	kurşun	[kurʃun]
cartucho (m)	fişek	[fiʃek]
carga (f)	şarj	[ʃarʒ]
munições (f pl)	cephane	[dʒephane]
bombardeiro (m)	bombardıman uçağı	[bombardıman uʧaı]
avião (m) de caça	avcı uçağı	[avdʒı uʧaı]
helicóptero (m)	helikopter	[helikopter]
canhão (m) antiaéreo	uçaksavar	[uʧaksavar]
tanque (m)	tank	[tank]
canhão (de um tanque)	tank topu	[tank topu]
artilharia (f)	topçu	[topʧu]
canhão (m)	top	[top]
fazer a pontaria	doğrultmak	[doorultmak]
projétil (m)	mermi	[mermi]
granada (f) de morteiro	havan mermisi	[havan mermisı]
morteiro (m)	havan topu	[havan topu]
estilhaço (m)	kıymık	[kıjmık]
submarino (m)	denizaltı	[denizaltı]
torpedo (m)	torpil	[torpil]
míssil (m)	füze	[fyze]
carregar (uma arma)	doldurmak	[doldurmak]
disparar, atirar (vi)	ateş etmek	[ateʃ etmek]
apontar para ...	... nişan almak	[niʃan almak]
baioneta (f)	süngü	[syngy]
espada (f)	epe	[epe]
sabre (m)	kılıç	[kılıʧ]
lança (f)	mızrak	[mızrak]
arco (m)	yay	[jaj]
flecha (f)	ok	[ok]
mosquete (m)	misket tüfeği	[misket tyfei]
besta (f)	tatar yayı	[tatar jajı]

187. Povos da antiguidade

primitivo (adj)	ilkel	[ilkel]
pré-histórico (adj)	tarih öncesi	[tarih øndʒesi]
antigo (adj)	antik, eski	[antik], [eski]
Idade (f) da Pedra	Taş Çağı	[taʃ tʃaɪ]
Idade (f) do Bronze	Bronz Çağı	[bronz tʃaɪ]
Era (f) do Gelo	Buzul Çağı	[buzul tʃaɪ]
tribo (f)	kabile	[kabile]
canibal (m)	yamyam	[jam jam]
caçador (m)	avcı	[avdʒɪ]
caçar (vi)	avlamak	[avlamak]
mamute (m)	mamut	[mamut]
caverna (f)	mağara	[maara]
fogo (m)	ateş	[ateʃ]
fogueira (f)	kamp ateşi	[kamp ateʃi]
pintura (f) rupestre	kaya resmi	[kaja resmi]
ferramenta (f)	aletler	[aletler]
lança (f)	mızrak	[mɪzrak]
machado (m) de pedra	taş balta	[taʃ balta]
guerrear (vt)	savaşmak	[savaʃmak]
domesticar (vt)	evcilleştirmek	[evdʒilleʃtirmek]
ídolo (m)	put	[put]
adorar, venerar (vt)	tapmak	[tapmak]
superstição (f)	batıl inanç	[batɪl inantʃ]
ritual (m)	[töre]	[tøre]
evolução (f)	evrim	[evrim]
desenvolvimento (m)	gelişme	[geliʃme]
extinção (f)	kaybolma, yok olma	[kajbolma], [jok olma]
adaptar-se (vr)	adapte olmak	[adapte olmak]
arqueologia (f)	arkeoloji	[arkeoloʒi]
arqueólogo (m)	arkeolog	[arkeolog]
arqueológico (adj)	arkeolojik	[arkeoloʒik]
escavação (sítio)	kazı yeri	[kazı jeri]
escavações (f pl)	kazı	[kazı]
achado (m)	buluntu	[buluntu]
fragmento (m)	parça	[partʃa]

188. Idade média

povo (m)	millet, halk	[millet], [halk]
povos (m pl)	milletler	[milletler]
tribo (f)	kabile	[kabile]
tribos (f pl)	kabileler	[kabileler]
bárbaros (pl)	barbarlar	[barbarlar]

galeses (pl)	Galyalılar	[galjalılar]
godos (pl)	Gotlar	[gotlar]
eslavos (pl)	Slavlar	[slavlar]
viquingues (pl)	Vikingler	[vikingler]

romanos (pl)	Romalılar	[romalılar]
romano (adj)	Romen	[romen]

bizantinos (pl)	Bizanslılar	[bizanslılar]
Bizâncio	Bizans	[bizans]
bizantino (adj)	Bizanslı	[bizanslı]

imperador (m)	imparator	[imparator]
líder (m)	lider	[lider]
poderoso (adj)	kudretli	[kudretli]
rei (m)	kral	[kral]
governante (m)	ülkenin yöneticisi	[ylkenin jønetidʒisi]

cavaleiro (m)	şövalye	[ʃøvalje]
senhor feudal (m)	derebeyi	[derebeji]
feudal (adj)	feodal	[feodal]
vassalo (m)	vasal	[vasal]

duque (m)	dük	[dyk]
conde (m)	kont	[kont]
barão (m)	baron	[baron]
bispo (m)	piskopos	[piskopos]

armadura (f)	zırh	[zırh]
escudo (m)	kalkan	[kalkan]
espada (f)	kılıç	[kılıtʃ]
viseira (f)	vizör	[vizør]
cota (f) de malha	zincir zırh	[zindʒir zırh]

cruzada (f)	haçlı seferi	[hatʃlı seferi]
cruzado (m)	haçlı	[hatʃlı]

território (m)	toprak	[toprak]
atacar (vt)	saldırmak	[saldırmak]
conquistar (vt)	fethetmek	[fethetmek]
ocupar, invadir (vt)	işgal etmek	[iʃgal etmek]

assédio, sítio (m)	kuşatma	[kuʃatma]
sitiado (adj)	kuşatılmış	[kuʃatılmıʃ]
assediar, sitiar (vt)	kuşatmak	[kuʃatmak]

inquisição (f)	engizisyon	[engizisjon]
inquisidor (m)	engizisyon mahkemesi üyesi	[engizisjon mahkemesi jujesi]

tortura (f)	işkence	[iʃkendʒe]
cruel (adj)	amansız	[amansız]
herege (m)	kafir	[kafir]
heresia (f)	sapkınlık	[sapkınlık]

navegação (f) marítima	denizcilik	[denizdʒilik]
pirata (m)	korsan	[korsan]

pirataria (f)	korsanlık	[korsanlık]
abordagem (f)	mürettebatın yerini alması	[myrettebatın jerini alması]
presa (f), butim (m)	ganimet	[ganimet]
tesouros (m pl)	hazine	[hazine]

descobrimento (m)	keşif	[keʃif]
descobrir (novas terras)	keşfetmek	[keʃfetmek]
expedição (f)	bilimsel gezisi	[bilimzel gezisi]

mosqueteiro (m)	silahşor	[silahʃor]
cardeal (m)	kardinal	[kardinal]
heráldica (f)	armacılık	[armadʒılık]
heráldico (adj)	hanedan armasına ait	[hanedan armasına ait]

189. Líder. Chefe. Autoridades

rei (m)	kral	[kral]
rainha (f)	kraliçe	[kralitʃe]
real (adj)	kraliyet	[kralijet]
reino (m)	krallık	[krallık]

príncipe (m)	prens	[prens]
princesa (f)	prenses	[prenses]

presidente (m)	başkan	[baʃkan]
vice-presidente (m)	ikinci başkan	[ikindʒi baʃkan]
senador (m)	senatör	[senatør]

monarca (m)	hükümdar	[hykymdar]
governante (m)	ülkenin yöneticisi	[ylkenin jønetidʒisi]
ditador (m)	diktatör	[diktatør]
tirano (m)	tiran	[tiran]
magnata (m)	magnat	[magnat]

diretor (m)	müdür	[mydyr]
chefe (m)	şef	[ʃef]
gerente (m)	yönetici	[jønetidʒi]
patrão (m)	patron	[patron]
dono (m)	sahip	[sahip]

líder (m)	lider	[lider]
chefe (m)	başkan	[baʃkan]
autoridades (f pl)	yetkililer	[jetkililer]
superiores (m pl)	şefler	[ʃefler]

governador (m)	vali	[vali]
cônsul (m)	konsolos	[konsolos]
diplomata (m)	diplomat	[diplomat]
Presidente (m) da Câmara	belediye başkanı	[beledije baʃkanı]
xerife (m)	şerif	[ʃerif]

imperador (m)	imparator	[imparator]
czar (m)	çar	[tʃar]

faraó (m)	firavun	[firavun]
cã, khan (m)	han	[han]

190. Estrada. Caminho. Direções

estrada (f)	yol	[jol]
via (f)	yön	[jøn]
rodovia (f)	şose	[ʃose]
autoestrada (f)	otoban	[otoban]
estrada (f) nacional	eyaletler arası	[ejaletler arası]
estrada (f) principal	ana yol	[ana jol]
estrada (f) de terra	toprak yol	[toprak jol]
trilha (f)	patika	[patika]
pequena trilha (f)	keçi yolu	[ketʃi jolu]
Onde?	Nerede?	[nerede]
Para onde?	Nereye?	[nereje]
De onde?	Nereden?	[nereden]
direção (f)	istikamet	[istikamet]
indicar (~ o caminho)	göstermek	[gøstermek]
para a esquerda	sola	[sola]
para a direita	sağa	[saa]
em frente	dosdoğru	[dosdooru]
para trás	geri	[geri]
curva (f)	viraj	[viraʒ]
virar (~ para a direita)	dönmek	[dønmek]
dar retorno	U dönüşü yapmak	[u dønyʃy japmak]
estar visível	görünmek	[gørynmek]
aparecer (vi)	gözükmek	[gøzykmek]
paragem (pausa)	mola	[mola]
descansar (vi)	istirahat etmek	[istirahat etmek]
descanso, repouso (m)	istirahat	[istirahat]
perder-se (vr)	yolunu kaybetmek	[jolunu kajbetmek]
conduzir a ... (caminho)	... gitmek	[gitmek]
chegar a ...	... varmak	[varmak]
trecho (m)	yolun bir parçası	[jolun bir partʃası]
asfalto (m)	asfalt	[asfalt]
meio-fio (m)	bordür	[bordyr]
valeta (f)	hendek	[hendek]
tampa (f) de esgoto	rögar	[røgar]
acostamento (m)	yol kenarı	[jol kenarı]
buraco (m)	çukur	[tʃukur]
ir (a pé)	yürümek, gitmek	[jurymek], [gitmek]
ultrapassar (vt)	sollamak	[sollamak]

| passo (m) | adım | [adım] |
| a pé | yürüyerek | [juryjerek] |

bloquear (vt)	engellemek	[engellemek]
cancela (f)	kollu bariyer	[kollu barijer]
beco (m) sem saída	çıkmaz sokak	[ʧıkmaz sokak]

191. Violação da lei. Criminosos. Parte 1

bandido (m)	haydut	[hajdut]
crime (m)	suç	[suʧ]
criminoso (m)	suçlu	[suʧlu]

ladrão (m)	hırsız	[hırsız]
roubar (vt)	hırsızlık yapmak	[hırsızlık japmak]
roubo (atividade)	hırsızlık	[hırsızlık]
furto (m)	çalma, soyma	[ʧalma], [sojma]

raptar, sequestrar (vt)	kaçırmak	[kaʧırmak]
sequestro (m)	adam kaçırma	[adam kaʧırma]
sequestrador (m)	adam kaçıran	[adam kaʧıran]

| resgate (m) | fidye | [fidje] |
| pedir resgate | fidye istemek | [fidje istemek] |

roubar (vt)	soymak	[sojmak]
assalto, roubo (m)	silahlı soygun	[silahlı sojgun]
assaltante (m)	soyguncu	[sojgundʒu]

extorquir (vt)	şantaj yapmak	[ʃantaʒ japmak]
extorsionário (m)	şantajcı	[ʃantaʒdʒı]
extorsão (f)	şantaj	[ʃantaʒ]

matar, assassinar (vt)	öldürmek	[øldyrmek]
homicídio (m)	öldürme	[øldyrme]
homicida, assassino (m)	katil	[katil]

tiro (m)	atış	[atıʃ]
dar um tiro	atış yapmak	[atıʃ japmak]
matar a tiro	vurmak	[vurmak]
disparar, atirar (vi)	ateş etmek	[ateʃ etmek]
tiroteio (m)	ateş etme	[ateʃ etme]

incidente (m)	olay	[olaj]
briga (~ de rua)	kavga	[kavga]
Socorro!	İmdat!	[imdat]
vítima (f)	kurban	[kurban]

danificar (vt)	zarar vermek	[zarar vermek]
dano (m)	zarar	[zarar]
cadáver (m)	ceset	[dʒeset]
grave (adj)	ağır	[aır]
atacar (vt)	saldırmak	[saldırmak]
bater (espancar)	vurmak	[vurmak]

172

espancar (vt)	dövmek	[døvmek]
tirar, roubar (dinheiro)	zorla almak	[zorla almak]
esfaquear (vt)	bıçakla öldürmek	[bɪʧakla øldyrmek]
mutilar (vt)	sakatlamak	[sakatlamak]
ferir (vt)	yaralamak	[jaralamak]

chantagem (f)	şantaj	[ʃantaʒ]
chantagear (vt)	şantaj yapmak	[ʃantaʒ japmak]
chantagista (m)	şantajcı	[ʃantaʒʤɪ]

extorsão (f)	haraç	[haraʧ]
extorsionário (m)	haraççı	[haraʧɪ]
gângster (m)	gangster	[gangster]
máfia (f)	mafya	[mafja]

punguista (m)	yankesici	[jankesidʒi]
assaltante, ladrão (m)	hırsız	[hɪrsɪz]
contrabando (m)	kaçakçılık	[kaʧakʧɪlɪk]
contrabandista (m)	kaçakçı	[kaʧakʧɪ]

falsificação (f)	taklit	[taklit]
falsificar (vt)	taklit etmek	[taklit etmek]
falsificado (adj)	sahte	[sahte]

192. Violação da lei. Criminosos. Parte 2

estupro (m)	ırza geçme	[ɪrza geʧme]
estuprar (vt)	ırzına geçmek	[ɪrzɪna geʧmek]
estuprador (m)	zorba	[zorba]
maníaco (m)	manyak	[manjak]

prostituta (f)	hayat kadını	[hajat kadɪnɪ]
prostituição (f)	hayat kadınlığı	[hajat kadɪnlɪːɪ]
cafetão (m)	kadın tüccarı	[kadɪn tyʤarɪ]

| drogado (m) | uyuşturucu bağımlısı | [ujuʃturudʒu baɪmlɪsɪ] |
| traficante (m) | uyuşturucu taciri | [ujuʃturudʒu tadʒiri] |

explodir (vt)	patlatmak	[patlamak]
explosão (f)	patlama	[patlama]
incendiar (vt)	yangın çıkarmak	[jangɪn ʧɪkarmak]
incendiário (m)	kundakçı	[kundakʧɪ]

terrorismo (m)	terörizm	[terørizm]
terrorista (m)	terörist	[terørist]
refém (m)	tutak, rehine	[tutak], [rehine]

enganar (vt)	dolandırmak	[dolandɪrmak]
engano (m)	dolandırma	[dolandɪrma]
vigarista (m)	dolandırıcı	[dolandɪrɪdʒɪ]

subornar (vt)	rüşvet vermek	[ryʃvet vermek]
suborno (atividade)	rüşvet verme	[ryʃvet verme]
suborno (dinheiro)	rüşvet	[ryʃvet]

veneno (m)	zehir	[zehir]
envenenar (vt)	zehirlemek	[zehirlemek]
envenenar-se (vr)	birisini zehirlemek	[birisini zehirlemek]

| suicídio (m) | intihar | [intihar] |
| suicida (m) | intihar eden kimse | [intihar eden kimse] |

ameaçar (vt)	tehdit etmek	[tehdit etmek]
ameaça (f)	tehdit	[tehdit]
atentar contra a vida de ...	öldürmeye çalışmak	[øldyrmeje ʧalıʃmak]
atentado (m)	suikast	[suitkast]

| roubar (um carro) | çalmak | [ʧalmak] |
| sequestrar (um avião) | kaçırmak | [katʃırmak] |

| vingança (f) | intikam | [intikam] |
| vingar (vt) | intikam almak | [intikam almak] |

torturar (vt)	işkence etmek	[iʃkendʒe etmek]
tortura (f)	işkence	[iʃkendʒe]
atormentar (vt)	acı çektirmek	[adʒı ʧektirmek]

pirata (m)	korsan	[korsan]
desordeiro (m)	holigan	[holigan]
armado (adj)	silahlı	[silahlı]
violência (f)	şiddet olayları	[ʃiddet olajarı]
ilegal (adj)	yasadışı	[jasadıʃı]

| espionagem (f) | casusluk | [dʒasusluk] |
| espionar (vi) | casusluk yapmak | [dʒasusluk japmak] |

193. Polícia. Lei. Parte 1

| justiça (sistema de ~) | adalet | [adalet] |
| tribunal (m) | mahkeme | [mahkeme] |

juiz (m)	yargıç	[jargıʧ]
jurados (m pl)	jüri üyesi	[ʒyri jujesi]
tribunal (m) do júri	jürili yargılama	[ʒyrili jargılama]
julgar (vt)	yargılamak	[jargılamak]

advogado (m)	avukat	[avukat]
réu (m)	sanık	[sanık]
banco (m) dos réus	sanık sandalyesi	[sanık sandaljesi]

| acusação (f) | suçlama | [suʧlama] |
| acusado (m) | sanık | [sanık] |

| sentença (f) | ceza, hüküm | [dʒeza], [hykym] |
| sentenciar (vt) | mahkum etmek | [mahkym etmek] |

culpado (m)	suçlu	[suʧlu]
punir (vt)	cezalandırmak	[dʒezalandırmak]
punição (f)	ceza	[dʒeza]

multa (f)	ceza	[dʒeza]
prisão (f) perpétua	ömür boyu hapis	[ømyr boju hapis]
pena (f) de morte	ölüm cezası	[ølym dʒezasɪ]
cadeira (f) elétrica	elektrikli sandalye	[elektrikli sandalje]
forca (f)	darağacı	[daraadʒɪ]
executar (vt)	idam etmek	[idam etmek]
execução (f)	idam	[idam]
prisão (f)	hapishane	[hapishane]
cela (f) de prisão	hücre, koğuş	[hydʒre], [kouʃ]
escolta (f)	muhafız takımı	[muhafɪz takɪmɪ]
guarda (m) prisional	gardiyan	[gardijan]
preso, prisioneiro (m)	tutuklu	[tutuklu]
algemas (f pl)	kelepçe	[keleptʃe]
algemar (vt)	kelepçelemek	[keleptʃelemek]
fuga, evasão (f)	kaçma	[katʃma]
fugir (vi)	kaçmak	[katʃmak]
desaparecer (vi)	kaybolmak	[kajbolmak]
soltar, libertar (vt)	tahliye etmek	[tahlije etmek]
anistia (f)	af	[af]
polícia (instituição)	polis	[polis]
polícia (m)	erkek polis	[erkek polis]
delegacia (f) de polícia	polis karakolu	[polis karakolu]
cassetete (m)	cop	[dʒop]
megafone (m)	megafon	[megafon]
carro (m) de patrulha	devriye arabası	[devrije arabasɪ]
sirene (f)	siren	[siren]
ligar a sirene	sireni açmak	[sireni atʃmak]
toque (m) da sirene	siren sesi	[siren sesi]
cena (f) do crime	olay yeri	[olaj jeri]
testemunha (f)	şahit	[ʃahit]
liberdade (f)	hürriyet	[hyrrijet]
cúmplice (m)	suç ortağı	[sutʃ ortaɪ]
escapar (vi)	kaçmak	[katʃmak]
traço (não deixar ~s)	iz	[iz]

194. Polícia. Lei. Parte 2

procura (f)	arama	[arama]
procurar (vt)	aramak	[aramak]
suspeita (f)	şüphe	[ʃyphe]
suspeito (adj)	şüpheli	[ʃypheli]
parar (veículo, etc.)	durdurmak	[durdurmak]
deter (fazer parar)	tutuklamak	[tutuklamak]
caso (~ criminal)	dava	[dava]
investigação (f)	soruşturma	[soruʃturma]

detetive (m)	dedektif	[dedektif]
investigador (m)	sorgu yargıcı	[sorgu jargıdʒı]
versão (f)	versiyon	[versjon]
motivo (m)	gerekçe	[gerektʃe]
interrogatório (m)	sorgu	[sorgu]
interrogar (vt)	sorgulamak	[sorgulamak]
questionar (vt)	soruşturmak	[soruʃturmak]
verificação (f)	yoklama	[joklama]
batida (f) policial	tarama	[tarama]
busca (f)	arama	[arama]
perseguição (f)	kovalama	[kovalama]
perseguir (vt)	takip etmek	[takip etmek]
seguir, rastrear (vt)	izlemek	[izlemek]
prisão (f)	tutuklama	[tutuklama]
prender (vt)	tutuklamak	[tutuklamak]
pegar, capturar (vt)	yakalamak	[jakalamak]
captura (f)	yakalama	[jakalama]
documento (m)	belge	[belge]
prova (f)	kanıt, ispat	[kanıt], [ispat]
provar (vt)	ispat etmek	[ispat etmek]
pegada (f)	ayak izi	[ajak izı]
impressões (f pl) digitais	parmak izleri	[parmak izleri]
prova (f)	delil	[delil]
álibi (m)	mazeret	[mazeret]
inocente (adj)	suçsuz	[sutʃsuz]
injustiça (f)	haksızlık	[haksızlık]
injusto (adj)	haksız	[haksız]
criminal (adj)	cinayet	[dʒinajet]
confiscar (vt)	el koymak	[el kojmak]
droga (f)	uyuşturucu	[ujuʃturudʒu]
arma (f)	silah	[silah]
desarmar (vt)	silahsızlandırmak	[silah sızlandırmak]
ordenar (vt)	emretmek	[emretmek]
desaparecer (vi)	kaybolmak	[kajbolmak]
lei (f)	kanun	[kanun]
legal (adj)	kanuni	[kanuni]
ilegal (adj)	kanuna aykırı	[kanuna ajkırı]
responsabilidade (f)	sorumluluk	[sorumluluk]
responsável (adj)	sorumlu	[sorumlu]

NATUREZA

A Terra. Parte 1

195. Espaço sideral

espaço, cosmo (m)	uzay, evren	[uzaj], [evren]
espacial, cósmico (adj)	uzay	[uzaj]
espaço (m) cósmico	feza	[feza]
mundo (m)	kainat	[kajnat]
universo (m)	evren	[evren]
galáxia (f)	galaksi	[galaksi]
estrela (f)	yıldız	[jıldız]
constelação (f)	takımyıldız	[takımjıldız]
planeta (m)	gezegen	[gezegen]
satélite (m)	uydu	[ujdu]
meteorito (m)	göktaşı	[gøktaʃı]
cometa (m)	kuyruklu yıldız	[kujruklu jıldız]
asteroide (m)	asteroit	[asteroit]
órbita (f)	yörünge	[jørynge]
girar (vi)	dönmek	[dønmek]
atmosfera (f)	atmosfer	[atmosfer]
Sol (m)	Güneş	[gyneʃ]
Sistema (m) Solar	Güneş sistemi	[gyneʃ sistemi]
eclipse (m) solar	Güneş tutulması	[gyneʃ tutulması]
Terra (f)	Dünya	[dynja]
Lua (f)	Ay	[aj]
Marte (m)	Mars	[mars]
Vênus (f)	Venüs	[venys]
Júpiter (m)	Jüpiter	[ʒupiter]
Saturno (m)	Satürn	[satyrn]
Mercúrio (m)	Merkür	[merkyr]
Urano (m)	Uranüs	[uranys]
Netuno (m)	Neptün	[neptyn]
Plutão (m)	Plüton	[plyton]
Via Láctea (f)	Samanyolu	[samanjolu]
Ursa Maior (f)	Büyükayı	[byjuk ajı]
Estrela Polar (f)	Kutup yıldızı	[kutup jıldızı]
marciano (m)	Merihli	[merihli]
extraterrestre (m)	uzaylı	[uzajlı]

| alienígena (m) | uzaylı | [uzajlı] |
| disco (m) voador | uçan daire | [utʃan daire] |

espaçonave (f)	uzay gemisi	[uzaj gemisi]
estação (f) orbital	yörünge istasyonu	[jørynge istasjonu]
lançamento (m)	uzaya fırlatma	[uzaja fırlatma]

motor (m)	motor	[motor]
bocal (m)	roket meme	[roket meme]
combustível (m)	yakıt	[jakıt]

cabine (f)	kabin	[kabin]
antena (f)	anten	[anten]
vigia (f)	lombar	[lombar]
bateria (f) solar	güneş pili	[gyneʃ pili]
traje (m) espacial	uzay elbisesi	[uzaj elbisesi]

| imponderabilidade (f) | ağırlıksızlık | [aırlıksızlık] |
| oxigênio (m) | oksijen | [oksiʒen] |

| acoplagem (f) | uzayda kenetlenme | [uzajda kenetlenme] |
| fazer uma acoplagem | kenetlenmek | [kenetlenmek] |

observatório (m)	gözlemevi	[gøzlemevi]
telescópio (m)	teleskop	[teleskop]
observar (vt)	gözlemlemek	[gøzlemlemek]
explorar (vt)	araştırmak	[araʃtırmak]

196. A Terra

Terra (f)	Dünya	[dynja]
globo terrestre (Terra)	yerküre	[jerkyre]
planeta (m)	gezegen	[gezegen]

atmosfera (f)	atmosfer	[atmosfer]
geografia (f)	coğrafya	[dʒoorafja]
natureza (f)	doğa	[doa]

globo (mapa esférico)	yerküre	[jerkyre]
mapa (m)	harita	[harita]
atlas (m)	atlas	[atlas]

| Europa (f) | Avrupa | [avrupa] |
| Ásia (f) | Asya | [asja] |

| África (f) | Afrika | [afrika] |
| Austrália (f) | Avustralya | [avustralja] |

América (f)	Amerika	[amerika]
América (f) do Norte	Kuzey Amerika	[kuzej amerika]
América (f) do Sul	Güney Amerika	[gynej amerika]

| Antártida (f) | Antarktik | [antarktik] |
| Ártico (m) | Arktik | [arktik] |

197. Pontos cardeais

norte (m)	kuzey	[kuzej]
para norte	kuzeye	[kuzeje]
no norte	kuzeyde	[kuzejde]
do norte (adj)	kuzey	[kuzej]
sul (m)	güney	[gynej]
para sul	güneye	[gyneje]
no sul	güneyde	[gynejde]
do sul (adj)	güney	[gynej]
oeste, ocidente (m)	batı	[batı]
para oeste	batıya	[batıja]
no oeste	batıda	[batıda]
ocidental (adj)	batı	[batı]
leste, oriente (m)	doğu	[dou]
para leste	doğuya	[douja]
no leste	doğuda	[douda]
oriental (adj)	doğu	[dou]

198. Mar. Oceano

mar (m)	deniz	[deniz]
oceano (m)	okyanus	[okjanus]
golfo (m)	körfez	[kørfez]
estreito (m)	boğaz	[boaz]
continente (m)	kıta	[kıta]
ilha (f)	ada	[ada]
península (f)	yarımada	[jarımada]
arquipélago (m)	takımada	[takımada]
baía (f)	koy	[koj]
porto (m)	liman	[liman]
lagoa (f)	deniz kulağı	[deniz kulaı]
cabo (m)	burun	[burun]
atol (m)	atol	[atol]
recife (m)	resif	[resif]
coral (m)	mercan	[merdʒan]
recife (m) de coral	mercan kayalığı	[merdʒan kajalı:ı]
profundo (adj)	derin	[derin]
profundidade (f)	derinlik	[derinlik]
abismo (m)	uçurum	[utʃurum]
fossa (f) oceânica	çukur	[tʃukur]
corrente (f)	akıntı	[akıntı]
banhar (vt)	çevrelemek	[tʃevrelemek]
litoral (m)	kıyı	[kıjı]
costa (f)	kıyı, sahil	[kıjı], [sahil]

maré (f) alta	kabarma	[kabarma]
refluxo (m)	cezir	[dʒezir]
restinga (f)	sığlık	[sɪːlık]
fundo (m)	dip	[dip]

onda (f)	dalga	[dalga]
crista (f) da onda	dağ sırtı	[daa sırtı]
espuma (f)	köpük	[køpyk]

tempestade (f)	fırtına	[fırtına]
furacão (m)	kasırga	[kasırga]
tsunami (m)	tsunami	[tsunami]
calmaria (f)	limanlık	[limanlık]
calmo (adj)	sakin	[sakin]

polo (m)	kutup	[kutup]
polar (adj)	kutuplu	[kutuplu]

latitude (f)	enlem	[enlem]
longitude (f)	boylam	[bojlam]
paralela (f)	paralel	[paralel]
equador (m)	ekvator	[ekvator]

céu (m)	gök	[gøk]
horizonte (m)	ufuk	[ufuk]
ar (m)	hava	[hava]

farol (m)	deniz feneri	[deniz feneri]
mergulhar (vi)	dalmak	[dalmak]
afundar-se (vr)	batmak	[batmak]
tesouros (m pl)	hazine	[hazine]

199. Nomes de Mares e Oceanos

Oceano (m) Atlântico	Atlas Okyanusu	[atlas okjanusu]
Oceano (m) Índico	Hint Okyanusu	[hint okjanusu]
Oceano (m) Pacífico	Pasifik Okyanusu	[pasifik okjanusu]
Oceano (m) Ártico	Kuzey Buz Denizi	[kuzej buz denizi]

Mar (m) Negro	Karadeniz	[karadeniz]
Mar (m) Vermelho	Kızıldeniz	[kızıldeniz]
Mar (m) Amarelo	Sarı Deniz	[sarı deniz]
Mar (m) Branco	Beyaz Deniz	[bejaz deniz]

Mar (m) Cáspio	Hazar Denizi	[hazar denizi]
Mar (m) Morto	Ölüdeniz	[ølydeniz]
Mar (m) Mediterrâneo	Akdeniz	[akdeniz]

Mar (m) Egeu	Ege Denizi	[ege denizi]
Mar (m) Adriático	Adriyatik Denizi	[adrijatik denizi]

Mar (m) Arábico	Umman Denizi	[umman denizi]
Mar (m) do Japão	Japon Denizi	[ʒapon denizi]
Mar (m) de Bering	Bering Denizi	[bering denizi]

Mar (m) da China Meridional	Güney Çin Denizi	[gynej tʃin denizi]
Mar (m) de Coral	Mercan Denizi	[merdʒan denizi]
Mar (m) de Tasman	Tasman Denizi	[tasman denizi]
Mar (m) do Caribe	Karayip Denizi	[karajip denizi]
Mar (m) de Barents	Barents Denizi	[barents denizi]
Mar (m) de Kara	Kara Denizi	[kara denizi]
Mar (m) do Norte	Kuzey Denizi	[kuzej denizi]
Mar (m) Báltico	Baltık Denizi	[baltık denizi]
Mar (m) da Noruega	Norveç Denizi	[norvetʃ denizi]

200. Montanhas

montanha (f)	dağ	[daa]
cordilheira (f)	dağ silsilesi	[daa silsilesi]
serra (f)	sıradağlar	[sıradaalar]
cume (m)	zirve	[zirve]
pico (m)	doruk, zirve	[doruk], [zirve]
pé (m)	etek	[etek]
declive (m)	yamaç	[jamatʃ]
vulcão (m)	yanardağ	[janardaa]
vulcão (m) ativo	faal yanardağ	[faal janardaa]
vulcão (m) extinto	sönmüş yanardağ	[sønmyʃ janardaa]
erupção (f)	püskürme	[pyskyrme]
cratera (f)	yanardağ ağzı	[janardaa aazı]
magma (m)	magma	[magma]
lava (f)	lav	[lav]
fundido (lava ~a)	kızgın	[kızgın]
cânion, desfiladeiro (m)	kanyon	[kanjon]
garganta (f)	boğaz	[boaz]
fenda (f)	dere	[dere]
precipício (m)	uçurum	[utʃurum]
passo, colo (m)	dağ geçidi	[daa getʃidi]
planalto (m)	yayla	[jajla]
falésia (f)	kaya	[kaja]
colina (f)	tepe	[tepe]
geleira (f)	buzluk	[buzluk]
cachoeira (f)	şelâle	[ʃelale]
gêiser (m)	gayzer	[gajzer]
lago (m)	göl	[gøl]
planície (f)	ova	[ova]
paisagem (f)	manzara	[manzara]
eco (m)	yankı	[jankı]
alpinista (m)	dağcı, alpinist	[daadʒı], [alpinist]
escalador (m)	dağcı	[daadʒı]

| conquistar (vt) | fethetmek | [fethetmek] |
| subida, escalada (f) | tırmanma | [tırmanma] |

201. Nomes de montanhas

Alpes (m pl)	Alp Dağları	[alp daaları]
Monte Branco (m)	Mont Blanc	[mont blan]
Pirineus (m pl)	Pireneler	[pirineler]

Cárpatos (m pl)	Karpatlar	[karpatlar]
Urais (m pl)	Ural Dağları	[ural daaları]
Cáucaso (m)	Kafkasya	[kafkasja]
Elbrus (m)	Elbruz Dağı	[elbrus daaı]

Altai (m)	Altay	[altaj]
Tian Shan (m)	Tien-şan	[tjen ʃan]
Pamir (m)	Pamir	[pamir]
Himalaia (m)	Himalaya Dağları	[himalaja daaları]
monte Everest (m)	Everest Dağı	[everest daaı]

| Cordilheira (f) dos Andes | And Dağları | [and daaları] |
| Kilimanjaro (m) | Kilimanjaro | [kilimandʒaro] |

202. Rios

rio (m)	nehir, ırmak	[nehir], [ırmak]
fonte, nascente (f)	kaynak	[kajnak]
leito (m) de rio	nehir yatağı	[nehir jataı]
bacia (f)	havza	[havza]
desaguar no ...	... dökülmek	[døkylmek]

| afluente (m) | kol | [kol] |
| margem (do rio) | sahil | [sahil] |

corrente (f)	akıntı	[akıntı]
rio abaixo	nehir boyunca	[nehir bojundʒa]
rio acima	nehirden yukarı	[nehirden jukarı]

inundação (f)	taşkın	[taʃkın]
cheia (f)	nehrin taşması	[nehrin taʃması]
transbordar (vi)	taşmak	[taʃmak]
inundar (vt)	su basmak	[su basmak]

| banco (m) de areia | sığlık | [sı:ılık] |
| corredeira (f) | nehrin akıntılı yeri | [nehrin akıntılı jeri] |

barragem (f)	baraj	[baraʒ]
canal (m)	kanal	[kanal]
reservatório (m) de água	baraj gölü	[baraʒ gøly]
eclusa (f)	alavere havuzu	[alavere havuzu]
corpo (m) de água	su birikintisi	[su birikintisi]
pântano (m)	bataklık	[bataklık]

| lamaçal (m) | bataklık arazi | [bataklık arazi] |
| redemoinho (m) | girdap | [girdap] |

riacho (m)	dere	[dere]
potável (adj)	içilir	[itʃilir]
doce (água)	tatlı	[tatlı]

| gelo (m) | buz | [buz] |
| congelar-se (vr) | buz tutmak | [buz tutmak] |

203. Nomes de rios

| rio Sena (m) | Sen nehri | [sen nehri] |
| rio Loire (m) | Loire nehri | [luara nehri] |

rio Tâmisa (m)	Thames nehri	[temz nehri]
rio Reno (m)	Ren nehri	[ren nehri]
rio Danúbio (m)	Tuna nehri	[tuna nehri]

rio Volga (m)	Volga nehri	[volga nehri]
rio Don (m)	Don nehri	[don nehri]
rio Lena (m)	Lena nehri	[lena nehri]

rio Amarelo (m)	Sarı Irmak	[sarı ırmak]
rio Yangtzé (m)	Yangçe nehri	[jangtʃe nehri]
rio Mekong (m)	Mekong nehri	[mekong nehri]
rio Ganges (m)	Ganj nehri	[ganʒ nehri]

rio Nilo (m)	Nil nehri	[nil nehri]
rio Congo (m)	Kongo nehri	[kongo nehri]
rio Cubango (m)	Okavango nehri	[okavango nehri]
rio Zambeze (m)	Zambezi nehri	[zambezi nehri]
rio Limpopo (m)	Limpopo nehri	[limpopo nehri]
rio Mississippi (m)	Mississippi nehri	[misisipi nehri]

204. Floresta

| floresta (f), bosque (m) | orman | [orman] |
| florestal (adj) | orman | [orman] |

mata (f) fechada	kesif orman	[kesif orman]
arvoredo (m)	koru, ağaçlık	[koru], [aatʃlık]
clareira (f)	ormanda açıklığı	[ormanda atʃıklı:ı]

| matagal (m) | sık ağaçlık | [ʃık aatʃlık] |
| mato (m), caatinga (f) | çalılık | [tʃalılık] |

| pequena trilha (f) | keçi yolu | [ketʃi jolu] |
| ravina (f) | sel yatağı | [sel jataı] |

| árvore (f) | ağaç | [aatʃ] |
| folha (f) | yaprak | [japrak] |

folhagem (f)	yapraklar	[japraklar]
queda (f) das folhas	yaprak dökümü	[japrak døkymy]
cair (vi)	dökülmek	[døkylmek]
topo (m)	ağacın tepesi	[aadʒın tepesi]

ramo (m)	dal	[dal]
galho (m)	ağaç dalı	[aatʃ dalı]
botão (m)	tomurcuk	[tomurdʒuk]
agulha (f)	iğne yaprak	[i:ine japrak]
pinha (f)	kozalak	[kozalak]

buraco (m) de árvore	kovuk	[kovuk]
ninho (m)	yuva	[juva]
toca (f)	in	[in]

tronco (m)	gövde	[gøvde]
raiz (f)	kök	[køk]
casca (f) de árvore	kabuk	[kabuk]
musgo (m)	yosun	[josun]

arrancar pela raiz	kökünden sökmek	[køkynden søkmek]
cortar (vt)	kesmek	[kesmek]
desflorestar (vt)	ağaçları yok etmek	[aatʃları jok etmek]
toco, cepo (m)	kütük	[kytyk]

fogueira (f)	kamp ateşi	[kamp ateʃi]
incêndio (m) florestal	yangın	[jangın]
apagar (vt)	söndürmek	[søndyrmek]

guarda-parque (m)	orman bekçisi	[orman bektʃisi]
proteção (f)	koruma	[koruma]
proteger (a natureza)	korumak	[korumak]
caçador (m) furtivo	kaçak avcı	[katʃak avdʒı]
armadilha (f)	kapan	[kapan]

| colher (cogumelos, bagas) | toplamak | [toplamak] |
| perder-se (vr) | yolunu kaybetmek | [jolunu kajbetmek] |

205. Recursos naturais

recursos (m pl) naturais	doğal kaynaklar	[doal kajnaklar]
minerais (m pl)	madensel maddeler	[madensel maddeler]
depósitos (m pl)	katman	[katman]
jazida (f)	yatak	[jatak]

extrair (vt)	çıkarmak	[tʃıkarmak]
extração (f)	maden çıkarma	[maden tʃıkarma]
minério (m)	filiz	[filiz]
mina (f)	maden ocağı	[maden odʒaı]
poço (m) de mina	kuyu	[kuju]
mineiro (m)	maden işçisi	[maden iʃtʃisi]

| gás (m) | gaz | [gaz] |
| gasoduto (m) | gaz boru hattı | [gaz boru hattı] |

petróleo (m)	petrol	[petrol]
oleoduto (m)	petrol boru hattı	[petrol boru hattı]
poço (m) de petróleo	petrol kulesi	[petrol kulesi]
torre (f) petrolífera	sondaj kulesi	[sondaʒ kulesi]
petroleiro (m)	tanker	[tanker]
areia (f)	kum	[kum]
calcário (m)	kireçtaşı	[kiretʃtaʃı]
cascalho (m)	çakıl	[tʃakılı]
turfa (f)	turba	[turba]
argila (f)	kil	[kil]
carvão (m)	kömür	[kømyr]
ferro (m)	demir	[demir]
ouro (m)	altın	[altın]
prata (f)	gümüş	[gymyʃ]
níquel (m)	nikel	[nikel]
cobre (m)	bakır	[bakır]
zinco (m)	çinko	[tʃinko]
manganês (m)	manganez	[manganez]
mercúrio (m)	cıva	[dʒıva]
chumbo (m)	kurşun	[kurʃun]
mineral (m)	mineral	[mineral]
cristal (m)	billur	[billyr]
mármore (m)	mermer	[mermer]
urânio (m)	uranyum	[uranjum]

A Terra. Parte 2

206. Tempo

tempo (m)	hava	[hava]
previsão (f) do tempo	hava tahmini	[hava tahmini]
temperatura (f)	sıcaklık	[sıdʒaklık]
termômetro (m)	termometre	[termometre]
barômetro (m)	barometre	[barometre]

úmido (adj)	nemli	[nemli]
umidade (f)	nem	[nem]
calor (m)	sıcaklık	[sıdʒaklık]
tórrido (adj)	sıcak	[sıdʒak]
está muito calor	hava sıcak	[hava sıdʒak]

está calor	hava ılık	[hava ılık]
quente (morno)	ılık	[ılık]

está frio	hava soğuk	[hava souk]
frio (adj)	soğuk	[souk]

sol (m)	güneş	[gyneʃ]
brilhar (vi)	ışık vermek	[ıʃık vermek]
de sol, ensolarado	güneşli	[gyneʃli]
nascer (vi)	doğmak	[doomak]
pôr-se (vr)	batmak	[batmak]

nuvem (f)	bulut	[bulut]
nublado (adj)	bulutlu	[bulutlu]
nuvem (f) preta	yağmur bulutu	[jaamur bulutu]
escuro, cinzento (adj)	kapalı	[kapalı]

chuva (f)	yağmur	[jaamur]
está a chover	yağmur yağıyor	[jaamur jaıjor]

chuvoso (adj)	yağmurlu	[jaamurlu]
chuviscar (vi)	çiselemek	[tʃiselemek]

chuva (f) torrencial	sağanak	[saanak]
aguaceiro (m)	şiddetli yağmur	[ʃiddetli jaamur]
forte (chuva, etc.)	şiddetli, zorlu	[ʃiddetli], [zorlu]

poça (f)	su birikintisi	[su birikintisi]
molhar-se (vr)	ıslanmak	[ıslanmak]

nevoeiro (m)	sis, duman	[sis], [duman]
de nevoeiro	sisli	[sisli]
neve (f)	kar	[kar]
está nevando	kar yağıyor	[kar jaıjor]

207. Tempo extremo. Catástrofes naturais

trovoada (f)	fırtına	[fırtına]
relâmpago (m)	şimşek	[ʃimʃek]
relampejar (vi)	çakmak	[tʃakmak]

trovão (m)	gök gürültüsü	[gøk gyryltysy]
trovejar (vi)	gürlemek	[gyrlemek]
está trovejando	gök gürlüyor	[gøk gyrlyjor]

granizo (m)	dolu	[dolu]
está caindo granizo	dolu yağıyor	[dolu jaɪjor]

inundar (vt)	su basmak	[su basmak]
inundação (f)	taşkın	[taʃkın]

terremoto (m)	deprem	[deprem]
abalo, tremor (m)	sarsıntı	[sarsıntı]
epicentro (m)	deprem merkezi	[deprem merkezi]

erupção (f)	püskürme	[pyskyrme]
lava (f)	lav	[lav]

tornado (m)	hortum	[hortum]
tornado (m)	kasırga	[kasırga]
tufão (m)	tayfun	[tajfun]

furacão (m)	kasırga	[kasırga]
tempestade (f)	fırtına	[fırtına]
tsunami (m)	tsunami	[tsunami]

ciclone (m)	siklon	[siklon]
mau tempo (m)	kötü hava	[køty hava]
incêndio (m)	yangın	[jangın]
catástrofe (f)	felaket	[felaket]
meteorito (m)	göktaşı	[gøktaʃı]

avalanche (f)	çığ	[tʃı:ı]
deslizamento (m) de neve	çığ	[tʃı:ı]
nevasca (f)	tipi	[tipi]
tempestade (f) de neve	kar fırtınası	[kar fırtınası]

208. Ruídos. Sons

silêncio (m)	sessizlik	[sessizlik]
som (m)	ses	[ses]
ruído, barulho (m)	gürültü	[gyrylty]
fazer barulho	gürültü etmek	[gyrylty etmek]
ruidoso, barulhento (adj)	gürültülü	[gyryltyly]

alto	yüksek sesle	[juksek sesle]
alto (ex. voz ~a)	yüksek	[juksek]
constante (ruído, etc.)	sürekli	[syrekli]

grito (m)	bağırtı	[baırtı]
gritar (vi)	bağırmak	[baırmak]
sussurro (m)	fısıltı	[fısıltı]
sussurrar (vi, vt)	fısıldamak	[fısıldamak]

latido (m)	havlama	[havlama]
latir (vi)	havlamak	[havlamak]

gemido (m)	inleme, sızlanma	[inleme], [sızlama]
gemer (vi)	inlemek	[inlemek]
tosse (f)	öksürük	[øksyryk]
tossir (vi)	öksürmek	[øksyrmek]

assobio (m)	ıslık	[ıslık]
assobiar (vi)	ıslık çalmak	[ıslık ʧalmak]
batida (f)	kapıyı çalma	[kapıjı ʧalma]
bater (à porta)	kapıyı çalmak	[kapıjı ʧalmak]

estalar (vi)	çatırdamak	[ʧatırdamak]
estalido (m)	çatırtı	[ʧatırtı]

sirene (f)	siren	[siren]
apito (m)	düdük	[dydyk]
apitar (vi)	çalmak	[ʧalmak]
buzina (f)	klakson sesi	[klakson sesi]
buzinar (vi)	korna çalmak	[korna ʧalmak]

209. Inverno

inverno (m)	kış	[kıʃ]
de inverno	kış, kışlık	[kıʃ], [kıʃlık]
no inverno	kışın	[kıʃın]

neve (f)	kar	[kar]
está nevando	kar yağıyor	[kar jaıjor]
queda (f) de neve	kar yağışı	[kar jaıʃı]
amontoado (m) de neve	kürtün	[kyrtyn]

floco (m) de neve	kar tanesi	[kar tanesi]
bola (f) de neve	kar topu	[kar topu]
boneco (m) de neve	kardan adam	[kardan adam]
sincelo (m)	saçak buzu	[saʧak buzu]

dezembro (m)	aralık	[aralık]
janeiro (m)	ocak	[odʒak]
fevereiro (m)	şubat	[ʃubat]

gelo (m)	ayaz	[ajaz]
gelado (tempo ~)	ayazlı	[ajazlı]

abaixo de zero	sıfırın altında	[sıfırın altında]
primeira geada (f)	donlar	[donlar]
geada (f) branca	kırağı	[kıraı]
frio (m)	soğuk	[souk]

está frio	hava soğuk	[hava souk]
casaco (m) de pele	kürk manto	[kyrk manto]
mitenes (f pl)	eldivenler	[eldivenler]
adoecer (vi)	hastalanmak	[hastalanmak]
resfriado (m)	soğuk algınlığı	[souk algınlı:ı]
ficar resfriado	soğuk almak	[souk almak]
gelo (m)	buz	[buz]
gelo (m) na estrada	parlak buz	[parlak buz]
congelar-se (vr)	buz tutmak	[buz tutmak]
bloco (m) de gelo	buz parçası	[buz partʃası]
esqui (m)	kayak	[kajak]
esquiador (m)	kayakçı	[kajaktʃı]
esquiar (vi)	kayak yapmak	[kajak japmak]
patinar (vi)	paten kaymak	[paten kajmak]

Fauna

210. Mamíferos. Predadores

predador (m)	yırtıcı hayvan	[jɪrtɪdʒɪ hajvan]
tigre (m)	kaplan	[kaplan]
leão (m)	aslan	[aslan]
lobo (m)	kurt	[kurt]
raposa (f)	tilki	[tilki]
jaguar (m)	jagar, jaguar	[ʒagar]
leopardo (m)	leopar	[leopar]
chita (f)	çita	[tʃita]
pantera (f)	panter	[panter]
puma (m)	puma	[puma]
leopardo-das-neves (m)	kar leoparı	[kar leoparı]
lince (m)	vaşak	[vaʃak]
coiote (m)	kır kurdu	[kır kurdu]
chacal (m)	çakal	[tʃakal]
hiena (f)	sırtlan	[sırtlan]

211. Animais selvagens

animal (m)	hayvan	[hajvan]
besta (f)	vahşi hayvan	[vahʃi hajvan]
esquilo (m)	sincap	[sindʒap]
ouriço (m)	kirpi	[kirpi]
lebre (f)	yabani tavşan	[jabani tavʃan]
coelho (m)	tavşan	[tavʃan]
texugo (m)	porsuk	[porsuk]
guaxinim (m)	rakun	[rakun]
hamster (m)	cırlak sıçan	[dʒirlak sıtʃan]
marmota (f)	dağ sıçanı	[daa sıtʃanı]
toupeira (f)	köstebek	[køstebek]
rato (m)	fare	[fare]
ratazana (f)	sıçan	[sıtʃan]
morcego (m)	yarasa	[jarasa]
arminho (m)	kakım	[kakım]
zibelina (f)	samur	[samur]
marta (f)	ağaç sansarı	[aatʃ sansarı]
doninha (f)	gelincik	[gelindʒik]
visom (m)	vizon	[vizon]

castor (m)	kunduz	[kunduz]
lontra (f)	su samuru	[su samuru]
cavalo (m)	at	[at]
alce (m)	Avrupa musu	[avrupa musu]
veado (m)	geyik	[gejik]
camelo (m)	deve	[deve]
bisão (m)	bizon	[bizon]
auroque (m)	Avrupa bizonu	[avrupa bizonu]
búfalo (m)	manda	[manda]
zebra (f)	zebra	[zebra]
antílope (m)	antilop	[antilop]
corça (f)	karaca	[karadʒa]
gamo (m)	alageyik	[alagejik]
camurça (f)	dağ keçisi	[daa ketʃisi]
javali (m)	yaban domuzu	[jaban domuzu]
baleia (f)	balina	[balina]
foca (f)	fok	[fok]
morsa (f)	mors	[mors]
urso-marinho (m)	kürklü fok balığı	[kyrkly fok balı:ı]
golfinho (m)	yunus	[junus]
urso (m)	ayı	[ajı]
urso (m) polar	beyaz ayı	[bejaz ajı]
panda (m)	panda	[panda]
macaco (m)	maymun	[majmun]
chimpanzé (m)	şempanze	[ʃempanze]
orangotango (m)	orangutan	[orangutan]
gorila (m)	goril	[goril]
macaco (m)	makak	[makak]
gibão (m)	jibon	[ʒibon]
elefante (m)	fil	[fil]
rinoceronte (m)	gergedan	[gergedan]
girafa (f)	zürafa	[zyrafa]
hipopótamo (m)	su aygırı	[su ajgırı]
canguru (m)	kanguru	[kanguru]
coala (m)	koala	[koala]
mangusto (m)	firavunfaresi	[fıravunfaresi]
chinchila (f)	şinşilla	[ʃinʃilla]
cangambá (f)	kokarca	[kokardʒa]
porco-espinho (m)	oklukirpi	[oklukirpi]

212. Animais domésticos

gata (f)	kedi	[kedi]
gato (m) macho	erkek kedi	[erkek kedi]
cão (m)	köpek	[køpek]

cavalo (m)	at	[at]
garanhão (m)	aygır	[ajgır]
égua (f)	kısrak	[kısrak]

vaca (f)	inek	[inek]
touro (m)	boğa	[boa]
boi (m)	öküz	[økyz]

ovelha (f)	koyun	[kojun]
carneiro (m)	koç	[kotʃ]
cabra (f)	keçi	[ketʃi]
bode (m)	teke	[teke]

| burro (m) | eşek | [eʃek] |
| mula (f) | katır | [katır] |

porco (m)	domuz	[domuz]
leitão (m)	domuz yavrusu	[domuz javrusu]
coelho (m)	tavşan	[tavʃan]

| galinha (f) | tavuk | [tavuk] |
| galo (m) | horoz | [horoz] |

pata (f), pato (m)	ördek	[ørdek]
pato (m)	suna	[suna]
ganso (m)	kaz	[kaz]

| peru (m) | erkek hindi | [erkek hindi] |
| perua (f) | dişi hindi | [diʃi hindi] |

animais (m pl) domésticos	evcil hayvanlar	[evdʒil hajvanlar]
domesticado (adj)	evcil	[evdʒil]
domesticar (vt)	evcilleştirmek	[evdʒilleʃtirmek]
criar (vt)	yetiştirmek	[jetiʃtirmek]

fazenda (f)	çiftlik	[tʃiftlik]
aves (f pl) domésticas	kümse hayvanları	[kymse hajvanları]
gado (m)	çiftlik hayvanları	[tʃiftlik hajvanları]
rebanho (m), manada (f)	sürü	[syry]

estábulo (m)	ahır	[ahır]
chiqueiro (m)	domuz ahırı	[domuz ahırı]
estábulo (m)	inek ahırı	[inek ahırı]
coelheira (f)	tavşan kafesi	[tavʃan kafesi]
galinheiro (m)	tavuk kümesi	[tavuk kymesi]

213. Cães. Raças de cães

cão (m)	köpek	[køpek]
cão pastor (m)	çoban köpeği	[tʃoban køpei]
pastor-alemão (m)	Alman Kurdu	[alman kurdu]
poodle (m)	kaniş	[kaniʃ]
linguicinha (m)	mastı	[mastı]
buldogue (m)	buldok	[buldok]

boxer (m)	boksör köpek	[boksør køpek]
mastim (m)	mastı	[mastı]
rottweiler (m)	rottweiler	[rotvejler]
dóberman (m)	doberman	[doberman]

basset (m)	basset av köpeği	[basset av køpei]
pastor inglês (m)	bobtail	[bobtejl]
dálmata (m)	dalmaçyalı	[dalmatʃjalı]
cocker spaniel (m)	cocker	[koker]

terra-nova (m)	Ternöv köpeği	[ternøv køpei]
são-bernardo (m)	senbernar	[senbernar]

husky (m) siberiano	haski	[haski]
Chow-chow (m)	chow chow, Çin Aslanı	[ʧau ʧau], [ʧin aslanı]
spitz alemão (m)	Spitz	[ʃpits]
pug (m)	pug	[pag]

214. Sons produzidos pelos animais

latido (m)	havlama	[havlama]
latir (vi)	havlamak	[havlamak]
miar (vi)	miyavlamak	[mijavlamak]
ronronar (vi)	mırlamak	[mırlamak]

mugir (vaca)	böğürmek	[bøjurmek]
bramir (touro)	böğürmek	[bøjurmek]
rosnar (vi)	uğuldamak	[uuldamak]

uivo (m)	uluma	[uluma]
uivar (vi)	ulumak	[ulumak]
ganir (vi)	çenilemek	[ʧenilemek]

balir (vi)	melemek	[melemek]
grunhir (vi)	domuz homurtusu	[domuz homurtusu]
guinchar (vi)	acıyla havlamak	[adʒıjla havlamak]

coaxar (sapo)	vakvak etmek	[vak vak etmek]
zumbir (inseto)	vızıldamak	[vızıldamak]
ziziar (vi)	çekirge sesi çıkarmak	[ʧekirge sesi ʧıkarmak]

215. Animais jovens

cria (f), filhote (m)	yavru	[javru]
gatinho (m)	kedi yavrusu	[kedi javrusu]
ratinho (m)	fare yavrusu	[fare javrusu]
cachorro (m)	köpek yavrusu	[køpek javrusu]

filhote (m) de lebre	tavşan yavrusu	[tavʃan javrusu]
coelhinho (m)	yavru tavşan	[javru tavʃan]
lobinho (m)	kurt yavrusu	[kurt javrusu]
filhote (m) de raposa	tilki yavrusu	[tilki javrusu]

filhote (m) de urso	ayı yavrusu	[ajı javrusu]
filhote (m) de leão	aslan yavrusu	[aslan javrusu]
filhote (m) de tigre	kaplan yavrusu	[kaplan javrusu]
filhote (m) de elefante	fil yavrusu	[fil javrusu]
leitão (m)	domuz yavrusu	[domuz javrusu]
bezerro (m)	dana	[dana]
cabrito (m)	oğlak	[oolak]
cordeiro (m)	kuzu	[kuzu]
filhote (m) de veado	geyik yavrusu	[gejik javrusu]
cria (f) de camelo	deve yavrusu	[deve javrusu]
filhote (m) de serpente	yılan yavrusu	[jılan javrusu]
filhote (m) de rã	kurbağacık	[kurbaadʒık]
cria (f) de ave	kuş yavrusu	[kuʃ javrusu]
pinto (m)	civciv, piliç	[dʒiv dʒiv], [pilitʃ]
patinho (m)	ördek yavrusu	[ørdek javrusu]

216. Pássaros

pássaro (m), ave (f)	kuş	[kuʃ]
pombo (m)	güvercin	[gyverdʒin]
pardal (m)	serçe	[sertʃe]
chapim-real (m)	baştankara	[baʃtankara]
pega-rabuda (f)	saksağan	[saksaan]
corvo (m)	kara karga, kuzgun	[kara karga], [kuzgun]
gralha-cinzenta (f)	karga	[karga]
gralha-de-nuca-cinzenta (f)	küçük karga	[kytʃuk karga]
gralha-calva (f)	ekin kargası	[ekin kargası]
pato (m)	ördek	[ørdek]
ganso (m)	kaz	[kaz]
faisão (m)	sülün	[sylyn]
águia (f)	kartal	[kartal]
açor (m)	atmaca	[atmadʒa]
falcão (m)	doğan	[doan]
abutre (m)	akbaba	[akbaba]
condor (m)	kondor	[kondor]
cisne (m)	kuğu	[kuu]
grou (m)	turna	[turna]
cegonha (f)	leylek	[lejlek]
papagaio (m)	papağan	[papaan]
beija-flor (m)	sinekkuşu	[sinek kuʃu]
pavão (m)	tavus	[tavus]
avestruz (m)	deve kuşu	[deve kuʃu]
garça (f)	balıkçıl	[balıktʃil]
flamingo (m)	flamingo	[flamingo]
pelicano (m)	pelikan	[pelikan]

| rouxinol (m) | bülbül | [bylbyl] |
| andorinha (f) | kırlangıç | [kırlangıʧ] |

tordo-zornal (m)	ardıç kuşu	[ardıʧ kuʃu]
tordo-músico (m)	öter ardıç kuşu	[øter ardıʧ kuʃu]
melro-preto (m)	karatavuk	[kara tavuk]

andorinhão (m)	sağan	[saan]
cotovia (f)	toygar	[tojgar]
codorna (f)	bıldırcın	[bıldırdʒın]

pica-pau (m)	ağaçkakan	[aaʧkakan]
cuco (m)	guguk	[guguk]
coruja (f)	baykuş	[bajkuʃ]
bufo-real (m)	puhu kuşu	[puhu kuʃu]
tetraz-grande (m)	çalıhorozu	[ʧalı horozu]
tetraz-lira (m)	kayın tavuğu	[kajın tavuu]
perdiz-cinzenta (f)	keklik	[keklik]

estorninho (m)	sığırcık	[sı:ırdʒık]
canário (m)	kanarya	[kanarja]
galinha-do-mato (f)	çil	[ʧil]
tentilhão (m)	ispinoz	[ispinoz]
dom-fafe (m)	şakrak kuşu	[ʃakrak kuʃu]

gaivota (f)	martı	[martı]
albatroz (m)	albatros	[albatros]
pinguim (m)	penguen	[penguen]

217. Pássaros. Canto e sons

cantar (vi)	ötmek	[øtmek]
gritar, chamar (vi)	bağırmak	[baırmak]
cocorocó (m)	kukuriku	[kukuriku]

cacarejar (vi)	gıdaklamak	[gıdaklamak]
crocitar (vi)	gaklamak	[gaklamak]
grasnar (vi)	vakvak etmek	[vak vak etmek]
piar (vi)	cıvıldamak	[dʒivıldamak]
chilrear, gorjear (vi)	cıvıldamak	[dʒivıldamak]

218. Peixes. Animais marinhos

brema (f)	çapak balığı	[ʧapak balı:ı]
carpa (f)	sazan	[sazan]
perca (f)	tatlı su levreği	[tatlı su levrei]
siluro (m)	yayın	[jajın]
lúcio (m)	turna balığı	[turna balı:ı]

salmão (m)	som balığı	[som balı:ı]
esturjão (m)	mersin balığı	[mersin balı:ı]
arenque (m)	ringa	[ringa]

salmão (m) do Atlântico	som, somon	[som], [somon]
cavala, sarda (f)	uskumru	[uskumru]
solha (f), linguado (m)	kalkan	[kalkan]

lúcio perca (m)	uzunlevrek	[uzunlevrek]
bacalhau (m)	morina balığı	[morina balı:ı]
atum (m)	ton balığı	[ton balı:ı]
truta (f)	alabalık	[alabalık]

enguia (f)	yılan balığı	[jılan balı:ı]
raia (f) elétrica	torpilbalığı	[torpil balı:ı]
moreia (f)	murana	[murana]
piranha (f)	pirana	[pirana]

tubarão (m)	köpek balığı	[køpek balı:ı]
golfinho (m)	yunus	[junus]
baleia (f)	balina	[balina]

caranguejo (m)	yengeç	[jengetʃ]
água-viva (f)	denizanası	[deniz anası]
polvo (m)	ahtapot	[ahtapot]

estrela-do-mar (f)	deniz yıldızı	[deniz jıldızı]
ouriço-do-mar (m)	deniz kirpisi	[deniz kirpisi]
cavalo-marinho (m)	denizatı	[denizatı]

ostra (f)	istiridye	[istiridje]
camarão (m)	karides	[karides]
lagosta (f)	ıstakoz	[ıstakoz]
lagosta (f)	langust	[langust]

219. Anfíbios. Répteis

| cobra (f) | yılan | [jılan] |
| venenoso (adj) | zehirli | [zehirli] |

víbora (f)	engerek	[engirek]
naja (f)	kobra	[kobra]
píton (m)	piton	[piton]
jiboia (f)	boa yılanı	[boa jılanı]

cobra-de-água (f)	çayır yılanı	[tʃajır jılanı]
cascavel (f)	çıngıraklı yılan	[tʃırgıraklı jılan]
anaconda (f)	anakonda	[anakonda]

lagarto (m)	kertenkele	[kertenkele]
iguana (f)	iguana	[iguana]
varano (m)	varan	[varan]
salamandra (f)	salamandra	[salamandra]
camaleão (m)	bukalemun	[bukalemun]
escorpião (m)	akrep	[akrep]

| tartaruga (f) | kaplumbağa | [kaplumbaa] |
| rã (f) | kurbağa | [kurbaa] |

| sapo (m) | kara kurbağa | [kara kurbaa] |
| crocodilo (m) | timsah | [timsah] |

220. Insetos

inseto (m)	böcek, haşere	[bødʒek], [haʃere]
borboleta (f)	kelebek	[kelebek]
formiga (f)	karınca	[karındʒa]
mosca (f)	sinek	[sinek]
mosquito (m)	sivri sinek	[sivri sinek]
escaravelho (m)	böcek	[bødʒek]

vespa (f)	eşek arısı	[eʃek arısı]
abelha (f)	arı	[arı]
mamangaba (f)	toprak yaban arısı	[toprak jaban arısı]
moscardo (m)	at sineği	[at sinei]

| aranha (f) | örümcek | [ørymdʒek] |
| teia (f) de aranha | örümcek ağı | [ørymdʒek aı] |

libélula (f)	kız böceği	[kız bødʒei]
gafanhoto (m)	çekirge	[tʃekirge]
traça (f)	pervane	[pervane]

barata (f)	hamam böceği	[hamam bødʒei]
carrapato (m)	kene, sakırga	[kene], [sakırga]
pulga (f)	pire	[pire]
borrachudo (m)	tatarcık	[tatardʒık]

gafanhoto (m)	çekirge	[tʃekirge]
caracol (m)	sümüklü böcek	[symykly bødʒek]
grilo (m)	cırcır böceği	[dʒırdʒır bødʒei]
pirilampo, vaga-lume (m)	ateş böceği	[ateʃ bødʒei]
joaninha (f)	uğur böceği	[uur bødʒei]
besouro (m)	mayıs böceği	[majıs bødʒei]

sanguessuga (f)	sülük	[sylyk]
lagarta (f)	tırtıl	[tırtıl]
minhoca (f)	solucan	[soludʒan]
larva (f)	kurtçuk	[kurtʃuk]

221. Animais. Partes do corpo

bico (m)	gaga	[gaga]
asas (f pl)	kanatlar	[kanatlar]
pata (f)	ayak	[ajak]
plumagem (f)	tüyler	[tyjler]
pena, pluma (f)	tüy	[tyj]
crista (f)	sorguç	[sorgutʃ]

| brânquias, guelras (f pl) | solungaç | [solungatʃ] |
| ovas (f pl) | yumurta | [jumurta] |

197

larva (f)	kurtçuk	[kurtʃuk]
barbatana (f)	yüzgeç	[juzgetʃ]
escama (f)	pul, deri	[pul], [deri]

presa (f)	köpekdişi	[køpekdiʃi]
pata (f)	ayak	[ajak]
focinho (m)	hayvan burnu	[hajvan burnu]
boca (f)	ağız	[aız]
cauda (f), rabo (m)	kuyruk	[kujruk]
bigodes (m pl)	bıyık	[bıjık]

| casco (m) | toynak | [tojnak] |
| corno (m) | boynuz | [bojnuz] |

carapaça (f)	kaplumbağa kabuğu	[kaplumbaa kabuu]
concha (f)	kabuk	[kabuk]
casca (f) de ovo	yumurta kabuğu	[jumurta kabuu]

| pelo (m) | tüy | [tyj] |
| pele (f), couro (m) | deri | [deri] |

222. Ações dos animais

| voar (vi) | uçmak | [utʃmak] |
| dar voltas | dönüp durmak | [dønyp durmak] |

| voar (para longe) | uçup gitmek | [utʃup gitmek] |
| bater as asas | sallamak | [sallamak] |

| bicar (vi) | gagalamak | [gagalamak] |
| incubar (vt) | kuluçkaya yatmak | [kulutʃkaja jatmak] |

| sair do ovo | yumurtadan çıkmak | [jumurtadan tʃıkmak] |
| fazer o ninho | yuva yapmak | [juva japmak] |

rastejar (vi)	sürünmek	[syrynmek]
picar (vt)	sokmak	[sokmak]
morder (cachorro, etc.)	ısırmak	[ısırmak]

cheirar (vt)	koklamak	[koklamak]
latir (vi)	havlamak	[havlamak]
silvar (vi)	tıslamak	[tıslamak]

| assustar (vt) | korkutmak | [korkutmak] |
| atacar (vt) | saldırmak | [saldırmak] |

roer (vt)	kemirmek	[kemirmek]
arranhar (vt)	tırmalamak	[tırmalamak]
esconder-se (vr)	saklanmak	[saklanmak]

brincar (vi)	oynamak	[ojnamak]
caçar (vi)	avlamak	[avlamak]
hibernar (vi)	kış uykusuna yatmak	[kıʃ ujkusuna jatmak]
extinguir-se (vr)	nesli tükenmek	[nesli tykenmek]

223. Animais. Habitats

hábitat (m)	doğal ortam	[doal ortam]
migração (f)	göç	[gøtʃ]
montanha (f)	dağ	[daa]
recife (m)	resif	[resif]
falésia (f)	kaya	[kaja]
floresta (f)	orman	[orman]
selva (f)	cengel	[dʒengel]
savana (f)	savana	[savana]
tundra (f)	tundura, tundra	[tundura], [tundra]
estepe (f)	bozkır	[bozkır]
deserto (m)	çöl	[tʃøl]
oásis (m)	vaha	[vaha]
mar (m)	deniz	[deniz]
lago (m)	göl	[gøl]
oceano (m)	okyanus	[okjanus]
pântano (m)	bataklık	[bataklık]
de água doce	tatlı su	[tatlı su]
lagoa (f)	gölet	[gølet]
rio (m)	nehir, ırmak	[nehir], [ırmak]
toca (f) do urso	ayı ini	[ajı ini]
ninho (m)	yuva	[juva]
buraco (m) de árvore	kovuk	[kovuk]
toca (f)	in	[in]
formigueiro (m)	karınca yuvası	[karındʒa juvası]

224. Cuidados com os animais

jardim (m) zoológico	hayvanat bahçesi	[hajvanat bahtʃesi]
reserva (f) natural	doğa koruma alanı	[doa koruma alanı]
viveiro (m)	hayvan yetiştiricisi	[hajvan jetiʃtiridʒisi]
jaula (f) de ar livre	açık hava kafesi	[atʃık hava kafesi]
jaula, gaiola (f)	kafes	[kafes]
casinha (f) de cachorro	köpek kulübesi	[køpek kylybesi]
pombal (m)	güvercinlik	[gyverdʒinlik]
aquário (m)	akvaryum	[akvarjym]
delfinário (m)	yunus akvaryumu	[junus akvariumu]
criar (vt)	beslemek	[beslemek]
cria (f)	yavru, nesil	[javru], [nesil]
domesticar (vt)	evcilleştirmek	[evdʒilleʃtirmek]
adestrar (vt)	terbiye etmek	[terbije etmek]
ração (f)	yem	[jem]
alimentar (vt)	beslemek	[beslemek]

loja (f) de animais	evcil hayvan dükkanı	[evdʒil hajvan dykkanı]
focinheira (m)	ağızlık	[aızlık]
coleira (f)	tasma	[tasma]
nome (do animal)	ad	[ad]
pedigree (m)	cins hayvan	[dʒins hajvan]

225. Animais. Diversos

alcateia (f)	sürü	[syry]
bando (pássaros)	kuş sürüsü	[kuʃ syrysy]
cardume (peixes)	balık sürüsü	[balık syrysy]
manada (cavalos)	at sürüsü	[at syrysy]
macho (m)	erkek	[erkek]
fêmea (f)	dişi	[diʃi]
faminto (adj)	aç	[atʃ]
selvagem (adj)	vahşi	[vahʃi]
perigoso (adj)	tehlikeli	[tehlikeli]

226. Cavalos

cavalo (m)	at	[at]
raça (f)	cins, ırk	[dʒins], [ırk]
potro (m)	tay	[taj]
égua (f)	kısrak	[kısrak]
mustangue (m)	yabani at	[jabani at]
pônei (m)	midilli	[midilli]
cavalo (m) de tiro	beygir	[bejgir]
crina (f)	yele	[jele]
rabo (m)	kuyruk	[kujruk]
casco (m)	toynak	[tojnak]
ferradura (f)	nal	[nal]
ferrar (vt)	nallamak	[nallamak]
ferreiro (m)	nalbant	[nalbant]
sela (f)	eyer	[ejer]
estribo (m)	üzengi	[yzengi]
brida (f)	dizgin	[dizgin]
rédeas (f pl)	dizginler	[dizginler]
chicote (m)	kırbaç	[kırbatʃ]
cavaleiro (m)	binici	[binidʒi]
colocar sela	eyerlemek	[ejerlemek]
montar no cavalo	ata binmek	[ata binmek]
galope (m)	dört nal	[dørt nal]
galopar (vi)	dört nala gitmek	[dørt nala gitmek]

trote (m)	tırıs	[tırıs]
a trote	tırısta	[tırısta]
ir a trote	tırıs gitmek	[tırıs gitmek]

cavalo (m) de corrida	yarış atı	[jarıʃ atı]
corridas (f pl)	at yarışı	[et jarıʃı]

estábulo (m)	ahır	[ahır]
alimentar (vt)	beslemek	[beslemek]
feno (m)	saman, kuru ot	[saman], [kuru ot]
dar água	sulamak	[sulamak]
limpar (vt)	tımarlamak	[tımarlamak]

carroça (f)	atlı araba	[atlı araba]
pastar (vi)	otlanmak	[otlanmak]
relinchar (vi)	kişnemek	[kiʃnemek]
dar um coice	tepmek	[tepmek]

Flora

227. Árvores

árvore (f)	ağaç	[aatʃ]
decídua (adj)	geniş yapraklı	[geniʃ japraklı]
conífera (adj)	iğne yapraklı	[iːine japraklı]
perene (adj)	her dem taze	[her dem taze]
macieira (f)	elma ağacı	[elma aadʒı]
pereira (f)	armut ağacı	[armut aadʒı]
cerejeira (f)	kiraz ağacı	[kiraz aadʒı]
ginjeira (f)	vişne ağacı	[viʃne aadʒı]
ameixeira (f)	erik ağacı	[erik aadʒı]
bétula (f)	huş ağacı	[huʃ aadʒı]
carvalho (m)	meşe	[meʃe]
tília (f)	ıhlamur	[ıhlamur]
choupo-tremedor (m)	titrek kavak	[titrek kavak]
bordo (m)	akça ağaç	[aktʃa aatʃ]
espruce (m)	ladin	[ladin]
pinheiro (m)	çam ağacı	[tʃam aadʒı]
alerce, lariço (m)	melez ağacı	[melez aadʒı]
abeto (m)	köknar	[køknar]
cedro (m)	sedir	[sedir]
choupo, álamo (m)	kavak	[kavak]
tramazeira (f)	üvez ağacı	[yvez aadʒı]
salgueiro (m)	söğüt	[søjut]
amieiro (m)	kızılağaç	[kızılaatʃ]
faia (f)	kayın	[kajın]
ulmeiro, olmo (m)	karaağaç	[kara aatʃ]
freixo (m)	dişbudak ağacı	[diʃbudak aadʒı]
castanheiro (m)	kestane	[kestane]
magnólia (f)	manolya	[manolja]
palmeira (f)	palmiye	[palmije]
cipreste (m)	servi	[servi]
mangue (m)	mangrov	[mangrov]
embondeiro, baobá (m)	baobab ağacı	[baobab aadʒı]
eucalipto (m)	okaliptüs	[okaliptys]
sequoia (f)	sekoya	[sekoja]

228. Arbustos

arbusto (m)	çalı	[tʃalı]
arbusto (m), moita (f)	çalılık	[tʃalılık]

videira (f)	üzüm	[yzym]
vinhedo (m)	bağ	[baa]

framboeseira (f)	ahududu	[ahududu]
groselheira-negra (f)	siyah frenk üzümü	[sijah frenk yzymy]
groselheira-vermelha (f)	kırmızı frenk üzümü	[kırmızı frenk yzymy]
groselheira (f) espinhosa	bektaşi üzümü	[bektaʃi yzymy]

acácia (f)	akasya	[akasja]
bérberis (f)	diken üzümü	[diken yzymy]
jasmim (m)	yasemin	[jasemin]

junípero (m)	ardıç	[ardıtʃ]
roseira (f)	gül ağacı	[gyl aadʒı]
roseira (f) brava	yaban gülü	[jaban gyly]

229. Cogumelos

cogumelo (m)	mantar	[mantar]
cogumelo (m) comestível	yenir mantar	[jenir mantar]
cogumelo (m) venenoso	zehirli mantar	[zehirli mantar]
chapéu (m)	baş	[baʃ]
pé, caule (m)	ayak	[ajak]

boleto, porcino (m)	bir mantar türü	[bir mantar tyry]
boleto (m) alaranjado	kavak mantarı	[kavak mantarı]
boleto (m) de bétula	ak ağaç mantarı	[ak aatʃ mantarı]
cantarelo (m)	horozmantarı	[horoz mantarı]
rússula (f)	çiğ yenen mantar	[tʃi:i jenen mantar]

morchella (f)	kuzu mantarı	[kuzu mantarı]
agário-das-moscas (m)	sinek mantarı	[sinek mantarı]
cicuta (f) verde	köygöçüren mantarı	[køjgøtʃuren mantarı]

230. Frutos. Bagas

fruta (f)	meyve	[mejve]
frutas (f pl)	meyveler	[mejveler]
maçã (f)	elma	[elma]
pera (f)	armut	[armut]
ameixa (f)	erik	[erik]

morango (m)	çilek	[tʃilek]
ginja (f)	vişne	[viʃne]
cereja (f)	kiraz	[kiraz]
uva (f)	üzüm	[yzym]

framboesa (f)	ahududu	[ahududu]
groselha (f) negra	siyah frenk üzümü	[sijah frenk yzymy]
groselha (f) vermelha	kırmızı frenk üzümü	[kırmızı frenk yzymy]
groselha (f) espinhosa	bektaşi üzümü	[bektaʃi yzymy]
oxicoco (m)	kızılcık	[kızıldʒık]

laranja (f)	portakal	[portakal]
tangerina (f)	mandalina	[mandalina]
abacaxi (m)	ananas	[ananas]
banana (f)	muz	[muz]
tâmara (f)	hurma	[hurma]

limão (m)	limon	[limon]
damasco (m)	kayısı	[kajısı]
pêssego (m)	şeftali	[ʃeftali]
quiuí (m)	kivi	[kivi]
toranja (f)	greypfrut	[grejpfrut]

baga (f)	meyve, yemiş	[mejve], [jemiʃ]
bagas (f pl)	yemişler	[jemiʃler]
arando (m) vermelho	kırmızı yaban mersini	[kırmızı jaban mersini]
morango-silvestre (m)	yabani çilek	[jabani tʃilek]
mirtilo (m)	yaban mersini	[jaban mersini]

231. Flores. Plantas

flor (f)	çiçek	[tʃitʃek]
buquê (m) de flores	demet	[demet]

rosa (f)	gül	[gyl]
tulipa (f)	lale	[lale]
cravo (m)	karanfil	[karanfil]
gladíolo (m)	glayöl	[glajøl]

centáurea (f)	peygamber çiçeği	[pejgamber tʃitʃei]
campainha (f)	çançiçeği	[tʃantʃitʃei]
dente-de-leão (m)	hindiba	[hindiba]
camomila (f)	papatya	[papatja]

aloé (m)	sarısabır	[sarısabır]
cacto (m)	kaktüs	[kaktys]
fícus (m)	kauçuk ağacı	[kautʃuk aadʒı]

lírio (m)	zambak	[zambak]
gerânio (m)	sardunya	[sardunija]
jacinto (m)	sümbül	[symbyl]

mimosa (f)	mimoza	[mimoza]
narciso (m)	nergis	[nergis]
capuchinha (f)	latin çiçeği	[latin tʃitʃei]

orquídea (f)	orkide	[orkide]
peônia (f)	şakayık	[ʃakajık]
violeta (f)	menekşe	[menekʃe]

amor-perfeito (m)	hercai menekşe	[herdʒai menekʃe]
não-me-esqueças (m)	unutmabeni	[unutmabeni]
margarida (f)	papatya	[papatja]
papoula (f)	haşhaş	[haʃhaʃ]
cânhamo (m)	kendir	[kendir]

hortelã, menta (f)	nane	[nane]
lírio-do-vale (m)	inci çiçeği	[indʒi tʃitʃei]
campânula-branca (f)	kardelen	[kardelen]

urtiga (f)	ısırgan otu	[ısırgan otu]
azedinha (f)	kuzukulağı	[kuzukulaı]
nenúfar (m)	beyaz nilüfer	[bejaz nilyfer]
samambaia (f)	eğreltiotu	[eereltiotu]
líquen (m)	liken	[liken]

estufa (f)	limonluk	[limonlyk]
gramado (m)	çimen	[tʃimen]
canteiro (m) de flores	çiçek tarhı	[tʃitʃek tarhı]

planta (f)	bitki	[bitki]
grama (f)	ot	[ot]
folha (f) de grama	ot çöpü	[ot tʃøpy]

folha (f)	yaprak	[japrak]
pétala (f)	taçyaprağı	[tatʃjapraı]
talo (m)	sap	[sap]
tubérculo (m)	yumru	[jumru]

| broto, rebento (m) | filiz | [filiz] |
| espinho (m) | diken | [diken] |

florescer (vi)	çiçeklenmek	[tʃitʃeklenmek]
murchar (vi)	solmak	[solmak]
cheiro (m)	koku	[koku]
cortar (flores)	kesmek	[kesmek]
colher (uma flor)	koparmak	[koparmak]

232. Cereais, grãos

grão (m)	tahıl, tane	[tahıl], [tane]
cereais (plantas)	tahıllar	[tahıllar]
espiga (f)	başak	[baʃak]

trigo (m)	buğday	[buudaj]
centeio (m)	çavdar	[tʃavdar]
aveia (f)	yulaf	[julaf]

| painço (m) | darı | [darı] |
| cevada (f) | arpa | [arpa] |

milho (m)	mısır	[mısır]
arroz (m)	pirinç	[pirintʃ]
trigo-sarraceno (m)	karabuğday	[karabuudaj]

ervilha (f)	bezelye	[bezelje]
feijão (m) roxo	fasulye	[fasulje]
soja (f)	soya	[soja]
lentilha (f)	mercimek	[merdʒimek]
feijão (m)	bakla	[bakla]

233. Vegetais. Verduras

vegetais (m pl)	**sebze**	[sebze]
verdura (f)	**yeşillik**	[jeʃilik]
tomate (m)	**domates**	[domates]
pepino (m)	**salatalık**	[salatalık]
cenoura (f)	**havuç**	[havutʃ]
batata (f)	**patates**	[patates]
cebola (f)	**soğan**	[soan]
alho (m)	**sarımsak**	[sarımsak]
couve (f)	**lahana**	[lahana]
couve-flor (f)	**karnabahar**	[karnabahar]
couve-de-bruxelas (f)	**Brüksel lâhanası**	[bryksel lahanası]
brócolis (m pl)	**brokoli**	[brokoli]
beterraba (f)	**pancar**	[pandʒar]
berinjela (f)	**patlıcan**	[patlıdʒan]
abobrinha (f)	**sakız kabağı**	[sakız kabaı]
abóbora (f)	**kabak**	[kabak]
nabo (m)	**şalgam**	[ʃalgam]
salsa (f)	**maydanoz**	[majdanoz]
endro, aneto (m)	**dereotu**	[dereotu]
alface (f)	**yeşil salata**	[jeʃil salata]
aipo (m)	**kereviz**	[kereviz]
aspargo (m)	**kuşkonmaz**	[kuʃkonmaz]
espinafre (m)	**ıspanak**	[ıspanak]
ervilha (f)	**bezelye**	[bezelje]
feijão (~ soja, etc.)	**fasulye**	[fasulje]
milho (m)	**mısır**	[mısır]
feijão (m) roxo	**fasulye**	[fasulje]
pimentão (m)	**biber**	[biber]
rabanete (m)	**turp**	[turp]
alcachofra (f)	**enginar**	[enginar]

GEOGRAFIA REGIONAL

Países. Nacionalidades

234. Europa Ocidental

Europa (f)	Avrupa	[avrupa]
União (f) Europeia	Avrupa Birliği	[avrupa birli:i]
europeu (m)	Avrupalı	[avrupalı]
europeu (adj)	Avrupa	[avrupa]
Áustria (f)	Avusturya	[avusturja]
austríaco (m)	Avusturyalı	[avusturjalı]
austríaca (f)	Avusturyalı	[avusturjalı]
austríaco (adj)	Avusturya	[avusturja]
Grã-Bretanha (f)	Büyük Britanya	[byjuk britanja]
Inglaterra (f)	İngiltere	[ingiltere]
inglês (m)	İngiliz	[ingiliz]
inglesa (f)	İngiliz	[ingiliz]
inglês (adj)	İngiliz	[ingiliz]
Bélgica (f)	Belçika	[belt͡ʃika]
belga (m)	Belçikalı	[belt͡ʃikalı]
belga (f)	Belçikalı	[belt͡ʃikalı]
belga (adj)	Belçika	[belt͡ʃika]
Alemanha (f)	Almanya	[almanja]
alemão (m)	Alman	[alman]
alemã (f)	Alman	[alman]
alemão (adj)	Alman	[alman]
Países Baixos (m pl)	Hollanda	[hollanda]
Holanda (f)	Hollanda	[hollanda]
holandês (m)	Hollandalı	[hollandalı]
holandesa (f)	Hollandalı	[hollandalı]
holandês (adj)	Hollanda	[hollanda]
Grécia (f)	Yunanistan	[junanistan]
grego (m)	Yunan	[junan]
grega (f)	Yunan	[junan]
grego (adj)	Yunan	[junan]
Dinamarca (f)	Danimarka	[danimarka]
dinamarquês (m)	Danimarkalı	[danimarkalı]
dinamarquesa (f)	Danimarkalı	[danimarkalı]
dinamarquês (adj)	Danimarka	[danimarka]
Irlanda (f)	İrlanda	[irlanda]
irlandês (m)	İrlandalı	[irlandalı]

| irlandesa (f) | İrlandalı | [irlandalı] |
| irlandês (adj) | İrlanda | [irlanda] |

Islândia (f)	İzlanda	[izlanda]
islandês (m)	İzlandalı	[izlandalı]
islandesa (f)	İzlandalı	[izlandalı]
islandês (adj)	İzlanda	[izlanda]

Espanha (f)	İspanya	[ispanja]
espanhol (m)	İspanyol	[ispanjol]
espanhola (f)	İspanyol	[ispanjol]
espanhol (adj)	İspanyol	[ispanjol]

Itália (f)	İtalya	[italja]
italiano (m)	İtalyan	[italjan]
italiana (f)	İtalyan	[italjan]
italiano (adj)	İtalyan	[italjan]

Chipre (m)	Kıbrıs	[kıbrıs]
cipriota (m)	Kıbrıslı	[kıbrıslı]
cipriota (f)	Kıbrıslı	[kıbrıslı]
cipriota (adj)	Kıbrıs	[kıbrıs]

Malta (f)	Malta	[malta]
maltês (m)	Maltalı	[maltalı]
maltesa (f)	Maltalı	[maltalı]
maltês (adj)	Malta	[malta]

Noruega (f)	Norveç	[norvetʃ]
norueguês (m)	Norveçli	[norvetʃli]
norueguesa (f)	Norveçli	[norvetʃli]
norueguês (adj)	Norveç	[norvetʃ]

Portugal (m)	Portekiz	[portekiz]
português (m)	Portekizli	[portekizli]
portuguesa (f)	Portekizli	[portekizli]
português (adj)	Portekiz	[portekiz]

Finlândia (f)	Finlandiya	[finlandja]
finlandês (m)	Fin	[fin]
finlandesa (f)	Fin	[fin]
finlandês (adj)	Fin	[fin]

França (f)	Fransa	[fransa]
francês (m)	Fransız	[fransız]
francesa (f)	Fransız	[fransız]
francês (adj)	Fransız	[fransız]

Suécia (f)	İsveç	[isvetʃ]
sueco (m)	İsveçli	[isvetʃli]
sueca (f)	İsveçli	[isvetʃli]
sueco (adj)	İsveç	[isvetʃ]

Suíça (f)	İsviçre	[isvitʃre]
suíço (m)	İsviçreli	[isvitʃreli]
suíça (f)	İsviçreli	[isvitʃreli]

suíço (adj)	İsviçre	[isvitʃre]
Escócia (f)	İskoçya	[iskotʃja]
escocês (m)	İskoçyalı	[iskotʃjalı]
escocesa (f)	İskoçyalı	[iskotʃjalı]
escocês (adj)	İskoç	[iskotʃ]

Vaticano (m)	Vatikan	[vatikan]
Liechtenstein (m)	Lihtenştayn	[lihtenʃtajn]
Luxemburgo (m)	Lüksemburg	[lyksemburg]
Mônaco (m)	Monako	[monako]

235. Europa Central e de Leste

Albânia (f)	Arnavutluk	[arnavutluk]
albanês (m)	Arnavut	[arnavut]
albanesa (f)	Arnavut	[arnavut]
albanês (adj)	Arnavut	[arnavut]

Bulgária (f)	Bulgaristan	[bulgaristan]
búlgaro (m)	Bulgar	[bulgar]
búlgara (f)	Bulgar	[bulgar]
búlgaro (adj)	Bulgar	[bulgar]

Hungria (f)	Macaristan	[madʒaristan]
húngaro (m)	Macar	[madʒar]
húngara (f)	Macar	[madʒar]
húngaro (adj)	Macar	[madʒar]

Letônia (f)	Letonya	[letonja]
letão (m)	Letonyalı	[letonjalı]
letã (f)	Letonyalı	[letonjalı]
letão (adj)	Letonya	[letonja]

Lituânia (f)	Litvanya	[litvanja]
lituano (m)	Litvanyalı	[litvanjalı]
lituana (f)	Litvanyalı	[litvanjalı]
lituano (adj)	Litvanya	[litvanja]

Polônia (f)	Polonya	[polonja]
polonês (m)	Leh	[leh]
polonesa (f)	Leh	[leh]
polonês (adj)	Leh	[leh]

Romênia (f)	Romanya	[romanja]
romeno (m)	Romanyalı	[romanjalı]
romena (f)	Romanyalı	[romanjalı]
romeno (adj)	Rumen	[rumen]

Sérvia (f)	Sırbistan	[sırbistan]
sérvio (m)	Sırp	[sırp]
sérvia (f)	Sırp	[sırp]
sérvio (adj)	Sırp	[sırp]
Eslováquia (f)	Slovakya	[slovakja]
eslovaco (m)	Slovak	[slovak]

eslovaca (f)	Slovak	[slovak]
eslovaco (adj)	Slovak	[slovak]

Croácia (f)	Hırvatistan	[hırvatistan]
croata (m)	Hırvat	[hırvat]
croata (f)	Hırvat	[hırvat]
croata (adj)	Hırvat	[hırvat]

República (f) Checa	Çek Cumhuriyeti	[ʧek ʤumhurijeti]
checo (m)	Çek	[ʧek]
checa (f)	Çek	[ʧek]
checo (adj)	Çek	[ʧek]

Estônia (f)	Estonya	[estonja]
estônio (m)	Estonyalı	[estonjalı]
estônia (f)	Estonyalı	[estonjalı]
estônio (adj)	Estonya	[estonja]

Bósnia e Herzegovina (f)	Bosna-Hersek	[bosna hertsek]
Macedônia (f)	Makedonya	[makedonja]
Eslovênia (f)	Slovenya	[slovenja]
Montenegro (m)	Karadağ	[karadaa]

236. Países da ex-URSS

Azerbaijão (m)	Azerbaycan	[azerbajʤan]
azeri (m)	Azerbaycanlı	[azerbajʤanlı]
azeri (f)	Azerbaycanlı	[azerbajʤanlı]
azeri, azerbaijano (adj)	Azerbaycan	[azerbajʤan]

Armênia (f)	Ermenistan	[ermenistan]
armênio (m)	Ermeni	[ermeni]
armênia (f)	Ermeni	[ermeni]
armênio (adj)	Ermeni	[ermeni]

Belarus	Beyaz Rusya	[bejaz rusja]
bielorrusso (m)	Beyaz Rusyalı	[bejaz rusjalı]
bielorrussa (f)	Beyaz Rusyalı	[bejaz rusjalı]
bielorrusso (adj)	Beyaz Rusça	[bejaz rusʧa]

Geórgia (f)	Gürcistan	[gyrʤistan]
georgiano (m)	Gürcü	[gyrʤy]
georgiana (f)	Gürcü	[gyrʤy]
georgiano (adj)	Gürcü	[gyrʤy]

Cazaquistão (m)	Kazakistan	[kazakistan]
cazaque (m)	Kazak	[kazak]
cazaque (f)	Kazak	[kazak]
cazaque (adj)	Kazak	[kazak]

Quirguistão (m)	Kırgızistan	[kırgızistan]
quirguiz (m)	Kırgız	[kırgız]
quirguiz (f)	Kırgız	[kırgız]
quirguiz (adj)	Kırgız	[kırgız]

Moldávia (f)	Moldova	[moldova]
moldavo (m)	Moldovalı	[moldovalı]
moldava (f)	Moldovalı	[moldovalı]
moldavo (adj)	Moldovalı	[moldovalı]

Rússia (f)	Rusya	[rusja]
russo (m)	Rus	[rus]
russa (f)	Rus	[rus]
russo (adj)	Rus	[rus]

Tajiquistão (m)	Tacikistan	[tadʒikistan]
tajique (m)	Tacik	[tadʒik]
tajique (f)	Tacik	[tadʒik]
tajique (adj)	Tacik	[tadʒik]

Turquemenistão (m)	Türkmenistan	[tyrkmenistan]
turcomeno (m)	Türkmen	[tyrkmen]
turcomena (f)	Türkmen	[tyrkmen]
turcomeno (adj)	Türkmen	[tyrkmen]

Uzbequistão (f)	Özbekistan	[øzbekistan]
uzbeque (m)	Özbek	[øzbek]
uzbeque (f)	Özbek	[øzbek]
uzbeque (adj)	Özbek	[øzbek]

Ucrânia (f)	Ukrayna	[ukrajna]
ucraniano (m)	Ukraynalı	[ukrajnalı]
ucraniana (f)	Ukraynalı	[ukrajnalı]
ucraniano (adj)	Ukrayna	[ukrajna]

237. Asia

| Ásia (f) | Asya | [asja] |
| asiático (adj) | Asya | [asja] |

Vietnã (m)	Vietnam	[vjetnam]
vietnamita (m)	Vietnamlı	[vjetnamlı]
vietnamita (f)	Vietnamlı	[vjetnamlı]
vietnamita (adj)	Vietnam	[vjetnam]

Índia (f)	Hindistan	[hindistan]
indiano (m)	Hintli	[hintli]
indiana (f)	Hintli	[hintli]
indiano (adj)	Hintli	[hintli]

Israel (m)	İsrail	[israil]
israelense (m)	İsrailli	[israili]
israelita (f)	İsrailli	[israili]
israelense (adj)	İsrail	[israil]

judeu (m)	Yahudi	[jahudi]
judia (f)	Yahudi	[jahudi]
judeu (adj)	Yahudi	[jahudi]
China (f)	Çin	[ʧin]

chinês (m)	Çinli	[ʧinli]
chinesa (f)	Çinli	[ʧinli]
chinês (adj)	Çin	[ʧin]
coreano (m)	Koreli	[koreli]
coreana (f)	Koreli	[koreli]
coreano (adj)	Kore	[kore]
Líbano (m)	Lübnan	[lybnan]
libanês (m)	Lübnanlı	[lybnanlı]
libanesa (f)	Lübnanlı	[lybnanlı]
libanês (adj)	Lübnanlı	[lybnanlı]
Mongólia (f)	Moğolistan	[moolistan]
mongol (m)	Moğol	[mool]
mongol (f)	Moğol	[mool]
mongol (adj)	Moğol	[mool]
Malásia (f)	Malezya	[malezja]
malaio (m)	Malay	[malaj]
malaia (f)	Malay	[malaj]
malaio (adj)	Malay	[malaj]
Paquistão (m)	Pakistan	[pakistan]
paquistanês (m)	Pakistanlı	[pakistanlı]
paquistanesa (f)	Pakistanlı	[pakistanlı]
paquistanês (adj)	Pakistan	[pakistan]
Arábia (f) Saudita	Suudi Arabistan	[suudi arabistan]
árabe (m)	Arap	[arap]
árabe (f)	Arap	[arap]
árabe (adj)	Arap	[arap]
Tailândia (f)	Tayland	[tailand]
tailandês (m)	Taylandlı	[tajlandlı]
tailandesa (f)	Taylandlı	[tajlandlı]
tailandês (adj)	Taylandlı	[tajlandlı]
Taiwan (m)	Tayvan	[tajvan]
taiwanês (m)	Tayvanlı	[tajvanlı]
taiwanesa (f)	Tayvanlı	[tajvanlı]
taiwanês (adj)	Tayvanlı	[tajvanlı]
Turquia (f)	Türkiye	[tyrkije]
turco (m)	Türk	[tyrk]
turca (f)	Türk	[tyrk]
turco (adj)	Türk, Türkçe	[tyrk], [tyrkʧe]
Japão (m)	Japonya	[ʒaponja]
japonês (m)	Japon	[ʒapon]
japonesa (f)	Japon	[ʒapon]
japonês (adj)	Japon	[ʒapon]
Afeganistão (m)	Afganistan	[afganistan]
Bangladesh (m)	Bangladeş	[bangladeʃ]
Indonésia (f)	Endonezya	[endonezja]

Jordânia (f)	Ürdün	[urdyn]
Iraque (m)	Irak	[ırak]
Irã (m)	İran	[iran]
Camboja (f)	Kamboçya	[kambotʃja]
Kuwait (m)	Kuveyt	[kuvejt]

Laos (m)	Laos	[laos]
Birmânia (f)	Myanmar	[mjanmar]
Nepal (m)	Nepal	[nepal]
Emirados Árabes Unidos	Birleşik Arap Emirlikleri	[birleʃik arap emirlikleri]

Síria (f)	Suriye	[surije]
Palestina (f)	Filistin	[filistin]
Coreia (f) do Sul	Güney Kore	[gynej kore]
Coreia (f) do Norte	Kuzey Kore	[kuzej kore]

238. América do Norte

Estados Unidos da América	Amerika Birleşik Devletleri	[amerika birleʃik devletleri]
americano (m)	Amerikalı	[amerikalı]
americana (f)	Amerikalı	[amerikalı]
americano (adj)	Amerikan	[amerikan]

Canadá (m)	Kanada	[kanada]
canadense (m)	Kanadalı	[kanadalı]
canadense (f)	Kanadalı	[kanadalı]
canadense (adj)	Kanada	[kanada]

México (m)	Meksika	[meksika]
mexicano (m)	Meksikalı	[meksikalı]
mexicana (f)	Meksikalı	[meksikalı]
mexicano (adj)	Meksika	[meksika]

239. América Central do Sul

Argentina (f)	Arjantin	[arʒantin]
argentino (m)	Arjantinli	[arʒantinli]
argentina (f)	Arjantinli	[arʒantinli]
argentino (adj)	Arjantin	[arʒantin]

Brasil (m)	Brezilya	[brezilja]
brasileiro (m)	Brezilyalı	[breziljalı]
brasileira (f)	Brezilyalı	[breziljalı]
brasileiro (adj)	Brezilya	[brezilja]

Colômbia (f)	Kolombiya	[kolombija]
colombiano (m)	Kolombiyalı	[kolombijalı]
colombiana (f)	Kolombiyalı	[kolombijalı]
colombiano (adj)	Kolombiyalı	[kolombijalı]
Cuba (f)	Küba	[kyba]
cubano (m)	Kübalı	[kybalı]

cubana (f)	Kübalı	[kybalı]
cubano (adj)	Küba	[kyba]
Chile (m)	Şili	[ʃili]
chileno (m)	Şilili	[ʃilili]
chilena (f)	Şilili	[ʃilili]
chileno (adj)	Şili	[ʃili]
Bolívia (f)	Bolivya	[bolivja]
Venezuela (f)	Venezuela	[venezuela]
Paraguai (m)	Paraguay	[paraguaj]
Peru (m)	Peru	[peru]
Suriname (m)	Surinam	[surinam]
Uruguai (m)	Uruguay	[urugvaj]
Equador (m)	Ekvator	[ekvator]
Bahamas (f pl)	Bahama adaları	[bahama adaları]
Haiti (m)	Haiti	[haiti]
República Dominicana	Dominik Cumhuriyeti	[dominik dʒumhurijeti]
Panamá (m)	Panama	[panama]
Jamaica (f)	Jamaika	[ʒamajka]

240. Africa

Egito (m)	Mısır	[mısır]
egípcio (m)	Mısırlı	[mısırlı]
egípcia (f)	Mısırlı	[mısırlı]
egípcio (adj)	Mısır	[mısır]
Marrocos	Fas	[fas]
marroquino (m)	Faslı	[faslı]
marroquina (f)	Faslı	[faslı]
marroquino (adj)	Fas	[fas]
Tunísia (f)	Tunus	[tunus]
tunisiano (m)	Tunuslu	[tunuslu]
tunisiana (f)	Tunuslu	[tunuslu]
tunisiano (adj)	Tunus	[tunus]
Gana (f)	Gana	[gana]
Zanzibar (m)	Zanzibar	[zanzibar]
Quênia (f)	Kenya	[kenja]
Líbia (f)	Libya	[libja]
Madagascar (m)	Madagaskar	[madagaskar]
Namíbia (f)	Namibya	[namibja]
Senegal (m)	Senegal	[senegal]
Tanzânia (f)	Tanzanya	[tanzanja]
África (f) do Sul	Güney Afrika Cumhuriyeti	[gynej afrika dʒumhurijeti]
africano (m)	Afrikalı	[afrikalı]
africana (f)	Afrikalı	[afrikalı]
africano (adj)	Afrika	[afrika]

241. Austrália. Oceania

Austrália (f)	Avustralya	[avustralja]
australiano (m)	Avustralyalı	[avustraljalı]
australiana (f)	Avustralyalı	[avustraljalı]
australiano (adj)	Avustralya	[avustralja]

Nova Zelândia (f)	Yeni Zelanda	[jeni zelanda]
neozelandês (m)	Yeni Zelandalı	[jeni zelandalı]
neozelandesa (f)	Yeni Zelandalı	[jeni zelandalı]
neozelandês (adj)	Yeni Zelandalı	[jeni zelandalı]

Tasmânia (f)	Tazmanya	[tazmanija]
Polinésia (f) Francesa	Fransız Polinezisi	[fransız polinezisi]

242. Cidades

Amesterdã, Amsterdã	Amsterdam	[amsterdam]
Ancara	Ankara	[ankara]
Atenas	Atina	[atina]
Bagdade	Bağdat	[baadat]
Bancoque	Bangkok	[bankok]

Barcelona	Barselona	[barselona]
Beirute	Beyrut	[bejrut]
Berlim	Berlin	[berlin]
Bonn	Bonn	[bonn]
Bordéus	Bordo	[bordo]

Bratislava	Bratislava	[bratislava]
Bruxelas	Brüksel	[bryksel]
Bucareste	Bükreş	[bykreʃ]
Budapeste	Budapeşte	[budapeʃte]
Cairo	Kahire	[kahire]

Calcutá	Kalküta	[kalkyta]
Chicago	Chicago	[tʃikago]
Cidade do México	Meksiko	[meksiko]
Copenhague	Kopenhag	[kopenhag]
Dar es Salaam	Darüsselam	[darysselam]

Deli	Delhi	[delhi]
Dubai	Dubai	[dubai]
Dublim	Dublin	[dublin]
Düsseldorf	Düsseldorf	[dysseldorf]
Estocolmo	Stokholm	[stokholm]

Florença	Floransa	[floransa]
Frankfurt	Frankfurt	[frankfurt]
Genebra	Cenevre	[dʒenevre]
Haia	Lahey	[lahej]
Hamburgo	Hamburg	[hamburg]
Hanói	Hanoi	[hanoj]

Havana	Havana	[havana]
Helsinque	Helsinki	[helsinki]
Hiroshima	Hiroşima	[hiroʃima]
Hong Kong	Hong Kong	[honkong]
Istambul	İstanbul	[istanbul]

Jerusalém	Kudüs	[kudys]
Kiev, Quieve	Kiev	[kiev]
Kuala Lumpur	Kuala Lumpur	[kuala lumpur]
Lion	Lyon	[ljon]
Lisboa	Lizbon	[lizbon]

Londres	Londra	[londra]
Los Angeles	Los Angeles	[los andʒeles]
Madrid	Madrid	[madrid]
Marselha	Marsilya	[marsilja]
Miami	Miami	[majami]

Montreal	Montreal	[montreal]
Moscou	Moskova	[moskova]
Mumbai	Bombay	[bombaj]
Munique	Münih	[mynih]
Nairóbi	Nairobi	[nairobi]
Nápoles	Napoli	[napoli]

Nice	Nice	[nis]
Nova York	New York	[nju jork]
Oslo	Oslo	[oslo]
Ottawa	Ottava	[ottava]
Paris	Paris	[paris]

Pequim	Pekin	[pekin]
Praga	Prag	[prag]
Rio de Janeiro	Rio de Janeiro	[rio de ʒanejro]
Roma	Roma	[roma]
São Petersburgo	Saint Petersburg	[sant peterburg]
Seul	Seul	[seul]

Singapura	Singapur	[singapur]
Sydney	Sydney	[sidnej]
Taipé	Taipei	[tajpej]
Tóquio	Tokyo	[tokjo]
Toronto	Toronto	[toronto]

Varsóvia	Varşova	[varʃova]
Veneza	Venedik	[venedik]
Viena	Viyana	[vijana]
Washington	Washington	[vaʃington]
Xangai	Şanghay	[ʃanghaj]

243. Política. Governo. Parte 1

| política (f) | siyaset | [sijaset] |
| político (adj) | siyasi | [sijasi] |

político (m)	siyasetçi	[sijasetʃi]
estado (m)	devlet	[devlet]
cidadão (m)	vatandaş	[vatandaʃ]
cidadania (f)	vatandaşlık	[vatandaʃlık]

| brasão (m) de armas | ulusal sembol | [ulusal sembol] |
| hino (m) nacional | milli marş | [milli marʃ] |

governo (m)	hükümet	[hykymet]
Chefe (m) de Estado	devlet başkanı	[devlet baʃkanı]
parlamento (m)	meclis, parlamento	[medʒlis], [parlamento]
partido (m)	parti	[parti]

| capitalismo (m) | kapitalizm | [kapitalizm] |
| capitalista (adj) | kapitalist | [kapitalist] |

| socialismo (m) | sosyalizm | [sosjalizm] |
| socialista (adj) | sosyalist | [sosjalist] |

comunismo (m)	komünizm	[komynizm]
comunista (adj)	komünist	[komynist]
comunista (m)	komünist	[komynist]

democracia (f)	demokrasi	[demokrasi]
democrata (m)	demokrat	[demokrat]
democrático (adj)	demokratik	[demokratik]
Partido (m) Democrático	demokratik parti	[demokratik parti]

| liberal (m) | liberal | [liberal] |
| liberal (adj) | liberal | [liberal] |

| conservador (m) | tutucu | [tutudʒu] |
| conservador (adj) | tutucu | [tutudʒu] |

república (f)	cumhuriyet	[dʒumhurijet]
republicano (m)	cumhuriyetçi	[dʒumhurijetʃi]
Partido (m) Republicano	cumhuriyet partisi	[dʒumhurijet partisi]

eleições (f pl)	seçim	[setʃim]
eleger (vt)	seçmek	[setʃmek]
eleitor (m)	seçmen	[setʃmen]
campanha (f) eleitoral	seçim kampanyası	[setʃim kampanjası]

votação (f)	oy verme	[oj verme]
votar (vi)	oy vermek	[oj vermekj]
sufrágio (m)	oy hakkı	[oj hakkı]

candidato (m)	aday	[adaj]
candidatar-se (vi)	aday olmak	[adaj olmak]
campanha (f)	kampanya	[kampanja]

| da oposição | muhalif | [muhalif] |
| oposição (f) | muhalefet | [muhalefet] |

| visita (f) | ziyaret | [zijaret] |
| visita (f) oficial | resmi ziyaret | [resmi zijaret] |

internacional (adj)	uluslararası	[uluslar arası]
negociações (f pl)	görüşmeler	[gøryʃmeler]
negociar (vi)	görüşmek	[gøryʃmek]

244. Política. Governo. Parte 2

sociedade (f)	toplum	[toplum]
constituição (f)	anayasa	[anajasa]
poder (ir para o ~)	iktidar	[iktidar]
corrupção (f)	rüşvetçilik	[ryʃvetʃilik]

lei (f)	kanun	[kanun]
legal (adj)	kanuni	[kanuni]

justeza (f)	adalet	[adalet]
justo (adj)	adil	[adil]

comitê (m)	komite, kurul	[komite], [kurul]
projeto-lei (m)	kanun tasarısı	[kanun tasarısı]
orçamento (m)	bütçe	[bytʃe]
política (f)	politika	[politika]
reforma (f)	reform	[reform]
radical (adj)	radikal	[radikal]

força (f)	güç	[gytʃ]
poderoso (adj)	güçlü	[gytʃly]
partidário (m)	taraftar, yandaş	[taraflar], [jandaʃ]
influência (f)	etki	[etki]

regime (m)	rejim	[reʒim]
conflito (m)	tartışma, çatışma	[tartıʃma], [tʃatıʃma]
conspiração (f)	komplo	[komplo]
provocação (f)	tahrik	[tahrik]

derrubar (vt)	devirmek	[devirmek]
derrube (m), queda (f)	devirme	[devirme]
revolução (f)	devrim	[devrim]

golpe (m) de Estado	darbe	[darbe]
golpe (m) militar	askeri darbe	[askeri darbe]

crise (f)	kriz	[kriz]
recessão (f) econômica	ekonomik gerileme	[ekonomik gerileme]
manifestante (m)	gösterici	[gøsteridʒi]
manifestação (f)	gösteri	[gøsteri]
lei (f) marcial	sıkıyönetim	[sikijonetim]
base (f) militar	askeri üs	[askeri ys]

estabilidade (f)	istikrar	[istikrar]
estável (adj)	istikrarlı	[istikrarlı]

exploração (f)	sömürme	[sømyrme]
explorar (vt)	sömürmek	[sømyrmek]
racismo (m)	ırkçılık	[ırktʃılık]

racista (m)	ırkçı	[ırktʃı]
fascismo (m)	faşizm	[faʃizm]
fascista (m)	faşist	[faʃist]

245. Países. Diversos

estrangeiro (m)	yabancı	[jabandʒı]
estrangeiro (adj)	yabancı	[jabandʒı]
no estrangeiro	yurt dışında	[jurt dıʃında]

emigrante (m)	göçmen	[gøtʃmen]
emigração (f)	göç	[gøtʃ]
emigrar (vi)	göç etmek	[gøtʃ etmek]

Ocidente (m)	Batı	[batı]
Oriente (m)	Doğu	[dou]
Extremo Oriente (m)	Uzak Doğu	[uzak dou]
civilização (f)	uygarlık	[ujgarlık]
humanidade (f)	insanlık	[insanlık]
mundo (m)	dünya	[dynja]
paz (f)	huzur, barış	[huzur], [barıʃ]
mundial (adj)	dünya	[dynja]

pátria (f)	anayurt, vatan	[anajurt], [vatan]
povo (população)	millet, halk	[millet], [halk]
população (f)	nüfus	[nyfus]
gente (f)	halk, insanlar	[halk], [insanlar]
nação (f)	millet, ulus	[millet], [ulus]
geração (f)	nesil	[nesil]
território (m)	toprak	[toprak]
região (f)	bölge	[bølge]
estado (m)	eyalet	[ejalet]

tradição (f)	gelenek	[gelenek]
costume (m)	adet, gelenek	[adet], [gelenek]
ecologia (f)	ekoloji	[ekoloʒi]

índio (m)	kızılderili	[kızılderili]
cigano (m)	çingene	[tʃingene]
cigana (f)	çingene	[tʃingene]
cigano (adj)	çingene	[tʃingene]

império (m)	imparatorluk	[ımparatorluk]
colônia (f)	koloni	[koloni]
escravidão (f)	kölelik	[kølelik]
invasão (f)	salgın	[salgın]
fome (f)	açlık	[atʃlık]

246. Grupos religiosos mais importantes. Confissões

| religião (f) | din | [din] |
| religioso (adj) | dini | [dini] |

crença (f)	inanç	[inantʃ]
crer (vt)	inanmak	[inanmak]
crente (m)	inançlı	[inantʃlı]

| ateísmo (m) | ateizm | [ateizm] |
| ateu (m) | ateist | [ateist] |

cristianismo (m)	Hıristiyanlık	[hiristijanlık]
cristão (m)	hıristiyan	[hiristijan]
cristão (adj)	hıristiyan	[hiristijan]

catolicismo (m)	Katoliklik	[katoliklik]
católico (m)	katolik	[katolik]
católico (adj)	katolik	[katolik]

protestantismo (m)	Protestanlık	[protestanlık]
Igreja (f) Protestante	Protestan kilisesi	[protestan kilisesi]
protestante (m)	protestan	[protestan]

ortodoxia (f)	Ortodoksluk	[ortodoksluk]
Igreja (f) Ortodoxa	Ortodoks kilisesi	[ortodoks kilisesi]
ortodoxo (m)	ortodoks	[ortodoks]

presbiterianismo (m)	Presbiteryenlik	[presbiterjenlik]
Igreja (f) Presbiteriana	Presbiteryen kilisesi	[presbiterjen kilisesi]
presbiteriano (m)	presbiteryen	[presbiterjen]

| luteranismo (m) | Lüteriyen kilisesi | [lyterjen kilisesi] |
| luterano (m) | lüteriyen | [lyterjen] |

| Igreja (f) Batista | Vaftiz Kilisesi | [vaftiz kilisesi] |
| batista (m) | vaftiz eden | [vaftiz eden] |

| Igreja (f) Anglicana | Anglikan kilisesi | [anglikan kilisesi] |
| anglicano (m) | anglikan | [anglikan] |

| mormonismo (m) | Mormonluk | [mormonluk] |
| mórmon (m) | mormon | [mormon] |

| Judaísmo (m) | Yahudilik | [jahudilik] |
| judeu (m) | Yahudi | [jahudi] |

| budismo (m) | Budizm | [budizm] |
| budista (m) | budist | [budist] |

| hinduísmo (m) | Hinduizm | [hinduizm] |
| hindu (m) | Hindu | [hindu] |

Islã (m)	İslam	[islam]
muçulmano (m)	müslüman	[myslyman]
muçulmano (adj)	müslüman	[myslyman]

xiismo (m)	Şiilik	[ʃi:ilik]
xiita (m)	Şii	[ʃi:i]
sunismo (m)	Sünnilik	[synnilik]
sunita (m)	Sünni	[synni]

247. Religiões. Padres

padre (m)	papaz	[papaz]
Papa (m)	Papa	[papa]
monge (m)	rahip	[rahip]
freira (f)	rahibe	[rahibe]
pastor (m)	Protestan papazı	[protestan papazı]
abade (m)	başrahip	[baʃrahip]
vigário (m)	bölge papazı	[bølge papazı]
bispo (m)	piskopos	[piskopos]
cardeal (m)	kardinal	[kardinal]
pregador (m)	hatip, vaiz	[hatip], [vaiz]
sermão (m)	vaaz	[vaaz]
paroquianos (pl)	cemaat	[dʒemaat]
crente (m)	inançlı	[inantʃlı]
ateu (m)	ateist	[ateist]

248. Fé. Cristianismo. Islão

Adão	Âdem	[adem]
Eva	Hava	[hava]
Deus (m)	Allah	[allah]
Senhor (m)	Tanrı	[tanrı]
Todo Poderoso (m)	Her şeye kadir	[her ʃeje kadir]
pecado (m)	günah	[gynah]
pecar (vi)	günah işlemek	[gynah iʃlemek]
pecador (m)	günahkâr	[gynahkjar]
pecadora (f)	günahkâr	[gynahkjar]
inferno (m)	cehennem	[dʒehennem]
paraíso (m)	cennet	[dʒennet]
Jesus	İsa	[isa]
Jesus Cristo	İsa Mesih	[isa mesi]
Espírito (m) Santo	Kutsal Ruh	[kutsal ruh]
Salvador (m)	Kurtarıcı	[kurtarıdʒı]
Virgem Maria (f)	Meryem Ana	[merjem ana]
Diabo (m)	Şeytan	[ʃejtan]
diabólico (adj)	şeytani, şeytanın	[ʃejtani], [ʃejtanın]
Satanás (m)	Şeytan	[ʃejtan]
satânico (adj)	şeytani, şeytanca	[ʃejtani], [ʃejtandʒa]
anjo (m)	melek	[melek]
anjo (m) da guarda	koruyucu melek	[korujudʒu melek]
angelical	melek gibi	[melek gibi]

apóstolo (m)	havari	[havari]
arcanjo (m)	baş melek	[baʃ melek]
anticristo (m)	deccal	[dedʒal]

Igreja (f)	Kilise	[kilise]
Bíblia (f)	İncil	[indʒil]
bíblico (adj)	İncile ait	[indʒile ait]

Velho Testamento (m)	Eski Ahit	[eski ahit]
Novo Testamento (m)	Yeni Ahit	[jeni ahit]
Evangelho (m)	İncil	[indʒil]
Sagradas Escrituras (f pl)	Kitabı Mukaddes	[kitabı mukaddes]
Céu (sete céus)	Cennet	[dʒennet]

mandamento (m)	buyruk	[bujruk]
profeta (m)	peygamber	[pejgamber]
profecia (f)	peygamberlik	[pejgamberlik]

Alá (m)	Allah	[allah]
Maomé (m)	Muhammed	[muhammed]
Alcorão (m)	Kuran	[kuran]

mesquita (f)	cami	[dʒami]
mulá (m)	molla	[molla]
oração (f)	dua	[dua]
rezar, orar (vi)	dua etmek	[dua etmek]

peregrinação (f)	hacılık	[hadʒılık]
peregrino (m)	hacı	[hadʒı]
Meca (f)	Mekke	[mekke]

igreja (f)	kilise	[kilise]
templo (m)	ibadethane	[ibadethane]
catedral (f)	katedral	[katedral]
gótico (adj)	gotik	[gotik]
sinagoga (f)	sinagog	[sinagog]
mesquita (f)	cami	[dʒami]

capela (f)	ibadet yeri	[ibadet jeri]
abadia (f)	manastır	[manastır]
convento (m)	rahibe manastırı	[rahibe manastırı]
monastério (m)	manastır	[manastır]

sino (m)	çan	[tʃan]
campanário (m)	çan kulesi	[tʃan kulesi]
repicar (vi)	çalmak	[tʃalmak]

cruz (f)	haç	[hatʃ]
cúpula (f)	kubbe	[kubbe]
ícone (m)	ikon	[ikon]

alma (f)	ruh	[ruh]
destino (m)	kader	[kader]
mal (m)	kötülük	[køtylyk]
bem (m)	iyilik	[ijilik]
vampiro (m)	vampir	[vampir]

bruxa (f)	cadı	[dʒadı]
demônio (m)	iblis	[iblis]
espírito (m)	ruh	[ruh]
redenção (f)	kefaretini ödeme	[kefaretini ødeme]
redimir (vt)	kefaretini ödemek	[kefaretini ødemek]
missa (f)	hizmet	[hizmet]
celebrar a missa	vaaz vermek	[vaaz vermek]
confissão (f)	günah çıkartma	[gynah tʃıkartma]
confessar-se (vr)	günah çıkartmak	[gynah tʃıkartmak]
santo (m)	aziz	[aziz]
sagrado (adj)	kutsal	[kutsal]
água (f) benta	kutsal su	[kutsal su]
ritual (m)	tören, ritüel	[tøren], [rityel]
ritual (adj)	kuttören	[kyttøren]
sacrifício (m)	kurban	[kurban]
superstição (f)	batıl inanç	[batıl inantʃ]
supersticioso (adj)	batıl inancı olan	[batıl inandʒı olan]
vida (f) após a morte	ölüm sonrası hayat	[ølym sonrası hajat]
vida (f) eterna	ebedi hayat	[ebedi hajat]

223

TEMAS DIVERSOS

249. Várias palavras úteis

ajuda (f)	yardım	[jardım]
barreira (f)	engel	[engel]
base (f)	temel	[temel]
categoria (f)	kategori	[kategori]
causa (f)	neden	[neden]
coincidência (f)	tesadüf	[tesadyf]
coisa (f)	eşya	[eʃja]
começo, início (m)	başlangıç	[baʃlangıtʃ]
cômodo (ex. poltrona ~a)	rahat	[rahat]
comparação (f)	karşılaştırma	[karʃılaʃtırma]
compensação (f)	tazmin	[tazmin]
crescimento (m)	büyüme	[byjume]
desenvolvimento (m)	gelişme	[geliʃme]
diferença (f)	farklılık	[farklılık]
efeito (m)	tesir	[tesir]
elemento (m)	eleman	[eleman]
equilíbrio (m)	denge	[denge]
erro (m)	hata	[hata]
esforço (m)	çaba	[tʃaba]
estilo (m)	tarz	[tarz]
exemplo (m)	örnek	[ørnek]
fato (m)	gerçek	[gertʃek]
fim (m)	son	[son]
forma (f)	şekil	[ʃekil]
frequente (adj)	sık	[sık]
fundo (ex. ~ verde)	fon	[fon]
gênero (tipo)	çeşit	[tʃeʃit]
grau (m)	derece	[deredʒe]
ideal (m)	ideal	[ideal]
labirinto (m)	labirent	[labirent]
modo (m)	usul	[usul]
momento (m)	an	[an]
objeto (m)	nesne	[nesne]
obstáculo (m)	engel	[engel]
original (m)	asıl	[asıl]
padrão (adj)	standart	[standart]
padrão (m)	standart	[standart]
paragem (pausa)	ara	[ara]
parte (f)	kısım	[kısım]

partícula (f)	küçük bir parça	[kytʃuk bir partʃa]
pausa (f)	ara	[ara]
posição (f)	vaziyet	[vazijet]
princípio (m)	prensip	[prensip]

problema (m)	problem	[problem]
processo (m)	süreç	[syretʃ]
progresso (m)	ilerleme	[ilerleme]
propriedade (qualidade)	özellik	[øzellik]

reação (f)	tepki	[tepki]
risco (m)	risk	[risk]
ritmo (m)	tempo	[tempo]
segredo (m)	sır	[sır]
série (f)	seri	[seri]

sistema (m)	sistem	[sistem]
situação (f)	durum	[durum]
solução (f)	çözüm	[tʃøzym]
tabela (f)	tablo	[tablo]
termo (ex. ~ técnico)	terim	[terim]

tipo (m)	tip	[tip]
urgente (adj)	acil	[adʒil]
urgentemente	acele	[adʒele]
utilidade (f)	fayda	[fajda]

variante (f)	versiyon	[versjon]
variedade (f)	seçme	[setʃme]
verdade (f)	hakikat	[hakikat]
vez (f)	sıra	[sıra]
zona (f)	bölge	[bølge]

250. Modificadores. Adjetivos. Parte 1

aberto (adj)	açık	[atʃık]
afetuoso (adj)	şefkatli	[ʃefkatlı]
afiado (adj)	sivri, keskin	[sivri], [keskin]
agradável (adj)	hoş	[hoʃ]
agradecido (adj)	müteşekkir	[myteʃekkir]

alegre (adj)	neşeli	[neʃeli]
alto (ex. voz ~a)	yüksek	[juksek]
amargo (adj)	acı	[adʒı]
amplo (adj)	geniş	[geniʃ]
antigo (adj)	antik, eski	[antik], [eski]

apertado (sapatos ~s)	dar	[dar]
apropriado (adj)	uygun	[ujgun]
arriscado (adj)	riskli	[riskli]
artificial (adj)	suni	[suni]

azedo (adj)	ekşi	[ekʃi]
baixo (voz ~a)	alçak	[altʃak]

225

barato (adj)	ucuz	[udʒuz]
belo (adj)	çok güzel	[ʧok gyzel]
bom (adj)	iyi	[iji]
bondoso (adj)	iyi kalpli	[iji kalpli]
bonito (adj)	güzel	[gyzel]
bronzeado (adj)	bronzlaşmış	[bronzlaʃmıʃ]
burro, estúpido (adj)	aptal	[aptal]
calmo (adj)	sakin	[sakin]
cansado (adj)	yorgun	[jorgun]
cansativo (adj)	yorucu	[jorudʒu]
carinhoso (adj)	dikkatli	[dikkatli]
caro (adj)	pahalı	[pahalı]
cego (adj)	kör	[kør]
central (adj)	merkez	[merkez]
cerrado (ex. nevoeiro ~)	kalın	[kalın]
cheio (xícara ~a)	dolu	[dolu]
civil (adj)	sivil	[sivil]
clandestino (adj)	yeraltı	[jeraltı]
claro (explicação ~a)	anlaşılan	[anlaʃılan]
claro (pálido)	açık	[aʧık]
compatível (adj)	uyumlu	[ujumlu]
comum, normal (adj)	sıradan	[sıradan]
congelado (adj)	dondurulmuş	[dondurulmuʃ]
conjunto (adj)	ortak	[ortak]
considerável (adj)	hatırı sayılır	[hatırı sajılır]
contente (adj)	memnun	[memnun]
contínuo (adj)	uzatılmış	[uzatılmıʃ]
contrário (ex. o efeito ~)	zıt	[zıt]
correto (resposta ~a)	sağ taraf	[saa taraf]
cru (não cozinhado)	çiğ	[ʧi:i]
curto (adj)	kısa	[kısa]
de curta duração	kısa	[kısa]
de sol, ensolarado	güneşli	[gyneʃli]
de trás	arka	[arka]
denso (fumaça ~a)	yoğun	[joun]
desanuviado (adj)	bulutsuz	[bulutsuz]
descuidado (adj)	özensiz	[øzensiz]
diferente (adj)	farklı	[farklı]
difícil (decisão)	zor	[zor]
difícil, complexo (adj)	karmaşık	[karmaʃık]
direito (lado ~)	sağ	[saa]
distante (adj)	uzak	[uzak]
diverso (adj)	çeşitli	[ʧeʃitli]
doce (açucarado)	tatlı	[tatlı]
doce (água)	tatlı	[tatlı]
doente (adj)	hasta	[hasta]
duro (material ~)	katı	[katı]

| educado (adj) | nazik | [nazik] |
| encantador (agradável) | düşünceli | [dyʃyndʒeli] |

enigmático (adj)	esrarengiz	[esrarengiz]
enorme (adj)	kocaman	[kodʒaman]
escuro (quarto ~)	karanlık	[karanlık]
especial (adj)	özel	[øzel]
esquerdo (lado ~)	sol	[sol]

estrangeiro (adj)	yabancı	[jabandʒı]
estreito (adj)	dar	[dar]
exato (montante ~)	tam, kesin	[tam], [kesin]
excelente (adj)	pek iyi	[pek iji]
excessivo (adj)	fazla, aşırı	[fazla], [aʃırı]

externo (adj)	dış	[dıʃ]
fácil (adj)	kolay	[kolaj]
faminto (adj)	aç	[atʃ]
fechado (adj)	kapalı	[kapalı]
feliz (adj)	mutlu	[mutlu]

fértil (terreno ~)	verimli	[verimli]
forte (pessoa ~)	güçlü	[gytʃly]
fraco (luz ~a)	kör	[kør]
frágil (adj)	kırılgan	[kırılgan]
fresco (pão ~)	taze	[taze]

fresco (tempo ~)	serin	[serin]
frio (adj)	soğuk	[souk]
gordo (alimentos ~s)	yağlı	[jaalı]
gostoso, saboroso (adj)	tatlı, lezzetli	[tatlı], [lezzetlı]

grande (adj)	büyük	[byjuk]
gratuito, grátis (adj)	bedava	[bedava]
grosso (camada ~a)	kalın	[kalın]
hostil (adj)	düşman	[dyʃman]

251. Modificadores. Adjetivos. Parte 2

igual (adj)	aynı	[ajnı]
imóvel (adj)	hareketsiz	[hareketsiz]
importante (adj)	önemli	[ønemli]
impossível (adj)	imkansız	[imkansız]
incompreensível (adj)	anlaşılmaz	[anlaʃılmaz]

indigente (muito pobre)	çok yoksul	[tʃok joksul]
indispensável (adj)	gerekli	[gerekli]
inexperiente (adj)	tecrübesiz	[tedʒrybesiz]
infantil (adj)	çocuklar için	[tʃodʒuklar itʃin]

ininterrupto (adj)	kesintisiz	[kesintisiz]
insignificante (adj)	önemsiz	[ønemsiz]
inteiro (completo)	tüm, bütün	[tym], [bytyn]
inteligente (adj)	zeki	[zeki]

227

interno (adj)	iç	[itʃ]
jovem (adj)	genç	[gentʃ]
largo (caminho ~)	geniş	[geniʃ]
legal (adj)	kanuni	[kanuni]
leve (adj)	hafif	[hafif]

limitado (adj)	sınırlı	[sınırlı]
limpo (adj)	temiz	[temiz]
líquido (adj)	sıvı	[sıvı]
liso (adj)	düz	[dyz]
liso (superfície ~a)	düz	[dyz]

livre (adj)	özgür	[øzgyr]
longo (ex. cabelo ~)	uzun	[uzun]
maduro (ex. fruto ~)	olgun	[olgun]
magro (adj)	zayıf	[zajıf]
mais próximo (adj)	en yakın	[en jakın]

mais recente (adj)	geçmiş	[getʃmiʃ]
mate (adj)	mat	[mat]
mau (adj)	kötü	[køty]
meticuloso (adj)	doğru, kesin	[dooru], [kesin]
míope (adj)	miyop	[mijop]

mole (adj)	yumuşak	[jumuʃak]
molhado (adj)	ıslak	[ıslak]
moreno (adj)	esmer	[esmer]
morto (adj)	ölü	[øly]
muito magro (adj)	çok zayıf	[tʃok zajıf]

não difícil (adj)	zor olmayan	[zor olmajan]
não é clara (adj)	donuk	[donuk]
não muito grande (adj)	önemli olmayan	[ønemli olmajan]
natal (país ~)	yerli	[jerli]
necessário (adj)	gerekli	[gerekli]

negativo (resposta ~a)	olumsuz	[olumsuz]
nervoso (adj)	sinirli	[sinirli]
normal (adj)	normal	[normal]
novo (adj)	yeni	[jeni]
o mais importante (adj)	en önemli	[en ønemli]

obrigatório (adj)	zorunlu	[zorunlu]
original (incomum)	orijinal	[oriʒinal]
passado (adj)	geçen	[getʃen]
pequeno (adj)	küçük	[kytʃuk]
perigoso (adj)	tehlikeli	[tehlikeli]

permanente (adj)	sürekli	[syrekli]
perto (adj)	en yakın	[en jakın]
pesado (adj)	ağır	[aır]
pessoal (adj)	özel	[øzel]
plano (ex. ecrã ~ a)	yassı	[jassı]

| pobre (adj) | fakir | [fakir] |
| pontual (adj) | dakik | [dakik] |

possível (adj)	mümkün	[mymkyn]
pouco fundo (adj)	sığ	[sɪːɪ]
presente (ex. momento ~)	şimdiki	[ʃimdiki]
prévio (adj)	önceki	[ønceki]
primeiro (principal)	esas	[esas]
principal (adj)	ana, baş	[ana], [baʃ]
privado (adj)	şahsi	[ʃahsi]
provável (adj)	olası	[olası]
próximo (adj)	yakın olan	[jakın olan]
público (adj)	kamu	[kamu]
quente (cálido)	sıcak	[sıdʒak]
quente (morno)	ılık	[ılık]
rápido (adj)	hızlı	[hızlı]
raro (adj)	nadir	[nadir]
remoto, longínquo (adj)	uzak	[uzak]
reto (linha ~a)	düz	[dyz]
salgado (adj)	tuzlu	[tuzlu]
satisfeito (adj)	tatmin olmuş	[tatmin olmuʃ]
seco (roupa ~a)	kuru	[kuru]
seguinte (adj)	sonraki	[sonraki]
seguro (não perigoso)	güvenli	[gyvenli]
similar (adj)	benzer	[benzer]
simples (fácil)	basit	[basit]
soberbo, perfeito (adj)	çok güzel, süper	[tʃok gyzel], [super]
sólido (parede ~a)	dayanıklı	[dajanıklı]
sombrio (adj)	karanlık	[karanlık]
sujo (adj)	kirli	[kirli]
superior (adj)	en yüksek	[en juksek]
suplementar (adj)	ek	[ek]
tranquilo (adj)	sakin	[sakin]
transparente (adj)	saydam	[sajdam]
triste (pessoa)	üzgün	[yzgyn]
triste (um ar ~)	kederli	[kederli]
último (adj)	en son	[en son]
úmido (adj)	nemli	[nemli]
único (adj)	tek olan	[tek olan]
usado (adj)	kullanılmış	[kullanılmıʃ]
vazio (meio ~)	boş	[boʃ]
velho (adj)	eski	[eski]
vizinho (adj)	komşu	[komʃu]

229

500 VERBOS PRINCIPAIS

252. Verbos A-B

abraçar (vt)	kucaklamak	[kudʒaklamak]
abrir (vt)	açmak	[atʃmak]
acalmar (vt)	yatıştırmak	[jatıʃtırmak]
acariciar (vt)	okşamak	[okʃamak]
acenar (com a mão)	sallamak	[sallamak]
acender (~ uma fogueira)	yakmak	[jakmak]
achar (vt)	saymak	[sajmak]
acompanhar (vt)	refakat etmek	[refakat etmek]
aconselhar (vt)	tavsiye etmek	[tavsije etmek]
acordar, despertar (vt)	uyandırmak	[ujandırmak]
acrescentar (vt)	katmak, eklemek	[katmak], [eklemek]
acusar (vt)	suçlamak	[sutʃlamak]
adestrar (vt)	terbiye etmek	[terbije etmek]
adivinhar (vt)	doğru tahmin etmek	[dooru tahmin etmek]
admirar (vt)	hayran olmak	[hajran olmak]
adorar (~ fazer)	sevmek	[sevmek]
advertir (vt)	uyarmak	[ujarmak]
afirmar (vt)	ısrar etmek	[ısrar etmek]
afogar-se (vr)	suda boğulmak	[suda boulmak]
afugentar (vt)	kovmak	[kovmak]
agir (vi)	davranmak	[davranmak]
agitar, sacudir (vt)	silkelemek	[silkelemek]
agradecer (vt)	teşekkür etmek	[teʃekkyr etmek]
ajudar (vt)	yardım etmek	[jardım etmek]
alcançar (objetivos)	erişmek	[eriʃmek]
alimentar (dar comida)	beslemek	[beslemek]
almoçar (vi)	öğle yemeği yemek	[ø:le jemei jemek]
alugar (~ o barco, etc.)	kiralamak	[kiralamak]
alugar (~ um apartamento)	kiralamak	[kiralamak]
amar (pessoa)	sevmek	[sevmek]
amarrar (vt)	bağlamak	[baalamak]
ameaçar (vt)	tehdit etmek	[tehdit etmek]
amputar (vt)	ameliyatla almak	[amelijatla almak]
anotar (escrever)	not almak	[not almak]
anotar (escrever)	not almak	[not almak]
anular, cancelar (vt)	iptal etmek	[iptal etmek]
apagar (com apagador, etc.)	silmek	[silmek]
apagar (um incêndio)	söndürmek	[søndyrmek]

apaixonar-se ...	âşık olmak	[aʃık olmak]
aparecer (vi)	gözükmek	[gøzykmek]
aplaudir (vi)	alkışlamak	[alkıʃlamak]

apoiar (vt)	desteklemek	[desteklemek]
apontar para ...	... nişan almak	[niʃan almak]
apresentar (alguém a alguém)	tanıştırmak	[tanıʃtırmak]
apresentar (Gostaria de ~)	tanıtmak	[tanıtmak]

apressar (vt)	acele ettirmek	[adʒele ettirmek]
apressar-se (vr)	acele etmek	[adʒele etmek]
aproximar-se (vr)	yaklaşmak	[jaklaʃmak]
aquecer (vt)	ısıtmak	[ısıtmak]

arrancar (vt)	koparmak	[koparmak]
arranhar (vt)	tırmalamak	[tırmalamak]
arrepender-se (vr)	üzülmek	[yzylmek]
arriscar (vt)	riske girmek	[riske girmek]

arrumar, limpar (vt)	toplamak	[toplamak]
aspirar a ...	hedeflemek	[hedeflemek]
assinar (vt)	imzalamak	[imzalamak]
assistir (vt)	yardım etmek	[jardım etmek]
atacar (vt)	hücum etmek	[hydʒum etmek]

atar (vt)	bağlamak	[baalamak]
atracar (vi)	yanaşmak	[janaʃmak]
aumentar (vi)	artmak	[artmak]
aumentar (vt)	artırmak	[artırmak]

avançar (vi)	ilerlemek	[ilerlemek]
avistar (vt)	görmek	[gørmek]
baixar (guindaste, etc.)	indirmek	[indirmek]
barbear-se (vr)	tıraş olmak	[tıraʃ olmak]
basear-se (vr)	dayanmak	[dajanmak]

bastar (vi)	yeterli olmak	[jeterli olmak]
bater (à porta)	kapıyı çalmak	[kapıjı tʃalmak]
bater (espancar)	vurmak, dövmek	[vurmak], [døvmek]
bater-se (vr)	dövüşmek	[døvyʃmek]

beber, tomar (vt)	içmek	[itʃmek]
brilhar (vi)	parlamak	[parlamak]
brincar, jogar (vi, vt)	oynamak	[ojnamak]
buscar (vt)	aramak	[aramak]

253. Verbos C-D

caçar (vi)	avlamak	[avlamak]
calar-se (parar de falar)	susmak	[susmak]
calcular (vt)	saymak	[sajmak]
carregar (o caminhão, etc.)	yüklemek	[juklemek]
carregar (uma arma)	doldurmak	[doldurmak]

231

casar-se (vr)	evlenmek	[evlenmek]
causar (vt)	... sebep olmak	[sebep olmak]
cavar (vt)	kazmak	[kazmak]
ceder (não resistir)	pes etmek	[pes etmek]
cegar, ofuscar (vt)	kör etmek	[kør etmek]
censurar (vt)	sitem etmek	[sitem etmek]
chamar (~ por socorro)	çağırmak	[ʧaırmak]
chamar (alguém para ...)	çağırmak	[ʧaırmak]
chegar (a algum lugar)	varmak	[varmak]
chegar (vi)	varmak	[varmak]
cheirar (~ uma flor)	koklamak	[koklamak]
cheirar (tem o cheiro)	kokmak	[kokmak]
chorar (vi)	ağlamak	[aalamak]
citar (vt)	alıntı yapmak	[alıntı japmak]
colher (flores)	koparmak	[koparmak]
colocar (vt)	koymak	[kojmak]
combater (vi, vt)	mücadele etmek	[mydʒadele etmek]
começar (vt)	başlamak	[baʃlamak]
comer (vt)	yemek	[jemek]
comparar (vt)	karşılaştırmak	[karʃılaʃtırmak]
compensar (vt)	tazmin etmek	[tazmin etmek]
competir (vi)	rekabet etmek	[rekabet etmek]
complicar (vt)	güçleştirmek	[gytʃleʃtirmek]
compor (~ música)	bestelemek	[bestelemek]
comportar-se (vr)	davranmak	[davranmak]
comprar (vt)	satın almak	[satın almak]
comprometer (vt)	tehlikeye sokmak	[tehlikeje sokmak]
concentrar-se (vr)	konsantre olmak	[konsantre olmak]
concordar (dizer "sim")	razı olmak	[razı olmak]
condecorar (dar medalha)	ödül vermek	[ødyl vermek]
confessar-se (vr)	itiraf etmek	[itiraf etmek]
confiar (vt)	güvenmek	[gyvenmek]
confundir (equivocar-se)	ayırt edememek	[ajırt edememek]
conhecer (vt)	tanımak	[tanımak]
conhecer-se (vr)	tanışmak	[tanıʃmak]
consertar (vt)	düzene sokmak	[dyzene sokmak]
consultar ...	danışmak	[danıʃmak]
contagiar-se com ...	bulaşmak	[bulaʃmak]
contar (vt)	anlatmak	[anlatmak]
contar com ...	... güvenmek	[gyvenmek]
continuar (vt)	devam etmek	[devam etmek]
contratar (vt)	tutmak	[tutmak]
controlar (vt)	kontrol etmek	[kontrol etmek]
convencer (vt)	ikna etmek	[ikna etmek]
convidar (vt)	davet etmek	[davet etmek]
cooperar (vi)	işbirliği etmek	[iʃbirli:i etmek]

coordenar (vt)	koordine etmek	[koordine etmek]
corar (vi)	kızarmak	[kızarmak]
correr (vi)	koşmak	[koʃmak]
corrigir (~ um erro)	düzeltmek	[dyzeltmek]
cortar (com um machado)	kesmek	[kesmek]
cortar (com uma faca)	kesmek	[kesmek]
cozinhar (vt)	pişirmek	[piʃirmek]
crer (pensar)	inanmak	[inanmak]
criar (vt)	oluşturmak	[oluʃturmak]
cultivar (~ plantas)	yetiştirmek	[jetiʃtirmek]
cuspir (vi)	tükürmek	[tykyrmek]
custar (vt)	değerinde olmak	[deerinde olmak]
dar (vt)	vermek	[vermek]
dar banho, lavar (vt)	yıkamak	[jıkamak]
datar (vi)	tarihinden kalmak	[tarihinden kalmak]
decidir (vt)	karar vermek	[karar vermek]
decorar (enfeitar)	süslemek	[syslemek]
dedicar (vt)	ithaf etmek	[ithaf etmek]
defender (vt)	savunmak	[savunmak]
defender-se (vr)	kendini savunmak	[kendini savunmak]
deixar (~ a mulher)	bırakmak	[bırakmak]
deixar (esquecer)	unutmak	[unutmak]
deixar (permitir)	müsaade etmek	[mysaade etmek]
deixar cair (vt)	düşürmek	[dyʃyrmek]
denominar (vt)	adlandırmak	[adlandırmak]
denunciar (vt)	ihbar etmek	[ihbar etmek]
depender de ...	... bağlı olmak	[baalı olmak]
derramar (~ líquido)	dökmek	[døkmek]
derramar-se (vr)	düşürmek	[dyʃyrmek]
desaparecer (vi)	kaybolmak	[kajbolmak]
desatar (vt)	çözmek	[tʃøzmek]
desatracar (vi)	iskeleden ayrılmak	[iskeleden ajrılmak]
descansar (um pouco)	dinlenmek	[dinlemek]
descer (para baixo)	aşağı inmek	[aʃaı inmek]
descobrir (novas terras)	keşfetmek	[keʃfetmek]
descolar (avião)	kalkmak	[kalkmak]
desculpar (vt)	affetmek	[afetmek]
desculpar-se (vr)	özür dilemek	[øzyr dilemek]
desejar (vt)	istemek	[istemek]
desempenhar (papel)	oynamak	[ojnamak]
desligar (vt)	söndürmek	[søndyrmek]
desprezar (vt)	hor görmek	[hor gørmek]
destruir (documentos, etc.)	yok etmek	[jok etmek]
dever (vi)	borçlu olmak	[bortʃlu olmak]
devolver (vt)	geri göndermek	[geri gøndermek]
direcionar (vt)	yönlendirmek	[jønlendirmek]

dirigir (~ um carro)	arabayı sürmek	[arabajı syrmek]
dirigir (~ uma empresa)	yönetmek	[jønetmek]
dirigir-se	hitap etmek	[hitap etmek]
(a um auditório, etc.)		
discutir (notícias, etc.)	görüşmek	[gøryʃmek]

disparar, atirar (vi)	ateş etmek	[ateʃ etmek]
distribuir (folhetos, etc.)	dağıtmak	[daıtmak]
distribuir (vt)	dağıtmak	[daıtmak]
divertir (vt)	eğlendirmek	[eelendirmek]

divertir-se (vr)	eğlenmek	[eelenmek]
dividir (mat.)	bölmek	[bølmek]
dizer (vt)	söylemek	[søjlemek]
dobrar (vt)	iki katına çıkmak	[iki katına tʃıkmak]
duvidar (vt)	tereddüt emek	[tereddyt etmek]

254. Verbos E-J

elaborar (uma lista)	düzenlemek	[dyzenlemek]
elevar-se acima de ...	yükselmek	[jukselmek]
eliminar (um obstáculo)	kaldırmak	[kaldırmak]
embrulhar (com papel)	sarmak	[sarmak]

emergir (submarino)	suyun yüzüne çıkmak	[sujun juzyne tʃıkmak]
emitir (~ cheiro)	yaymak	[jajmak]
empreender (vt)	üstlenmek	[ystlenmek]
empurrar (vt)	itmek	[itmek]

encabeçar (vt)	başında olmak	[baʃında olmak]
encher (~ a garrafa, etc.)	doldurmak	[doldurmak]
encontrar (achar)	bulmak	[bulmak]
enganar (vt)	aldatmak	[aldatmak]

ensinar (vt)	öğretmek	[ø:retmek]
entediar-se (vr)	sıkılmak	[sıkılmak]
entender (vt)	anlamak	[anlamak]
entrar (na sala, etc.)	girmek	[girmek]

enviar (uma carta)	göndermek	[gøndermek]
equipar (vt)	donatmak	[donatmak]
errar (enganar-se)	hata yapmak	[hata japmak]
escolher (vt)	seçmek	[setʃmek]

esconder (vt)	saklamak	[saklamak]
escrever (vt)	yazmak	[jazmak]
escutar (vt)	dinlemek	[dinlemek]
escutar atrás da porta	gizlice dinlemek	[gizlidʒe dinlemek]
esmagar (um inseto, etc.)	ezmek	[ezmek]

esperar (aguardar)	beklemek	[beklemek]
esperar (contar com)	beklemek	[beklemek]
esperar (ter esperança)	ummak	[ummak]
espreitar (vi)	gözetlemek	[gøzetlemek]

esquecer (vt)	unutmak	[unutmak]
estar	bulunmak	[bulunmak]
estar convencido	ikna olmak	[ikna olmak]

estar deitado	yatmak	[jatmak]
estar perplexo	şaşmak	[ʃaʃmak]
estar preocupado	endişelenmek	[endiʃelenmek]
estar sentado	oturmak	[oturmak]

estremecer (vi)	irkilmek	[irkilmek]
estudar (vt)	öğrenmek	[ø:renmek]
evitar (~ o perigo)	sakınmak	[sakınmak]
examinar (~ uma proposta)	gözden geçirmek	[gøzden getʃirmek]

exigir (vt)	talep etmek	[talep etmek]
existir (vi)	var olmak	[var olmak]
explicar (vt)	izah etmek	[izah etmek]
expressar (vt)	ifade etmek	[ifade etmek]

expulsar (~ da escola, etc.)	çıkarmak	[tʃıkarmak]
facilitar (vt)	kolaylaştırmak	[kolajlaʃtırmak]
falar com ...	... ile konuşmak	[ile konuʃmak]
faltar (a la escuela, etc.)	gelmemek	[gelmemek]

fascinar (vt)	hayran etmek	[hajran etmek]
fatigar (vt)	yormak	[jormak]
fazer (vt)	yapmak, etmek	[japmak], [etmek]
fazer lembrar	hatırlatmak	[hatırlatmak]
fazer piadas	şaka yapmak	[ʃaka japmak]

fazer publicidade	reklam yapmak	[reklam japmak]
fazer uma tentativa	denemek	[denemek]
fechar (vt)	kapatmak	[kapatmak]
felicitar (vt)	tebrik etmek	[tebrik etmek]

ficar cansado	yorulmak	[jorulmak]
ficar em silêncio	susmak	[susmak]
ficar pensativo	düşünceye dalmak	[dyʃyndʒeje dalmak]
forçar (vt)	zorlamak	[zorlamak]
formar (vt)	teşkil etmek	[teʃkil etmek]

gabar-se (vr)	övünmek	[øvynmek]
garantir (vt)	garanti etmek	[garanti etmek]
gostar (apreciar)	hoşlanmak	[hoʃlanmak]
gritar (vi)	bağırmak	[baırmak]

guardar (fotos, etc.)	saklamak	[saklamak]
guardar (no armário, etc.)	istiflemek	[istiflemek]
guerrear (vt)	savaşmak	[savaʃmak]
herdar (vt)	miras olarak almak	[miras olarak almak]
iluminar (vt)	aydınlatmak	[ajdınlatmak]

imaginar (vt)	hayal etmek	[hajal etmek]
imitar (vt)	taklit etmek	[taklit etmek]
implorar (vt)	yalvarmak	[jalvarmak]
importar (vt)	ithal etmek	[ithal etmek]

indicar (~ o caminho)	göstermek	[gøstermek]
indignar-se (vr)	öfkelenmek	[øfkelenmek]
infetar, contagiar (vt)	bulaştırmak	[bulaʃtırmak]
influenciar (vt)	etkilemek	[etkilemek]
informar (~ a policia)	bildirmek	[bildirmek]

informar (vt)	bilgi vermek	[bilgi vermek]
informar-se (~ sobre)	öğrenmek	[ø:renmek]
inscrever (na lista)	yazmak	[jazmak]
inserir (vt)	koymak	[kojmak]

insinuar (vt)	ima etmek	[ima etmek]
insistir (vi)	ısrar etmek	[ısrar etmek]
inspirar (vt)	ilham vermek	[ilham vermek]
instruir (ensinar)	talimat vermek	[talimat vermek]

insultar (vt)	hakaret etmek	[hakaret etmek]
interessar (vt)	ilgilendirmek	[ilgelendirmek]
interessar-se (vr)	ilgilenmek	[ilgilenmek]
intervir (vi)	karışmak	[karıʃmak]
invejar (vt)	kıskanmak	[kıskanmak]

inventar (vt)	icat etmek	[idʒat etmek]
ir (a pé)	yürümek, gitmek	[jurymek], [gitmek]
ir (de carro, etc.)	gitmek	[gitmek]
ir nadar	suya girmek	[suja girmek]

ir para a cama	uyumaya gitmek	[ujumaja gitmek]
irritar (vt)	sinirlendirmek	[sinirlendirmek]
irritar-se (vr)	sinirlenmek	[sinirlenmek]
isolar (vt)	izole etmek	[izole etmek]

jantar (vi)	akşam yemeği yemek	[akʃam jemei jemek]
jogar, atirar (vt)	atmak	[atmak]
juntar, unir (vt)	birleştirmek	[birleʃtirmek]
juntar-se a ...	katılmak	[katılmak]

255. Verbos L-P

lançar (novo projeto, etc.)	başlatmak	[baʃlatmak]
lavar (vt)	yıkamak	[jıkamak]
lavar a roupa	yıkamak	[jıkamak]
lavar-se (vr)	yıkanmak	[jıkanmak]

lembrar (vt)	hatırlamak	[hatırlamak]
ler (vt)	okumak	[okumak]
levantar-se (vr)	kalkmak	[kalkmak]
levar (ex. leva isso daqui)	götürmek	[gøtyrmek]

libertar (cidade, etc.)	serbest bırakmak	[serbest bırakmak]
ligar (~ o radio, etc.)	açmak	[atʃmak]
limitar (vt)	sınırlandırmak	[sınırlandırmak]
limpar (eliminar sujeira)	temizlemek	[temizlemek]
limpar (tirar o calcário, etc.)	temizlemek	[temizlemek]

lisonjear (vt)	pohpohlamak	[pohpohlakmak]
livrar-se de ...	... dan kurtulmak	[dan kurtulmak]
lutar (combater)	savaşmak	[savaʃmak]
lutar (esporte)	güreşmek	[gøryʃmek]

marcar (com lápis, etc.)	işaretlemek	[iʃaretlemek]
matar (vt)	öldürmek	[øldyrmek]
memorizar (vt)	akılda tutmak	[akılda tutmak]
mencionar (vt)	anmak	[anmak]

mentir (vi)	yalan söylemek	[jalan søjlemek]
merecer (vt)	hak etmek	[hak etmek]
mergulhar (vi)	dalmak	[dalmak]
misturar (vt)	karıştırmak	[karıʃtırmak]

morar (vt)	yaşamak	[jaʃamak]
mostrar (vt)	göstermek	[gøstermek]
mover (vt)	yerini değiştirmek	[jerini deiʃtirmek]
mudar (modificar)	değiştirmek	[deiʃtirmek]

multiplicar (mat.)	çarpmak	[tʃarpmak]
nadar (vi)	yüzmek	[juzmek]
negar (vt)	inkar etmek	[inkjar etmek]
negociar (vi)	görüşmek	[gøryʃmek]

nomear (função)	atamak	[atamak]
obedecer (vt)	itaat etmek	[itaat etmek]
objetar (vt)	itiraz etmek	[itiraz etmek]
observar (vt)	gözlemlemek	[gøzlemlemek]

ofender (vt)	gücendirmek	[gydʒendirmek]
olhar (vt)	bakmak	[bakmak]
omitir (vt)	atlamak	[atlamak]
ordenar (mil.)	emretmek	[emretmek]

organizar (evento, etc.)	düzenlemek	[dyzenlemek]
ousar (vt)	cesaret etmek	[dʒesaret etmek]
ouvir (vt)	duymak	[dujmak]
pagar (vt)	ödemek	[ødemek]

parar (para descansar)	durmak	[durmak]
parar, cessar (vt)	durdurmak	[durdurmak]
parecer-se (vr)	benzemek	[benzemek]
participar (vi)	katılmak	[katılmak]
partir (~ para o estrangeiro)	gitmek	[gitmek]

passar (vt)	geçmek	[getʃmek]
passar a ferro	ütü yapmak	[yty japmak]
pecar (vi)	günah işlemek	[gynah iʃlemek]
pedir (comida)	sipariş etmek	[sipariʃ etmek]

pedir (um favor, etc.)	rica etmek	[ridʒa etmek]
pegar (tomar com a mão)	tutmak	[tutmak]
pegar (tomar)	almak	[almak]
pendurar (cortinas, etc.)	asmak	[asmak]
penetrar (vt)	girmek	[girmek]

pensar (vi, vt)	düşünmek	[dyʃynmek]
pentear-se (vr)	taranmak	[taranmak]
perceber (ver)	farketmek	[farketmek]
perder (o guarda-chuva, etc.)	kaybetmek	[kajbetmek]

perdoar (vt)	affetmek	[afetmek]
permitir (vt)	izin vermek	[izin vermek]
pertencer a ...	... ait olmak	[ait olmak]
perturbar (vt)	rahatsız etmek	[rahatsız etmek]

pesar (ter o peso)	çekmek	[tʃekmek]
pescar (vt)	balık tutmak	[balık tutmak]
planejar (vt)	planlamak	[planlamak]
poder (~ fazer algo)	yapabilmek	[japabilmek]

pôr (posicionar)	yerleştirmek	[jerleʃtirmek]
possuir (uma casa, etc.)	sahip olmak	[sahip olmak]
predominar (vi, vt)	üstün olmak	[ustyn olmak]
preferir (vt)	tercih etmek	[terdʒih etmek]

preocupar (vt)	üzmek	[yzmek]
preocupar-se (vr)	merak etmek	[merak etmek]
preparar (vt)	hazırlamak	[hazırlamak]
preservar (ex. ~ a paz)	saklamak	[saklamak]

prever (vt)	önceden görmek	[øndʒeden gørmek]
privar (vt)	mahrum etmek	[mahrum etmek]
proibir (vt)	yasaklamak	[jasaklamak]
projetar, criar (vt)	proje yapmak	[proʒe japmak]
prometer (vt)	vaat etmek	[vaat etmek]

pronunciar (vt)	telâffuz etmek	[telafuz etmek]
propor (vt)	önermek	[ønermek]
proteger (a natureza)	korumak	[korumak]
protestar (vi)	karşı çıkmak	[karʃı tʃıkmak]

provar (~ a teoria, etc.)	ispat etmek	[ispat etmek]
provocar (vt)	kışkırtmak	[kıʃkırtmak]
punir, castigar (vt)	cezalandırmak	[dʒezalandırmak]
puxar (vt)	çekmek	[tʃekmek]

256. Verbos Q-Z

quebrar (vt)	kırmak	[kırmak]
queimar (vt)	yakmak	[jakmak]
queixar-se (vr)	şikayet etmek	[ʃikajet etmek]
querer (desejar)	istemek	[istemek]

rachar-se (vr)	çatlamak	[tʃatlamak]
ralhar, repreender (vt)	sövmek	[søvmek]
realizar (vt)	gerçekleştirmek	[gertʃekleʃtirmek]
recomendar (vt)	tavsiye etmek	[tavsije etmek]
reconhecer (identificar)	tanımak	[tanımak]
reconhecer (o erro)	itiraf etmek	[itiraf etmek]

recordar, lembrar (vt)	hatırlamak	[hatırlamak]
recuperar-se (vr)	iyileşmek	[ijileʃmek]
recusar (~ alguém)	reddetmek	[reddetmek]
reduzir (vt)	eksiltmek	[eksiltmek]
refazer (vt)	yeniden yapmak	[jeniden japmak]
reforçar (vt)	sağlamlaştırmak	[saalamlaʃtırmak]
refrear (vt)	zaptetmek	[zaptetmek]
regar (plantas)	sulamak	[sulamak]
remover (~ uma mancha)	çıkarmak	[tʃıkarmak]
reparar (vt)	tamir etmek	[tamir etmek]
repetir (dizer outra vez)	tekrar etmek	[tekrar etmek]
reportar (vt)	rapor etmek	[rapor etmek]
reservar (~ um quarto)	rezervasyon yapmak	[rezervasjon japmak]
resolver (o conflito)	halletmek	[halletmek]
resolver (um problema)	çözmek	[tʃøzmek]
respirar (vi)	nefes almak	[nefes almak]
responder (vt)	cevap vermek	[dʒevap vermek]
rezar, orar (vi)	dua etmek	[dua etmek]
rir (vi)	gülmek	[gylmek]
romper-se (corda, etc.)	kopmak	[kopmak]
roubar (vt)	çalmak	[tʃalmak]
saber (vt)	bilmek	[bilmek]
sair (~ de casa)	çıkmak	[tʃıkmak]
sair (ser publicado)	çıkmak	[tʃıkmak]
salvar (resgatar)	kurtarmak	[kurtarmak]
satisfazer (vt)	tatmin etmek	[tatmin etmek]
saudar (vt)	selamlamak	[selamlamak]
secar (vt)	kurutmak	[kurutmak]
seguir (~ alguém)	... takip etmek	[takip etmek]
selecionar (vt)	seçmek	[setʃmek]
semear (vt)	ekmek	[ekmek]
sentar-se (vr)	oturmak	[oturmak]
sentenciar (vt)	mahkum etmek	[mahkym etmek]
sentir (vt)	hissetmek	[hissetmek]
ser diferente	farklı olmak	[farklı olmak]
ser indispensável	gerekli olmak	[gerekli olmak]
ser necessário	gerekmek	[gerekmek]
ser, estar	olmak	[olmak]
servir (restaurant, etc.)	hizmet etmek	[hizmet etmek]
servir (roupa, caber)	uymak	[ujmak]
significar (palavra, etc.)	anlamına gelmek	[anlamına gelmek]
significar (vt)	anlamına gelmek	[anlamına gelmek]
simplificar (vt)	basitleştirmek	[basitleʃtirmek]
sofrer (vt)	acı çekmek	[adʒı tʃekmek]
sonhar (~ com)	hayal kurmak	[hajal kurmak]
sonhar (ver sonhos)	rüya görmek	[ryja gørmek]

soprar (vi)	üflemek	[yflemek]
sorrir (vi)	gülümsemek	[gylymsemek]
subestimar (vt)	değerini bilmemek	[deerini bilmemek]
sublinhar (vt)	altını çizmek	[altını tʃizmek]
sujar-se (vr)	kirlenmek	[kirlenmek]
superestimar (vt)	gözünde büyütmek	[gøzynde byjutmek]
supor (vt)	tahmin etmek	[tahmin etmek]
suportar (as dores)	dayanmak	[dajanmak]
surpreender (vt)	şaşırtmak	[ʃaʃırtmak]
surpreender-se (vr)	şaşırmak	[ʃaʃırmak]
suspeitar (vt)	şüphelenmek	[ʃyphelenmek]
suspirar (vi)	nefes almak	[nefes almak]
tentar (~ fazer)	denemek	[denemek]
ter (vt)	sahip olmak	[sahip olmak]
ter medo	korkmak	[korkmak]
terminar (vt)	bitirmek	[bitirmek]
tirar (vt)	çıkarmak	[tʃıkarmak]
tirar cópias	çoğaltmak	[tʃoaltmak]
tirar fotos, fotografar	fotoğraf çekmek	[fotoraf tʃekmek]
tirar uma conclusão	sonuç vermek	[sonutʃ vermek]
tocar (com as mãos)	dokunmak	[dokunmak]
tomar café da manhã	kahvaltı yapmak	[kahvaltı japmak]
tomar emprestado	borç almak	[bortʃ almak]
tornar-se (ex. ~ conhecido)	olmak	[olmak]
trabalhar (vi)	çalışmak	[tʃalıʃmak]
traduzir (vt)	çevirmek	[tʃevirmek]
transformar (vt)	dönüştürmek	[dønyʃtyrmek]
tratar (a doença)	tedavi etmek	[tedavi etmek]
trazer (vt)	getirmek	[getirmek]
treinar (vt)	çalıştırmak	[tʃalıʃtırmak]
treinar-se (vr)	antrenman yapmak	[antrenman japmak]
tremer (de frio)	titremek	[titremek]
trocar (vt)	değişmek	[deiʃmek]
trocar, mudar (vt)	değiştirmek	[deiʃtirmek]
usar (uma palavra, etc.)	kullanmak	[kullanmak]
utilizar (vt)	kullanmak	[kullanmak]
vacinar (vt)	aşı yapmak	[aʃı japmak]
vender (vt)	satmak	[satmak]
verter (encher)	doldurmak	[doldurmak]
vingar (vt)	intikam almak	[intikam almak]
virar (~ para a direita)	dönmek	[dønmek]
virar (pedra, etc.)	devirmek	[devirmek]
virar as costas	yüzünü çevirmek	[juzyny tʃevirmek]
viver (vi)	yaşamak	[jaʃamak]
voar (vi)	uçmak	[utʃmak]
voltar (vi)	dönmek	[dønmek]

votar (vi)	oy vermek	[oj vermek]
zangar (vt)	kızdırmak	[kızdırmak]
zangar-se com ...	... kızgın olmak	[kızgın olmak]
zombar (vt)	alay etmek	[alaj etmek]